ŒUVRES COMPLÈTES

DE

RONSARD

Nogent-le-Rotrou. — Imprimé par A. Gouverneur, avec les caractères elzeviriens de la Librairie Franck.

ŒUVRES COMPLÈTES

DE

P. DE RONSARD

NOUVELLE ÉDITION

Publiée sur les textes les plus anciens

AVEC LES VARIANTES ET DES NOTES

PAR

M. PROSPER BLANCHEMAIN

TOME V

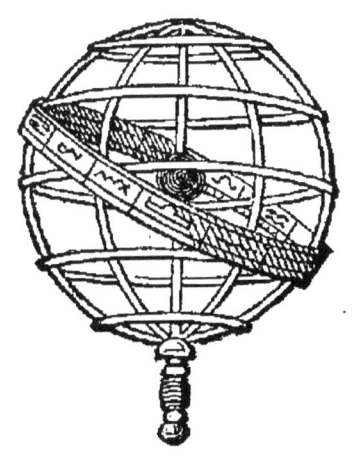

PARIS

LIBRAIRIE A. FRANCK

Rue Richelieu, 67

MDCCCLXVI

LES HYMNES

DE

P. DE RONSARD

Gentilhomme vendomois.

A TRES ILLUSTRE PRINCESSE

MARGUERITE DE FRANCE

Duchesse de Savoie.

Dans les éditions posthumes in-12, les Commentaires des Hymnes sont de J. Besly. Dans l'édition de 1623 in-folio, la plupart sont commentés par Nicolas Richelet. Les autres sont sans Commentaires.

EPISTRE
D'ESTIENNE JODELLE

PARISIEN

A

MADAME MARGUERITE

DUCHESSE DE SAVOIE.

Si desormais vers toi, sous qui doit estre serve
L'impudente ignorance, on adresse, ô Mi-
　　nerve,
Tant d'œuvres avortez, à qui leurs peres font
Porter effrontément ton beau nom sur le front,
Comme si l'on vouloit sa sauvegarde faire
Sous la targue qu'on void au poing de l'adversaire;
Si mesme dans ton temple, impatient, je voy
Quelque enroué corbeau crouasser devant toy,
Qui se poussant au rang des cygnes les plus rares
Vienne souiller ton nom dedans ses vers barbares,
Et qui tout bigarré d'un plumage emprunté,
Ne couche jamais moins qu'une immortalité;
Je ne seray point moins despit, ny nos Charites,
Tes neuf sçavantes Sœurs, ne seront moins despites,
Que si nous avions veu dans un temple Troyen
Où Ajax Oïlée, ou le Laërtien,
L'un pour forcer encor ta prestresse Cassandre,
L'autre pour ton pourtrait gardien vouloir prendre

D'une sanglante main, indigne de toucher
A cela que la Troye avoit tenu si cher.
Car pareil à ceux-cy est celuy qui s'efforce
De bon gré maugré faire aux Muses toute force.
C'est en lieu de gouster sur Parnasse les eaux
Des Muses, avaller la bourbe des ruisseaux,
Pour d'une main souillée au bourbier d'ignorance
Toucher au sacré los d'une Pallas de France,
Faisant tort à ton temple, à moy ton prestre saint,
Voire à son nom qu'on void dés sa naissance esteint.
Mais aussi quand je sçay qu'un Ronsard, qui estonne
Et contente les Dieux, à qui ses vers il donne,
Vient humble dans ton temple à tes pieds apporter
Ce qui peut aux neveux, voire aux peres oster
La gloire des beaux vers; bien que l'on me vist estre
Ton plus cher serviteur, ton plus favori prestre,
Te repaissant sans fin d'un vers qui vient à gré
Quand il vient d'un Jodelle à toy seule sacré;
Je ne suis moins joyeux que la prestresse antique
Du devin Apollon, quand au temple Delphique
Le grand Roy Lydien prodiguant son tresor
Vint enrichir ce lieu de mille presens d'or,
Eschangeant les vaisseaux d'argille bien tournée
Aux vaisseaux massifs d'or, où la troupe estonnée
Des devots pelerins abordez en ce lieu
Beuvoient de longue suite aux festes de ce Dieu.
Car les riches presens qui or' chez toi se treuvent,
Presentez par Ronsard, tout ainsi nous abreuvent,
Invitans tout un monde à louer ton honneur,
Invitans tout un monde à louer ton donneur,
Qui recule en l'autel de ma grand' Marguerite,
Pour faire place à l'or, mon argile petite,
Où devant je faisois l'offrande à ta grandeur,
Non pas d'un pareil prix, mais bien d'un pareil cœur.
Malheureux sont ceux-là, de qui les jalousies
Pour les genner tous seuls ont les ames saisies;
Malheureux est celuy, qui pour penser gaigner,
D'un admirable ouvrier veut la gloire espargner!

Dans les antres ombreux le jaloux d'un bon œuvre
Doit vivre, s'il ne veut que sa rage on descœuvre.
Qu'est-ce qui fait les vers et leurs saints artisans
Servir d'une risée à tant de courtisans?
Et que les grands, qui font leur but de la memoire,
Dédaignent à tous coups l'ouvrier de telle gloire,
Aimans mieux se priver mesme de leur espoir,
Portans tout au cercueil, qu'en vivant recevoir
Les vengeurs de leur mort? hé, qui fait que la France
Charge souvent d'honneur son asnesse ignorance,
Si ce n'est une envie? envie qui ne veut
Souffrir une vertu, qui trop plus qu'elle peut,
Se perdant pour la perdre? Il faut, il faut des autres
Vanter les beaux labeurs pour donner force aux nostres :
Tel admire souvent ce qu'il doit admirer,
Qui de soy-mesme fait davantage esperer.
Car quant au poinct d'honneur, tant plus un homme [en quite,
Et plus il en retient, et plus il en merite.
Je seray tousjours franc : l'honneur que j'ai de toy
Au rebours de tout autre éveille un cœur en moy,
Un cœur prompt et gentil, qui fait que gay j'adore
Celuy qui comme moy ma grand' Minerve honore;
Et si fait que de luy je m'accompagne, afin
Que ton nom et le sien vole au monde sans fin.
Aux couards soit l'envie : oncques on ne vid estre
L'envie dans l'esprit courageux et adestre;
Nul ne sçauroit si bien se faire plaire aux Dieux
Que je ne desirasse encor qu'il leur pleust mieux.
Quand on a le cœur tel, bien qu'encore on ne face
Ses traits du tout parfaits, ce brave cœur efface
Par une opinion le traict le plus parfait;
Puis de l'opinion la verité se fait.
Ainsi l'œuvre d'autruy doit servir à la vie
D'un encouragement, et non pas d'une envie.
Tant s'en faut qu'envieux de nos hommes je sois,
Que je jure ton chef, qu'entre tous nos François
(Tant l'honneur du païs m'a peu tousjours espoindre)
Je voudrois qu'on me vist (tel que je suis) le moindre;

Je ne servirois plus fors qu'à ton sacré los
D'inciter, languissant, les esprits plus dispos ;
Mais puis que nous voyons croistre en France un tel nombre
De brouilleurs, qui ne font sinon que porter ombre
A la vertu naissante, il te faut prendre au poing
Ton glaive et ton bouclier pour m'aider au besoin ;
Et tant qu'encourageant mes forces, à l'exemple
Du vainqueur Vendomois, je sorte de ton temple
Pour sur les ignorans redoubler les efforts,
Et voir ces avortons aussi tost nais que morts ;
Afin que l'heur de France et des Muses je garde,
Faisant aprés Ronsard la seule arriere-garde.
Je les verray soudain sous mes traits s'effrayer,
Je les verray soudain sous ta Gorgon muer,
Mais non pas de beaucoup ; car estant demi-pierre
De l'esprit, il ne faut sinon que l'on resserre
Leur corps, futur rocher, afin qu'on oste à tous
Le pouvoir de se nuire eux-mesmes de leurs coups,
Arrestant par les yeux de Meduse, avec l'ame
Le malheureux démon qui si mal les enflame.
  Or cependant qu'ainsi ton secours j'attendray,
Et redoutable à tous au combat me rendray,
Embrasse-moy ces vers, que la harpe meilleure
Pour ta saincte grandeur a sonnez à ceste heure ;
Embrasse, embrasse, et fay ces beaux hymnes sonner,
Freres de ceux qu'on veit à son Odet donner ;
Tant que depuis ton temple entendent les estranges
Des hommes et des Dieux les plus belles louanges,
Confessans qu'en ce siecle ingrat, aveugle et las
Des troubles de la guerre, on void une Pallas,
Qui fait de nos vertus et de nos Muses conte,
Autant qu'à l'ignorance et au vice de honte :
Prenant pour les faveurs que fait sa déité,
L'usure qu'elle attend en nostre eternité.

                    (1560.)

Les hymnes sont des Grecs invention premiere :
Callimaque beaucoup leur donna de lumiere,
De splendeur, d'ornement. Bons Dieux quelle douceur,
Quel intime plaisir sent-on autour du cœur
Quand on lit sa Delos, ou quand sa lyre sonne
Apollon et sa sœur, les jumeaux de Latonne,
Ou les bains de Pallas, Cerés, ou Jupiter !
Ah ! les chrestiens devroient les gentils imiter
A couvrir de beaux liz et de roses leurs testes,
Et chommer tous les ans à certains jours de festes
La memoire et les faits de nos saincts immortels,
Et chanter tout le jour autour de leurs autels ;
Vendre au peuple devot pains-d'espice et foaces,
Defoncer les tonneaux, fester les dedicaces,
Les haut-bois enrouez sonner branles nouveaux,
Les villageois my-bœufs danser sous les ormeaux ;
Tout ainsi que David sautoit autour de l'arche,
Sauter devant l'image, et d'un pied qui démarche
Sous le son du cornet, se tenant par les mains,
Solenniser la feste en l'honneur de nos saincts.

 L'âge d'or reviendroit ; les vers et les poëtes
Chantant de leurs patrons les louanges parfaites,
Chacun à qui mieux-mieux le sien voudroit vanter :
Lors le ciel s'ouvriroit pour nous ouyr chanter.

 Eux voyans leur memoire icy renouvelée,
Garderoient nos troupeaux de tac et clavelée,
Nous de peste et famine ; et conservant nos murs,
Nos peuples et nos Roys, l'envoiroient chez les Turs,
Ou loin sur le Tartare, ou aux pays estranges
Qui ne cognoissent Dieu, ses saints, ny leurs louanges.

      (1587.)

LE PREMIER LIVRE
DES HYMNES
DE
P. DE RONSARD.

Hymne premier.
DE L'ETERNITÉ. (¹)

A TRES ILLUSTRE PRINCESSE
MARGUERITE DE FRANCE
Duchesse de Savoie.

Remply d'un feu divin qui m'a l'âme eschaufée,
Je veux mieux que jamais, suivant les pas d'Orphée,
Descouvrir les secrets de nature et des cieux,
Recherchez d'un esprit qui n'est point ocieux ;

---

1. Cet hymne est imité du latin de Marulle, liv. I, hymne 5. Les Commentaires de l'édition in-folio sont de Nicolas Richelet, qui les a dédiés à Mgr Nicolas de Verdun, conseiller du Roy en ses conseils d'Estat et privé, premier président en sa cour de parlement.

Je veux, s'il m'est possible, atteindre à la louange
De celle qui jamais par les ans ne se change;
Mais bien qui fait changer les siecles et les temps,
Les mois et les saisons et les jours inconstans,
Sans jamais se muer, pour n'estre point sujette,
Comme royne et maistresse, à la loy qu'elle a faite.
L'œuvre est grand et fascheux, mais le desir que j'ay
D'attenter un grand faict m'en convie à l'essay; *(a)*
Puis je le veux donner à une qui merite
Qu'avec l'eternité sa gloire soit escrite.
  Donne-moy donc de grâce, immense Eternité,
Pouvoir de raconter ta grande déité;
Donne l'archet d'airain et la lyre ferrée,
D'acier donne la corde et la voix acerée,
Afin que ma chanson soit vive autant de jours,
Qu'eternelle tu vis sans voir finir ton cours;
Toy la royne des ans, des siecles et de l'âge,
Qui as eu pour ton lot tout le ciel en partage,
La premiere des Dieux, où bien loin de souci
Et de l'humain travail qui nous tourmente ici,
Par toy-mesme contente, et par toy bienheureuse
Tu regnes immortelle en tous biens plantureuse.
  Tout au plus haut du ciel dans un thrône doré
Tu te sieds en l'habit d'un manteau coloré
De pourpre rayé d'or, duquel la broderie
De tous costés s'esclatte en riche pierrerie, *(b)*
Et là, tenant au poing un sceptre adamantin,
Tu ordonnes tes loix au severe Destin,

a. Var. :

Travail grand et fascheux, et toutefois l'ardeur
D'oser un si haut fait m'en convie au labeur.

b. Var. :

. . . . passant toute lumiere,
Autant que ta splendeur sur toutes est premiere.

Qu'il n'ose outrepasser, et que luy-mesme engrave
Fermes au front du ciel, car il est ton esclave,
Faisant tourner sous toy les neuf temples voûtez
Qui dedans et dehors cernent de tous costez,
Sans rien laisser ailleurs, tous les membres du monde
Qui gist dessous tes pieds comme une boule ronde.
  A ton dextre costé la Jeunesse se tient,
Jeunesse au chef crespu, de qui la tresse vient
Flottant jusqu'aux talons par ondes non tondue,
Et luy frappe le dos en fils d'or estendue. (*a*)
  Ceste belle Jeunesse au teint vermeil et franc,
D'une boucle d'azur ceinte dessur le flanc,
Dans un vase doré te donne de la destre
A boire du nectar, à fin de te faire estre
Tousjours saine et disposte, et à fin que ton front
Ne soit jamais ridé comme les nostres sont.
  Elle de main senestre, avec grande rudesse,
Repousse l'estomac de la triste Vieillesse,
Et la chasse du ciel à coups d'espée, à fin
Que le ciel ne vieillisse et qu'il ne prenne fin.
  A ton autre costé la Puissance eternelle
Se tient debout plantée, armée à la mammelle
D'un corselet gravé qui luy couvre le sein,
Branslant de nuict et jour un espieu dans la main,
Pour garder seurement les bords de ton empire,
Ton regne et ta richesse, à fin que rien n'empire
Par la suite des ans, et pour donner la mort
A quiconque voudroit ramener le Discord,
Discord ton ennemy, qui ses forces assemble
Pour faire mutiner les elemens ensemble
A la perte du monde et de ton doux repos,
Et voudroit, s'il pouvoit, r'engendrer le Chaos.
Mais tout incontinent que cet ennemy brasse

  a. Var. :

Par flots jusqu'aux talons d'une enlasseure entorse,
Enflant son estomac de vigueur et de force.

Trahison contre toy, la Vertu le menasse,
Et l'envoye là bas aux abysmes d'enfer
Garrotté pieds et mains de cent chaisnes de fer.
Bien loing derriere toy, mais bien loing par derriere
La Nature te suit, Nature bonne mere, (a)
D'un baston appuyée, à qui mesmes les Dieux
Font honneur du genouil quand elle vient aux cieux.
 Saturne aprés la suit, le vieillard venerable
Marchant tardivement, dont la main honorable,
Bien que vieille et ridée, esleve une grand' faux.
Le Soleil vient dessous à grands pas tous égaux,
Et l'An, qui tant de fois tourne, passe et repasse,
Glissant d'un pied certain par une mesme trace,
[Vive source de feu, qui nous fait les saisons,
Selon qu'il entre ou sort de ses douze maisons.
 La Lune pend sous luy, qui muable transforme
Sa face tous les mois en une triple forme,
Œil ombreux de la nuict, guidant par les forests
Molosses et limiers, les veneurs et leurs rets,
Que la sorciere adore, et de nuict réveillée
La regarde marcher nuds pieds, eschevelée,
Fichant ses yeux en elle. O grande Eternité,
Tu maintiens l'univers en tranquille unité;] (1)
De chainons aimantins les siecles tu attaches,
Et couvé sous ton sein tout ce monde tu caches,
Luy donnant vie et force, autrement il n'auroit
Membres, âme, ne vie, et sans forme il mourroit;
Mais ta vive vertu le conserve en son estre

---

a. Var. :

Bien loing suivant tes pas, ainsi que ta servante
La Nature te suit, qui toute chose enfante.

1. Les vers entre crochets appartiennent aux éditions posthumes. Ils remplacent ce distique :

  O grande Eternité, merveilleux sont tes faicts !
  Tu nourris l'univers en eternelle paix.

Tousjours entier et sain sans amoindrir ne croistre.
   Tu n'as pas les mortels favorisez ainsi,
Que tu as heritez de peine et de souci,
De vieillesse et de mort, qui est leur vray partage,
Faisant bien peu de cas de nostre humain lignage,
Qui ne peut conserver sa generation
Sinon par le succez (¹) de reparation,
A laquelle Venus incite la nature
Par plaisir mutuel de chaque creature,
Pour garder son espece, et tousjours restaurer
Sa race qui ne peut eternelle durer.
   Mais toy sans restaurer ton estre et ton essence
Vive tu te soutiens de ta propre puissance,
Sans rien craindre la mort; car le cruel trespas
Ne regne point au ciel comme il regne icy bas. (*a*)
La terre est son empire, où felon il exerce
Par mille estranges morts sa malice diverse,
N'ayant non plus d'esgard aux princes qu'aux bouviers,
Pesle-mesle égalant les sceptres aux leviers.
   La grand troupe des Dieux, qui là haut environne
Tes flancs comme une belle et plaisante couronne,
Quand elle parle à toy ne dit point : il sera,
Il fut, ou telle chose ou telle se fera.
C'est à faire aux humains à dire telle chose; (*b*)

  a. Var. :

Sans craindre les ciseaux des Parques qui çà bas
Ont puissance sur tout, le vray lieu du trespas.

  b. Var. :

Quand tes loix au conseil l'estat du monde ordonnent,
En parlant à tes Dieux qui ton thrône environnent
(Thrône qui de regner jamais ne cessera)
Ta bouche ne dit point, Il fut, ou, il sera :
C'est un langage humain pour remarquer la chose.

  1. Par des réparations successives.

Sans plus le temps present devant toy se repose,
Et se sied à tes pieds; car tout le temps passé,
Et celuy qui n'est pas encores avancé,
Sont presens à ton œil, qui d'un seul clin regarde
Le passé, le present, et cestuy là qui tarde
A venir quant à nous, et non pas quant à toy,
Ny à ton œil qui void tous les temps devant soy.
 Nous autres journaliers, nous perdons la memoire
Des siecles ja coulez, et si ne pouvons croire
Ceux qui sont à venir, comme estant imparfaits,
Nais d'une argile brute et d'un limon espais,
Aveuglés et perclus de la saincte lumiere,
Que le peché perdit en nostre premier pere;
Mais ferme tu retiens dedans ton souvenir
Tout ce qui est passé, et ce qui doit venir,
Comme haute déesse eternelle et parfaite,
Et non ainsi que nous de masse impure faite.
 Tu es toute dans toy ta partie et ton tout,
Sans nul commencement, sans milieu, ne sans bout,
Invincible, immuable, entiere et toute ronde,
N'ayant partie en toy, qui dans toy ne responde,
Toute commencement, toute fin, tout milieu,
Sans tenir aucun lieu, de toutes choses lieu,
Qui fais ta deité du tout par tout estendre,
Qu'on imagine bien, et qu'on ne peut comprendre.
 Regarde-moy, Déesse au grand œil tout-voyant,
Royne du grand Olympe au grand tout flamboyant,
Grande mere des Dieux, grande royne et princesse.
Si je l'ay merité, concede-moy, Déesse,
Concede-moy ce don : c'est qu'apres mon trespas,
Ayant laissé pourrir ma despouille çà bas,
Je puisse voir au ciel la belle Marguerite
Pour qui j'ay ta louange en cet hymne descrite.
       (1560.)

HYMNE II.

DE CALAÏS ET ZETHĖS. (¹)

A ELLE-MESME.

Je veux donner cet hymne aux enfans de Borée,
Deux freres emplumez, qui d'une aile dorée
Peinte à lames d'azur (merveilleux jouvenceaux)
De vitesse passoient les vents et les oiseaux.
Leurs costez en naissant d'ailes ne se vestirent;
Mais quand ils furent grands, grandes elles sortirent
A l'envy de la barbe, et leur dos s'en orna
Si tost qu'un poil follet leur menton cottonna.
  Je sçais que je devrois, princesse Marguerite,
Tousjours d'un vers entier chanter vostre merite,
Sans louer autre nom, et des Grecs estrangers
N'emprunter desormais les discours mensongers;
Le vostre est suffisant à quiconque desire
Gaigner le premier bruit de bien sonner la lyre.
Mais vous le desdaignez, et dites qu'il ne faut
Sinon louer celuy qui demeure là haut;
De qui la gloire doit tousjours estre chantée.
Ainsi l'on vous desplaist quand vous estes vantée,
Et tousjours rougissez, si d'un vers importun
On vous blesse l'aureille en louant trop quelqu'un,
Ou secouez la teste, ou d'un œil venerable
Vous monstrez qu'un flateur ne vous est agreable.
  Pource, illustre Princesse, au signe que j'ay veu,

---

1. Tiré d'Apollonius en ses Argonautiques, liv. II.

Il faut ne vous louer ou vous louer bien peu,
Et suivre son sujet sans vous penser complaire
Par louanges, ainsi qu'on plaist au populaire.
[Mais l'homme est malheureux qui ne voit le soleil,
Et malheureux celuy qui ne dresse son œil
Devers vostre clarté, et qui de mille plumes
N'esmaille vos vertus en autant de volumes.
Ostez vostre bonté, douceur, humanité,
Ostez vostre pitié, clemence, charité;
Monstrez-vous en parole et fiere et arrogante;
Mesprisez un chacun qui à vous se presente;
Vous serez delaissée et ne trouverez plus
Homme qui se travaille à chanter vos vertus.
Mais tant que vous serez telle comme vous estes,
Presque en depit de vous, à l'envy les poetes
Espandront vos honneurs aux aureilles de tous.
Quant à moy, pour l'accueil que j'ay receu de vous
Je vous louray tousjours quelque vers que je fasse,
Et deussai-je encourir vostre mauvaise grace!]
   Quand Jason l'Argonaute à l'aide de Pallas
Et de Junon la Grecque, eut poussé de ses bras
Au port Bithynien la barque qui premiere
De rames balloya l'eschine mariniere,
Les nobles fils des Dieux dans Argon enfermés
Quittant le double rang de leurs sieges ramés (a)
D'une ancre au bec crochu la gallere arresterent,
Et joyeux, de la proue au rivage sauterent.
   Là Jason descendit, qui ne faisoit encor
Que friser son menton d'un petit crespe d'or,
Jason le gouverneur de toute la navire,
Qui luisoit en beauté comme au soir on void luire
L'estoile de Venus, lors que la nuict n'a pas
Encor du tout voilé les terres de ses bras.

   a. Var. (1584) :

Les preux dedans Argon comme en un ventre enclos,
Lassez d'avoir tourné tout le jour tant de flots.

Apres luy descendit le chevelu Orphée,
Qui tenoit en ses mains une harpe estofée
De deux coudes d'yvoire, où par rang se tenoient
Les cordes, qui d'enhaut inégales venoient
A bas l'une apres l'autre en biais chevillées;
En la façon qu'on voit les ailes esbranlées
Des aigles en volant, qui depuis les cerceaux
En se suivant de pres, vont à rangs inegaux.
  Ce noble chantre avoit par-sur tous privilege
De ne tirer la rame, ains assis en son siege
Au plus haut de la proue, avecques ses chansons
Donnoit courage aux preux les nommant de leurs noms;
Maintenant par ses vers r'appellant en memoire
De leurs nobles ayeux les gestes et la gloire,
Maintenant se tournant vers Argon, la hastoit
D'un chant persuasif que le bois escoutoit.
  Là fut le sage Idmon, lequel (bien que l'augure
Luy eust souvent predit sa mort estre future
Au bord Mariandin s'il alloit en Colchos)
Espoint d'un grand desir de s'acquerir du los,
Aima mieux vivre peu perdant ceste lumiere,
Que de trainer sans gloire une ame casaniere.
O belle et douce gloire hostesse d'un bon cœur!
Seule pour la vertu tu nous ostes la peur!
  Là print rivage Idas, et son frere Lyncée
Qui souvent de ses yeux la terre avoit percée,
De ses yeux qui voyoient, tant ils furent aigus,
Les Manes des enfers, et les Dieux de là sus.
Là descendit Phlias, là descendit Eupheme,
Augé fils du Soleil, Acaste et Polypheme,
Polypheme qui fut si viste et si dispos,
Qu'il couroit à pied sec sur l'escume des flots;
La vapeur seulement de la vague liquide
Rendoit un peu le bas de ses talons humide.
  Là sauta sur l'arene Ancé, qui ne portoit
Jamais cuirasse au dos, seulement se vestoit
(Comme cil qui pensoit qu'on ne trompe son heure)
De la peau d'un grand ours qu'il vestoit pour armure.

Luy secouant au poing un brand armé de cloux
A la poincte d'acier, qui trenchoit des deux bouts,
Marchoit comme un geant, et en lieu d'une creste
La queue d'un cheval luy pendoit de la teste.
 Là print rivage Argus, Telamon et Tiphys,
Et celuy qui avoit Achille pour son fils,
Et celuy qui devoit aux rives Euboées
Rendre des Grecs vainqueurs les navires noyées.
 Là descendit aussi l'indonté jouvenceau,
Cenée à qui le fer rebouchoit sur la peau
Et contre-bondissoit, comme on voit pesle-mesle
Bondir au temps d'hyver sur l'ardoise la gresle,
Ou dessus une enclume un marteau par compas
Ressauter quand Vulcan la frappe à tour de bras.
On dit que ce Cenée au milieu d'une guerre,
De busches accablé, alla vif sous la terre,
Quand luy, qui trop hardy en sa peau se fia,
Les Centaures tout seul au combat desfia.
 Là Mopsus aborda, grand augure et prophete,
Des secrets d'Apollon veritable interprete,
Mais chetif qui ne sçeut prophetiser sa mort.
Un rameau de laurier pour panonceau lui sort
Du haut de son armet, et une robbe blanche
De houpes d'or brodée environnoit sa hanche.
Plus bas que les replis de son voile de lin,
Ses pieds estoient chaussez d'un rouge brodequin,
Duquel sur le devant une corne s'esleve
Qui se recoquilloit jusqu'à demy la greve.
 Las! le pauvre Mopsus, Mopsus qui ne sçavoit
Qu'aux bords Pagazeans ramener ne devoit
Argon, et que sa rame, en regrettant sa perte,
Chommeroit sans rien faire en sa place deserte;
Car d'un tel aviron les ondes il viroit,
Que nul apres sa mort sa place ne vouldroit.
 Là Castor et Pollux, fleur de chevalerie,
Prindrent du bord marin la froide hostellerie;
L'un qui eust mieux piqué un beau cheval guerrier
Aux champs Laconiens que d'estre marinier;

L'autre mieux escrimé que de tirer la rame.
Tout au haut de leur teste une jumelle flame
Sembloit déja reluire, et de larges rayons
Tymbrer tout le sommet de leurs beaux morions,
Morions façonnez d'invention gentille
Sur le mesme pourtrait de l'ovalle coquille,
Que l'un et l'autre avoit dessus la teste, alors
Qu'un œuf de ses deux bouts les esclouit dehors.
  Une robe de pourpre, ainsi que feu tremblante,
Pendoit de leurs collets jusqu'au bas de leur plante,
Dont leur mere Leda pour un present exquis
Avoit au departir honoré ses deux fils,
Ouvriere entrelassant d'une secrette voye,
De petits filets d'or, aux filets de la soye.
Au milieu de l'habit Taygette apparoissoit,
Où le cheval Cyllare entre les fleurs paissoit ;
Et plus bas sur le bord de ceste robe neuve
Eurote s'esgayoit serpentant en son fleuve
A longs tortis d'argent, où par belles façons
Dessus le bord luittoient les filles aux garçons.
  Un œuf estoit pourtraict sur l'herbe de la rive
Entreclos à demy, où la peinture vive
De Castor à un bout de l'œuf se presentoit,
Et celle de Pollux à l'autre bout estoit.
  Au milieu de l'habit de soye blanche et fine
Voloit au naturel la semblance d'un cygne,
Ayant le col si beau et le regard si dous,
Que chacun eust pensé que Jupiter dessous
Encor' aimoit caché, tant l'image pourtraite
Du Cygne et de Leda estoit vivement faite.
  Là Zethe et Calaïs les derniers du bateau
Sortirent pour dormir au premier front de l'eau,
Ausquels de tous costez comme deux belles ondes
Les cheveux d'or flottoient dessus les ailes blondes,
Et pleins de libertez entremesloient dedans
Les plumes pesle-mesle à l'abandon des vents.
  Telle troupe d'heros, l'eslite de la Grece,
Accompagnoient Jason d'un cœur plein d'allegresse,

Qui toute nuict couchez sur le rivage nu
Dormirent jusqu'au poinct que le jour fut venu.

 Mais si tost que du jour l'aube fut retournée,
Voicy venir au bord le malheureux Phinée,
Qui plus qu'homme mortel enduroit du tourment;
Car le pauvre chetif n'estoit pas seulement
Banny de son pays, et une aveugle nue
N'estoit pas seulement dessus ses yeux venue
Par le vouloir des Dieux, qui luy avoient osté,
Pour trop prophetiser le don de la clairté;
Mais à tous ses repas les Harpyes cruelles,
Demenant un grand bruit, et du bec et des ailes,
Luy pilloient sa viande, et leur griffe arrachoit
Tout cela que Phinée à sa levre approchoit,
Vomissant de leur gorge une odeur si mauvaise,
Que toute la viande en devenoit punaise.

 Tousjours d'un craquetis leur maschoire cliquoit;
Tousjours de palle faim leur bec s'entre-choquoit;
Comme la dent d'un loup quand la faim l'espoinçonne
De courre apres un cerf, la maschoire luy sonne,
Et béant, et courant, et faisant un grand bruit
Fait craqueter sa gueule apres le cerf qui fuit.
Ainsi bruyoient les dents de ces monstres infames,
Qui du menton en haut sembloient de belles femmes,
De l'eschine aux oiseaux, et leur ventre trembloit
De faim, qui de grandeur un bourbier ressembloit,
Et pour jambes avoient une accrochante griffe
En escailles armée, ainsi qu'un hippogrife.

 Ce chetif ne vivoit que de petits morceaux
Qui tomboient infectez du bec de ces oiseaux,
Et fust mort de douleur, sans la ferme esperance
Qu'il avoit de trouver quelque jour delivrance,
Par les fils Boreans, que le noble Jason
Devoit chez luy conduire allant à la Toison.

 Pource, tout aussi tost qu'au bord il ouit bruire
Les princes éveillez au sifflet du navire,
Il se leva du lict ainsi qu'un songe vain;
Appuyant d'un baston sa tremblotante main,

Et tastonnant les murs, sortit hors de sa porte
D'un pied foible et recreu, qui à peine supporte
Son corps qui tremblottoit de vieillesse, et son dos
Ne monstroit seulement qu'une ordonnance d'os
Sous une peau crasseuse, et sa perruque dure
Comme poil de sanglier se herissoit d'ordure.
　Luy sortant de sa porte aggravé des genous,
Se traine au bord de l'eau bronchant à tous les coups ;
Ore un estourdiment tout le cerveau luy serre,
Ore tout à la ronde il pensoit que la terre
Chancelloit dessous luy, et ores il dormoit
Accablé d'un sommeil qui son chef assommoit.
　Aussi tost que les preux sur le bord l'aviserent,
De merveille estonnez ses flancs environnerent
Piteux de sa fortune. A la fin souspirant
D'une debile voix qu'à peine alloit tirant
De son foible estomac, et rouant la paupiere
De ses yeux orphelins de la douce lumiere,
Et virant pour-neant ses prunelles en l'air,
Se tourna vers le bruit, et commence à parler :
« O troupe dés long temps en mes vœux attendue !
S'il est vray que soyez la mesme troupe eslue
Que Jason, maistrisé des destins de son Roy,
Au rivage Colchide emmene avecque soy,
Sillonnant les premiers de vos rames fameuses
Le marbre renversé des vagues escumeuses ;
O troupe genereuse, enfans des Dieux yssus,
Ou bien estans des Dieux ou nepveux ou conceus,
Octroyez-moy de grace une pauvre demande.
Par le roy Jupiter, et par Junon la grande
Je vous prie et supplie, et par Pallas aussi
Qui si loin vous conduit, et de vous a souci ;
Ne me desdaignez point, moy, pauvre miserable,
Ains avant que partir soyez-moy secourable.
　» Un celeste courroux n'a seulement mes yeux
Fait orphelins du jour, ny le faix odieux
De la triste vieillesse avec tremblante peine,
D'un baston appuyé, seulement je ne traine ;

Mais un plus grand malheur me domte que ceux-cy ;
C'est quand je veux manger (Dieux que dy-je !) voicy
Comme ces tourbillons qui devancent les pluyes,
Venir de tous costez les meschantes Harpyes
Rauder dessur ma nape, et d'un bec passager
Desrober le disner que je devrois manger.
Coup sur coup à mon nez retournent et reviennent,
Puis se perdans en l'air loin de terre se tiennent
Pour un petit de temps ; derechef espiant
Ma viande, du ciel devallent en criant,
Et sans les adviser fondent à l'impourveue
Dessus ma table, ainsi qu'on voit fondre une nue
De tempestes armée, ou quelque orage pers
Qu'Orion laisse choir sur les blez qui sont verts. (a)
 » Je ne puis éviter ces gourmandes cruelles ;
Je tromperoy plustost mon ventre affamé qu'elles,
Tant elles sont au guet ; car si tost que du doy
Je touche la viande, elles volent sur moy,
Et mon pauvre manger hors des mains me ravissent,
Et de mauvaise odeur les plats empuantissent.
 » De leurs morceaux tombez sans plus je me nourris ;
Mais ils sont si puants, si ords et si pourris,
Que de cent pas autour un homme n'en approche,
Eust-il le nez de fer et l'estomac de roche,
S'il n'estoit comme moy de faim espoinçonné,
Ou bien à tel malheur par les Dieux condamné.
 » De tels puants morceaux je traine au jour ma vie,
Maugreant Atropos qu'elle n'a point envie
De trencher mon filet. Fussé-je trespassé
Quand du grand Jupiter le vueil j'outrepassai,
Par mes oracles vrais, rendant trop manifeste
Aux hommes d'icy bas la volonté celeste !
 » Ce seul monstre importun qu'on surnomme la faim,

a. Var. :

De tempestes armée, alors que le feu pers
Du tonnerre ensoulphré saccage les bleds verts.

Qui de jour et de nuict abboye dans mon sein,
Me fait arrester là, pour ruer en mon ventre
Un repas qui puant vilainement y entre.
Ventre ingrat et malin, la cause de mes maux, (a)
Combien seul aux mortels donnes-tu de travaux !
Toutefois le ciel veut que les fils de Borée,
Compaignons du labeur de la Toison dorée,
Allegent ma douleur ; d'autres ne le pourroient,
En vain des estrangers mon malheur secourroient. (b)
S'il est vray que je sois Phinée roy de Thrace,
Et qu'Apollon encore en mon cœur ait la place ;
Et s'encore il est vray qu'en ma premiere fleur
Autrefois j'espousay Cleopatre leur sœur ;
Et s'encore il est vray qu'Agenor fut mon pere,
Ayant pour sœur Europe et Cadmus pour mon frere. »

   La pitié naturelle alla le cœur serrer
De Zethés, qui se print chaudement à pleurer,
Meu du nom de sa sœur ; puis prenant la parole,
Luy touche dans la main, et de près le console :

   « Cesse tes cris, vieillard, nous serons ton confort,
Et comme tes parens nous ferons nostre effort
A venger pour le moins l'une de tes injures,
Pourveu que par serment à haute voix tu jures
Que le courroux des Dieux ne viendra nous saisir
En nul temps que ce soit pour t'avoir fait plaisir (c)

   a. Var. :

Pour nourrir mon malheur, jette dedans mon ventre
Un desir de manger. Ventre, non, mais un antre,
Plustost une cloaque instrument de mes maux.

   b. Var. (1584) :

Et quand ils le voudroient certes ils ne sçauroient.

   c. Var. (1584) :

Que le courroux des Dieux qui s'avance à loisir
Nos chefs ne foudroy'ra pour t'avoir fait plaisir.

Car ce n'est la raison de gaigner en salaire
L'ire de Jupiter pour te vouloir bien faire.
Quand une fois les Dieux se sentent irritez,
Soudain n'offensent ceux qui les ont despitez,
Mais en temporisant punissent le merite
Au double de celuy qui pensoit estre quite;
Pource en levant tes mains jure icy devant tous,
Que la rancœur des Dieux ne tombera sur nous. »
 Adonques le vieillard esclata des astelles, (¹)
Et respandit le sang d'un taureau dessus elles,
Qu'on avoit assommé le chef encontre-mont,
Il fit trois petits feux en cerne tout en rond,
Il mesla dans du laict de l'eau de la marée,
Les versa sur la flamme, et prenant la courée
Du taureau, la hachoit par morceaux peu à peu
Et l'arrosant de vin la jettoit dans le feu. (*a*)
Puis ayant sur le chef une couronne pleine
De myrique prophete et de chaste vervene,
Eslevant pour-neant ses paupieres aux cieux,
Par serment solennel attesta tous les Dieux :
 « Sçache le grand soleil qui void tout en ce monde,
Sçache la mer, la terre, et l'abysme profonde,
Et l'aveugle bandeau qui me sille à l'entour
Les yeux pour ne jouir de la clarté du jour,
Et le sçachent aussi les meschantes Furies
Qui me pillent ma vie en forme de Harpyes,

a. Var. :

Il mesla dans du laict l'eau de la mer salée,
Il arrosa de vin la victime immolée,
Effondra le taureau, entrailles et jambons
De sel bien saupoudrez jetta sur les charbons.

1. *Astelles* est un mot de Vandomois qui signifie de petits coupeaux de bois fandus en long et menus qu'on appelle à Paris des esclats. (Note de Ronsard, 1560.)

Que nul de tous les Dieux (j'en jure) contre vous
Pour m'avoir soulagé n'envoira son courrous.
　» J'ay preuveu dés long temps la fin de ma misere,
Je sçay que Jupiter ne tient plus sa cholere
(De sa grace) sur moy, lequel pour mon support
A ce rivage icy vous a faict prendre port. »
　Ainsi parloit Phinée, et ja dessur le sable
Les valets du navire avoient dressé la table,
La chargeant à foison de vivres et de plats,
De ces meschants oiseaux le derrenier repas. (a)
　Cependant Telamon en une chaire ornée
De gazons fit asseoir le malheureux Phinée,
Le priant de manger et de jetter bien loin
Aux ondes et au vent sa famine et son soin.
Mais si tost que ses doigts toucherent la viande,
On entendit en l'air ceste troupe gourmande
Criailler d'un grand bruit, comme on oit dans un bois
Prés le bord de la mer une confuse vois
Des palles et butors, quand un larron ils trouvent
Qui remarque leurs nids et leurs femmes qui couvent.
　Puis tout soudainement, sans les appercevoir,
Comme un foudre d'été qui prompt se laisse choir
Volant du haut du ciel dessus luy se percherent,
Et de leurs becs crochus la viande arracherent
Hors de ses vuides mains, haletant une odeur
Qui empuantissoit des chevaliers le cœur.

a. **Var.** :

De vivres la chargeant et de vins à foison,
Mets qu'ils devoient manger derniers en sa maison.
　Les deux freres cachez sous une roche creuse,
De halliers herissée, et d'une horreur affreuse,
Attendoient les oiseaux, ayant pendus aux bras,
A demy retroussez, leurs trenchans coutelas.

　Ces quatre derniers vers ont été ajoutés dans les éditions posthumes.

Là quelque peu de temps en mangeant séjournerent,
Puis comme tourbillons en l'air s'en retournerent.
   Lors Zethe et Calaïs happerent leurs bouclairs,
Dont les aciers brilloient en treluisants esclairs,
Et de leur gaine large à clous d'or diaprée
Tirerent brusquement leur flamboyante espée (a)
Commandant aux valets d'un pied prompt et leger
Rapporter sur la table encores à manger.
   A peine à peine estoient les viandes servies,
Que voicy derechef les gloutonnes Harpyes
Tournoyer sur la table, et de leur bec pillard
Ravissant la viande affamer le vieillard. (b)
   Zethe du premier coup son aile ne remue,
Ny Calaïs la sienne; ains ainsi qu'une grue
Avance une enjambée, ou deux ou trois, avant
Qu'abandonner la terre et se donner au vent;
Ainsi deux ou trois pas en sautant enjamberent
Les enfans d'Aquilon, puis au ciel s'esleverent
Pendus dedans le ciel, secouant d'un grand bruit
Les ailes que leur pere en les soufflant conduit
Pour leur donner vitesse; autrement par trop lentes
N'eussent jamais atteint les Harpyes volantes,
Qui de legereté les foudres égaloient,
Quand elles retournoient ou bien quand ell' alloient

   a. Var. :

Dont l'acier reluisoit comme des astres clairs,
Et secouant ès mains leur cymeterre croche,
Comme vents orageux sortirent de la roche.

   b. Les éditions posthumes ajoutent ces vers :

En mangeant ils craquoient et du bec et des ailes,
Comme font ces corbeaux qui succent les cervelles
Des animaux pourris; leurs gorges aboyoient
D'une voix de mâtins qui les Grecs effroyoient.

LIVRE PREMIER. 31

Devorer les repas de l'aveugle Phinée,
Condamné par les Dieux à telle destinée.
  Les preux dessur le bord s'arrestent tous béans,
Accompaignans des yeux ces grands monstres fuyans
Tant qu'ils peuvent en l'air, ayant l'ame surprise
Du desir de sçavoir la fin de l'entreprise.
  Ainsi que deux faucons qui un chemin se font
En l'air suivant leur proye, en ce point front à front,
Voloient ces chevaliers, secouant à la dextre
L'espée, et le bouclier dedans la main senestre.
  Les monstres en voyant leurs ennemis ailez,
Dès le commencement ne s'en sont en-volez
Guiere haut dedans l'air. Sans plus leur volerie
Tournoit dessus le bord comme une mocquerie (a)
Mais quand sifler l'espée ils ouïrent au vent
Des freres qui de prés les alloient poursuivant,
Hastent le vol en l'air, et de leurs gueules pleines
Rendirent les morceaux pour voler plus hautaines,
Comme on void un heron, pour estre plus leger
Quand il sent un gerfault, sa gorge descharger.
Ores dedans le ciel les Harpyes se pendent,
Ores plus bas en l'air à pelotons descendent,
Et ores en laissant prés de terre ramer
Les ailes, vont razant les plaines et la mer.
  Comme un liévre pressé d'une importune suite
De chiens, par mainte ruze entrecoupe sa fuite
Maintenant d'un destour, maintenant d'un retour,
Pour tromper les chasseurs amusez à l'entour ;
Tout ainsi ces oiseaux, de ruses et d'entorces
Errant puis çà puis là, mettoient toutes leurs forces
De tromper ces guerriers, qui sans fin ne repos
Haletant les suivoient, et leur pendoient au dos,

---

a. Var. :

. . . . *sans plus d'une aile oisive*
Tournoient comme un milan à l'entour de la rive.

Tousjours du fer tranchant martelant sur leurs plumes,
Mais autant eust valu frapper sur des enclumes ;
Car jamais nulle playe à la chair ne prenoit,
Et du coup sur l'espée aucun sang ne venoit.
 Ainsi que les batteurs qui frappent dans une aire
Par compas les presens de nostre antique mere,
L'aire fait un grand bruit, et le fleau durement
Touchant dessus le bled, rebondit hautement. (a)
Ainsi ces Boreans à grands coups d'alumelles
Chamailloient sur le chef, sur les flancs, sur les ailes,
D'un coup suivy menu : le dos en gemissoit,
Et le fer sans blesser en haut rejaillissoit.
 Si est-ce qu'à la fin ils les eussent tuées
Sur l'onde Ionienne aux isles situées
Entre deux grands rochers (isles dictes des Grecs
Plôtes en premier nom ; en second nom après,
Pour le retour d'iceux, Strophades se nommerent)
Sans que les chevaliers de là s'en retournerent,
S'apparoissant Iris qui du ciel descendit,
Et de passer plus outre ainsi leur defendit :
 « Il suffit (dit Iris) race Aquilonienne,
De bannir jusqu'icy la race Typhéenne.
De passer plus avant il ne faut attenter,
Ny de chasser plus loin les chiens de Jupiter ;
Lequel (bien qu'un Ægis pour son armure il porte
Et qu'il laisse tomber la foudre ardente et forte
Pour son dard, quand il veut, de ses flambantes mains)
Tels chiens il a choisi pour punir les humains.
Et pource retournez ; la chose est ordonnée
Qu'ils ne mangeront plus les vivres de Phinée.
Junon le veut ainsi, j'en jure par les eaux
(Qu'on ne doit parjurer) des marests infernaux. »
 A-tant Iris s'en-vole au ciel en sa retraite,

---

 a. Var. (1584) :

. . . . *Le fleau qui se roidit*
Contre le bled battu, dedans l'air rebondit.

Et ces monstres s'en-vont dans un antre de Crete
Où depuis renfermez ne volent plus aux cieux
Si ce n'est pour punir quelque homme vicieux. (*a*)
 Au mandement d'Iris, la fille Thaumantide,
Les freres ont serré dedans leur guaine vuide
L'espée, et sans laisser leurs ailes esbranler,
Soufflent à grosse halaine et s'arrestent en l'air. (*b*)
Les Princes cependant demeurez au rivage
Arraisonnent Phinée, et luy donnent courage,
Luy lavent tout le corps, luy baillent habits neufs,
Et le font arrenger à la table aupres d'eux.
Luy qui mouroit de faim, de hastiveté grande,
Dispos à toutes mains, ravissoit la viande,
Et mordoit goulument, comme un homme en songeant
Réve apres la viande, et s'engoue en mangeant.
Il benit de Cerés le present savourable,
Et du gentil Bacchus la liqueur secourable,
Il benit la viande, et tout ce qu'on dressoit,
Joyeux de le manger, affamé benissoit.
 Après qu'il eut du tout sa famine appaisée,
Et qu'il eut la parole en ses flancs plus aisée,
Jason qui vers le soir encor ne voyoit point
Les freres de retour, d'un grand desir espoint
De sçavoir les perils que luy gardoit Fortune,
La fin de son voyage, et les flots de Neptune,
Soucieux vers Phinée humblement se tourna,
Et de tels mots douteux ainsi l'arraisonna :
 « Sage fils d'Agenor qui cognois les augures,
Qui sçais prevoir de loin toutes choses futures ;

a. Var. :

Où depuis enfermez ne sont plus détachez
Si ce n'est pour punir des hommes les pechez.

b. Var. :

D'un voler suspendu se soustenoient en l'air.

Puis que par mon moyen maintenant ton souhait
Desiré dés long-temps à ton vueil est parfait,
Entens à mon labeur, et amy prophetise
Quelle certaine issue aura mon entreprise.
L'espouse à Jupiter et sa fille Pallas
Ont charpenté ma nef, et ne me repen pas
D'avoir suivy leurs voix, car jusques à ceste heure
Je n'eusse sceu jouir de fortune meilleure.
Mais plus j'arrive prés du Phase et de Colchos,
Plus une froide peur s'escoule dans mes os ;
Quand je pense aux taureaux qui ont la flame enclose
Au nez, et au dragon qui jamais ne repose,
Je suis desesperé, et tremblant tout de peur,
Je crain de n'achever un si fascheux labeur ;
Pource je te suppli de m'annoncer l'issue
De la charge que j'ay sous Pelias receue. »

 Apres avoir aux Dieux, tant aux bas comme aux
Sacrifié le sang de quatre grands taureaux,   [hauts,
Deux noirs à ceux d'embas, et deux blancs aux celestes,
Le vieillard allegé de ses premiers molestes,
Frais, dispos, et refait, et qui plus ne portoit
Un visage affamé, mais bien qui revestoit
De grave majesté sa face venerable,
Ouvrit de tels propos sa bouche veritable :
 « Valeureux fils d'Æson des Dieux le favoris,
A bonne fin viendra ton voyage entrepris ;
Car Junon qui vous sert de deesse propice,
Ne souffrira jamais que sa barque perisse,
Laquelle doit un jour de ses feux radieux
Par les astres nager et voguer par les cieux.
 » Au démarer d'icy, selon vos destinées
Il vous faudra passer les roches Cyanées,
Roches pleines d'effroy qui se choquent de front,
Et courent sans avoir des racines au fond,
Comme deux grands beliers qui surpris de furie
Se heurtent teste à teste au bout d'une prairie.
La mer en bouillonnant qui ses montaignes suit
En tortis escumeuse, abbaye d'un grand bruit ;

Aucunefois ouverte en deux elle se creve
Et s'abysme aux enfers, aucunefois s'esleve
Dedans le ciel pendue, et d'un horrible tour
Se roule fierement aux rives d'alentour,
Et vague dessus vague en escumant assemble.
 » Ces rochers, tout ainsi que s'ils jouoient ensemble,
S'eslongnent quelque peu, puis courent pour s'outrer
Tournez l'un contre l'autre, et à leur rencontrer
Un feu sort de leur front ainsi que le tonnerre
Qui choquant rudement la nue qui l'enserre,
Au milieu de la nuict, des pluyes et du vent,
Fait un jour de son feu qui se va resuivant,
Brillant à longue pointe; et la flame eslancée
Des pauvres cœurs humains estonne la pensée.
 » Ainsi se vont hurtant ces rochers vagabons,
Mais plus se hurteront et tant plus soyez pronts
De pousser d'un accord la rame à la poitrine,
Et par vostre vertu forcez-moy la marine;
Ne perdez point le cœur; car sitost que serez
Entre les deux rochers déjà presque enserrez,
Junon avec Pallas, vos deux cheres compagnes,
Arresteront le choq de ces dures montagnes,
L'une çà, l'autre là, les ouvrant de leurs mains;
Tant que soyez passez par ces rochers contraints. (*a*)
 » Puis dés le mesme jour, sans estre plus errantes,
Neptune attachera de racine leurs plantes
Au profond de la mer (ainsi le veut ce Dieu)
Pour n'abandonner plus leur rive ny leur lieu.
 » Apres vous ramerez prés l'escumeuse entrée
Du fleuve Thermodon, costoyant la contrée

a. Var. (1584) :

Un héron vous guidant sauves, gaillards et sains.

Édit. posth. :

Un héron conduira faussement vos desseins.

Des femmes sans mammelle, où, par les champs espars,
En trois grandes citez, habitent en trois pars.
Ces femmes ne sont point comme nos femmelettes
Qui font par le mestier promener les navettes
En ourdissant la toile, ou tournent le fuseau,
Ou roulent le filet autour d'un devideau,
Ou se teignent les doigts aux couleurs des ouvrages;
Elles n'ont que la guerre empreinte en leurs courages,
Le brandir de la pique, et le bien manier
Sur le sablon poudreux un beau cheval guerrier,
Ou de ruer la hache et de faire la guerre
Aux hommes qui voudroient aborder à leur terre.
Pource n'approchez pas, n'approchez de leur bord,
Si vaincus ne voulez y recevoir la mort. (a)

» Apres, vous surgirez dedans l'isle deserte
D'hommes et de troupeaux; mais bien toute couverte
D'oiseaux qui ont la plume à poincte comme espics,
Et la dardent des flancs ainsi que porcs-espics.

» Suivant la grande mer qui de ses ondes rase
Les pieds demy-mangez du haut mont de Caucase,
Vous oirrez tout le ciel rebruire aux environs
D'un aigle dont le vol est plus long qu'avirons.
C'est l'oiseau qui se paist du cœur de Promethée;
Vous oirrez les hauts cris de sa voix sanglotée,
Et les gemissemens retrainez en langueur
De ce divin larron quand l'aigle mord son cœur.

» Entrecoupant le cours du grand Phase Colchide,
Contre le cours de l'eau, joignant le bord humide
Dedans un verd taillis, pres le temple de Mars,
Vous voirrez la Toison dessus un chesne espars,
Houpue en laine d'or, qui reluit claire et nette
Comme reluit au soir quelque belle planette.

» Que vous diray-je plus? le destin me defend
De vous prophetiser vos fortunes de rang,

a. Var. (1584):

Vous n'auriez autre gain que d'y trouver la mort.

Ny comment vous voirrez vostre vie gardée
Des arts Hecateans de la jeune Medée.
J'ay peché lourdement autrefois de vouloir
Faire aux hommes mortels de poinct en poinct sçavoir
La volonté des Dieux, qui veulent leurs oracles
Estre tousjours voilez de ne sçay quels obstacles,
Et manques en partie, à fin que les humains
Dressent tousjours au ciel et le cœur et les mains,
Et qu'humbles envers Dieu, à Dieu secours demandent,
Quand au sommet du chef les miseres leur pendent.
Là dans le champ de Mars, dessous un joug d'acier
D'une chaisne de fer il vous faudra lier
Deux taureaux dont les pieds sont d'airain, et la gorge
Ressemble une fournaise où le feu se regorge.
» Comme deux grands soufflets qu'un mareschal boi-
A sa forge ententif enfle d'esprit venteux, [teux
Puis haut puis bas tirant et repoussant l'haleine
Du vent dont les soufflets ont la poitrine pleine, (a)
Avecques un grand bruit fait ronfler ses fourneaux ;
Ainsi avec grand bruit, les nez de ces taureaux
Jettent en mugissant une flame allumée
Par ondes noircissante en obscure fumée,
Deçà delà rouée à l'abandon du vent.
Mais à force de mains, courbé sur le devant,
Tirant encontre-bas leur cornes par outrance,
Vous les ferez broncher à genoux sur la panse,
Dontez dessous le joug, et fendant les sillons,
Les piquerez aux flancs à grands coups d'aiguillons.
» Apres, ensemençant la terre labourée (b)
Des dents d'un grand serpent, comme d'une ventrée

a. Var. (Édit. posth.) :

Du vent souffle charbon, dont leur poitrine est pleine.

b. Var. (1584) :

Semant en laboureur la fertile contrèe.

Les mottes enfant'ront en lieu de blez germez
Une fiere moisson de chevaliers armez.
On ne voit point la nuict tant d'estoilles flambantes
Driller au firmament, quand les nues pendantes
Ont dévoilé le ciel, comme en ce champ de Mars
Vous voirrez flamboyer de harnois de soudars,
De targes, de boucliers, de piques et de haches,
Et de clairs morions crestez de longs panaches.
 » Cet escadron voudra dessur vous se ruer ;
Mais d'un revers d'espée il le faudra tuer,
Ou le rendre mutin d'une civile guerre.
Les uns déja tous grands marcheront sur la terre,
Les autres à grand' peine auront le chef sorty ;
Aux uns le corps en deux sera demy-party,
Du col jusqu'au nombril ayant estre et figure,
Et du nombril aux pieds ce sera terre dure.
 » Les autres mani'ront les jambes en-à-bas,
Qui n'auront point encor d'espaules ny de bras,
Et les autres du chef donneront cognoissance,
Levant la motte en haut, de leur prompte naissance.
Comme un homme, duquel le champ est en debat,
De bon matin s'éveille, et de sa faux abat
En haste les espics qui ne sont meurs encore ;
Il scie à toutes mains et la faux, qui dévore
Le bled, faict un grand bruit. (a) En la mesme façon
Vous trencherez soudain la guerriere moisson
Des chevaliers armez qui ne feront que d'estre,
Et sentiront la mort aussi tost que le naistre.
 » Les sillons de leur sang à grands flots ondoy'ront,
Les uns dessus le front, les autres tomberont
Renversez sur le dos, les autres de cholere
En trepignant mordront les mottes de leur mere ;

a. Var. (1584) :

En haste la moisson toute verte tombée
Il scie à toute main ; la faucille courbée
Ne pardonne aux sillons.

Et les autres trenchez (autant qu'iceux adonc
Esleveront le corps) la moitié de leur tronc
Coulera dans le Phase aux poissons la pasture,
Et l'autre engraissera les champs de pourriture.
 » Par charmes vous pourrez endormir le serpent
Qui couve sous le ventre en largeur un arpent,
De crestes perruqué, à qui jamais le somme
Tant soit peu jour et nuict les paupieres n'assomme.
Il a le chef horrible, il a les yeux ardans,
Sur la maschoire large il a trois rangs de dents,
Et sa langue en siflant sible d'une voix telle
Que les petits enfans se mussent sous l'aisselle
De leur mere en tremblant, quand luy faisant un bruit
Garde la Toison d'or et veille toute nuict.   [garde
 » Comme on void bien souvent, quand un pasteur qui
Ses brebis dans un bois, laisse choir par mesgarde
Au trou d'un arbre creux quelque tison de feu,
La flame en petillant se traine peu à peu,
Se nourrissant au pied, puis le faiste elle allume,
Puis toute la forest il embraze et consume.
Un repli de fumée entresuivi de pres,
Puis un autre, et un autre, et puis un autre apres
Se voûte en ondoyant; ainsi de ceste beste
Le dos se va courbant de la queue à la teste
De plis longs et tortus. Toutefois prenez cœur,
Un seul enchantement vous en fera vainqueur,
Et gaignerez la peau de fils d'or ennoblie,
Puis vous retournerez vainqueurs en Thessalie. »
 A peine ce vieillard aux oracles des Dieux
Sans ordre avoit mis fin, quand voici dans les cieux
Les freres de retour, faisant par la nuict sombre
Aux rayons de la lune apparoistre leur ombre.
Ils furent longuement à tourner dedans l'air,
Puis d'une poincte en bas se laisserent caler
Sur le bout de l'antenne, et de là sur le sable,
Où trouverent encor leurs compagnons à table.
 Ainsi que deux faucons qui ont chassé long temps,
Ou par faim qui les presse, ou pour leur passetemps,

Ayant ouy la voix de celui qui les crie
Reviennent sur la nuit droit à la volerie, (a)
En poincte descendans sur le leurre jetté;
Ainsi les Boreans, apres avoir esté
Longuement attendus, contre bas se baisserent,
Et de leurs pieds legers le rivage presserent
Souflans encore un peu, comme ayant ahanné
D'avoir un si long vol dans le ciel demené. (b)
 Ils content à Jason jusques en quelle place
Aux Harpyes en l'air ils ont donné la chasse,
Et comme Iris jura par le fleuve d'embas
Que plus ne reviendroient desrober le repas
Du vieillard, qui joyeux les embrasse et les loue.
Il leur baise la main, il leur baise la joue,
Et de mille mercis rend grace aux deux enfans
Qu'Aquilon engendra, le plus viste des vents.
 En cependant Tiphys qui vid flamber l'Aurore,
Eveilla du siflet ceux qui dormoient encore;
Il les fit soir de rang, les priant d'avoir soing
D'empoigner brusquement les avirons au poing.
Adoncque la galere également tirée
Alloit à dos rompu dessus l'onde azurée,
Et de long plis courbez s'entre-coupant le dos,

a. Var. (1584) :

Ayant ouy la voix des maistres qui les pansent,
Reviennent à leur cri, puis en fondant s'eslancent.

b. Var. (1584) :

Battant leur sein de vent comme ceux qui avoient
Encore assez d'haleine et leur vol achevoient.

Édit. posth. :

Haletant et tirant haleine à leur retour,
Comme un coureur d'Olympe ayant fini son tour.

Se trainoit en ronflant sur les bosses des flots;
[Ainsi qu'une chenille à dos courbé s'efforce
De ramper de ses pieds sur le pli d'une escorce.
Chacun d'un ordre egal tire son aviron;
La vague en tournoyant escume à l'environ;]
Le rivage s'en uit et rien n'est manifeste
A leurs yeux que la mer et la voûte celeste.
  Or adieu, chevaliers aux armes excellans,
Adieu, noble Jason, adieu, freres volans!
Ou soit que vous soyez hommes de sainctes vies,
Philosophes constans, qui chassez les Harpyes
De la table des Rois, les flateurs, les menteurs
Qui devorent leurs biens et de leurs serviteurs;
Ou soit que vous ayez la plante si legere
Qu'on ait teint de vous deux la table mensongere,
Que vous passez les vents (car la viste Aëllon,
Celenon et sa sœur ne denotent sinon
Les souffles ravissans des vents et des orages)
Voguez heureusement aux Colchides rivages!
Vostre hymne est achevé, je ne vous lou'ray plus.
  Je me veux souvenir de Castor et Pollux
Enfans de Jupiter, je veux rendre leur gloire
Par les peuples François à tout jamais notoire.
Ils meritent mes vers. Aussi bien, de ce temps,
Les avares seigneurs ne sont gueres contens
Qu'on descrive leurs faits; et si quelqu'un attire
Par caresse un poëte à ses gestes descrire,
Il fera le bragard et ne voudra penser
Quelque moyen après de le recompenser. (a)
Ils aimeront trop mieux faire grande leur race,
Ou bastir des palais, que d'acquerir la grace
Des Muses, les chetifs qui ne cognoissent pas
Qu'à la fin leurs chasteaux trebucheront à bas,
Et qu'en moins de cent ans leurs races incognues

---

a. Var. :

De vouloir par bien-faits les Muses avancer.

Se traineront sans nom par les tourbes menues!
　Qu'ils meurent sans honneur, puis qu'ils veulent mou-
Engloutis en leur tombe; et faisons refleurir　　[rir,
L'honneur de ces jumeaux, de ces freres d'Helene,
Qui vivent à leur rang au celeste domaine.
Ils m'en sçauront bon gré, si l'art industrieux
Des Muses peut monter si haut que jusqu'aux cieux.

(1560.)

Hymne III.

DE POLLUX ET DE CASTOR. (1)

A GASPAR DE COULIGNY,
Seigneur de Chastillon,
Admiral de France.

Je veux, mon Chastillon, imiter le tonnerre,
　Qui devant que ruer sa fureur contre terre,
Gronde premierement d'un petit bruit en l'air,
Et reluit dans la nue avec un peu d'esclair;
Puis soudain coup sur coup redoublant sa tempeste,
Son bruit et son esclair, vient saccager la teste
D'un superbe rocher, et en fait sur les eaux
Et sur les champs voisins esclater les morceaux.
　Ainsi du premier coup il ne faut que je tonne
Vos gestes en-noblis des travaux de Bellonne;
Il faut sonder ma force, et m'esprouver un peu,
Mener un petit bruit, luire d'un petit feu,

---

1. Tiré d'Apollonius, de Théocrite et de Valerius Flaccus.

Faisant mon coup d'essay sur les patrons estranges,
Avant que de tonner hautement vos louanges
D'un son digne de vous, pour vivement semer
De vostre beau renom les terres et la mer.
 [Ce n'est pas un fardeau si leger que l'on pense
De bien chanter les faits d'un amiral de France,
D'escrire ses valeurs, ses assaults, ses combats ;
Il y a de la peine, et tout homme n'a pas
Le cœur assez hardy ni la Muse assez grande
Pour chanter Enyon ainsi qu'elle demande.
Beaucoup entreprendront, mais peu viendront à fin
De louer vos vertus. Le ciel le veut afin
Que seul j'aye l'honneur d'avoir parfait l'ouvrage,
Celebrant vos combats, vos faits, vostre lignage,
Qui suis affecté vostre, acquis par les faveurs
De vostre frere Odet, l'un de mes bons seigneurs.]
 Ce-pendant je feray comme un joueur de lyre,
Qui decoupe un fredon ains qu'il commence à dire
Quelque belle chanson, pour tenter seulement
Si la corde à l'esprit respond fidelement.
Ainsi pour mieux sonner vos vertus et vos gestes
(Qui vous égaleront par renom aux Celestes)
Je viens à vos genoux, sur ma lyre chanter
Comme pour un fredon les fils de Jupiter,
Les jumeaux que Leda la Thestiade fille
Enfanta près d'Eurote enclos en la coquille
D'un œuf que Jupiter dans le ventre luy mit,
Quand d'un cygne amoureux il emprunta l'habit,
Démentant sa grandeur sous une estrange plume,
Brulé du feu d'amour qui les plus grands allume.
 Je vous chanteray donq ces deux Laconiens,
Ces deux freres bessons Lacedemoniens.
Sus donq chantons deux fois, voire trois, voire quatre
Ces deux masles garçons : Pollux bon à combatre
Aux cestes emplombez, et Castor souverain
A picquer un cheval et le ranger au frein ;
Qui sauvent les soldats au milieu des armées,
Quand les batailles sont brusquement animées,

Et quand les chevaliers, pesle-mesle aux combats,
Sous leurs chevaux tuez sont trebuchez à bas ;
Et qui sauvent encor les navires forcées
Des homicides flots, quand elles sont poussées,
Ou des astres couchans, ou des astres levans,
Comme pour le jouet de fortune et des vents,
Lesquels roulent la vague aussi haut que la croupe
D'un grand escueil marin, maintenant sur la poupe,
Maintenant sur la proue, aux flancs, ou sur le bord,
Ou de quelque costé qu'il plaist à leur effort.
Le mast se fend en deux, et l'antenne cassée
Tombe avecque la hune à morceaux despecée ;
Le gouvernal se froisse, et le tillac dessus
Et dessous est remply de larges flots bossus.
 Le tonnerre ensoulphré s'eclate de la nue,
Un esclair qui scintille à longue poincte aiguë
Fait un jour incertain du milieu de la nuit,
Les cordes de la nef mugissent d'un grand bruit,
La mer tonne à ses bords, que les vents pesle-mesle
Martellent pleins d'esclairs, de pluyes et de gresle.
Toutefois vous sauvez les pauvres matelots,
Et retirez la nef de la proye des flots ;
Vous endormez les vents, et flattez la marine
D'une tranquillité gracieuse et benine.
Les nues çà et là se perdent dans les cieux,
Et la Creche et les Ours apparoissent aux yeux
Des mariniers tremblans, qui donnent tesmoignage
Que la mer se fait propre et douce aū navigage.
 O tous deux le secours, ô tous deux le support
De ceux qui sur les flots n'attendent que la mort !
Chantres victorieux, chevaliers et poëtes,
Tous deux également mes chers amis vous estes.
 Donques, lequel de vous lou'ray-je le premier
Ou Pollux l'escrimeur, ou Castor l'escuyer,
Vous celebrant tous deux ? Ta louange premiere,
O Pollux, je diray, puis celle de ton frere.
 Quand Argon aborda (portant les fils des Dieux)
Au port Bebrycien, Jason fut curieux

De sçavoir si la paix y regnoit ou la guerre,
Envoyant son heraut pour descouvrir la terre,
Quelles gens l'habitoient, pour vivres y chercher,
Et quelque beau ruisseau pour leur soif estancher.
Ce messager arma d'olivier pacifique
Sa forte main guerriere en lieu d'une grand'pique,
Et d'un laurier grené couronna tout en rond
(Heureux signe de paix) la douceur de son front.
  A peine eut-il laissé la marine sallée,
Qu'il apperceut un homme au fond d'une vallée,
Ains un fantôme d'homme, en vain pleurant le nom
Et l'absente amitié d'un sien mort compagnon.
Il n'avoit que la peau seulement animée,
Sa bouche de long jeun pallissoit affamée,
Sa barbe s'avalloit d'un poil rude et crasseux,
Son teint estoit plombé, ses yeux haves et creux,
Et pour habillement luy pendoient des eschines
Les lambeaux d'un haillon tout recousu d'espines.
Si tost qu'il vit Céphée, il accourt au devant :
  « Quiconques sois (dit-il) ne marche plus avant,
Chetif, retourne-t'en, las! en cependant qu'ores
Le vivre et le fuïr sont en tes pieds encores! »
  Cephé ne perdit cœur oyant ces premiers mots,
Mais voyant que celuy n'avoit autre propos
Sinon que de fuïr, craignant quelque dommage,
Retourne à toute haste et gagne le rivage,
Trainant avecques soy Timante, à qui le cœur
Frissonnoit en tremblant d'une semblable peur
Qu'un poisson qui tapit son corps dessous la mousse
Quand le vent aquilon son escaille repousse.
  Lors pleurant il leur dit : « Laissez ce bord icy;
Ce n'est pas un rivage auquel on a soucy
Des lointains estrangers, que l'ire de Neptune,
Ou le desir de terre y conduit de fortune;
En lieu d'humanité, les meurtres et la mort
Et le sang espandu maistrisent tout ce bord.
Ce n'est pas un royaume auquel la révérence
Qu'on doit à la pitié face sa demeurance;

Non ce n'est pas icy où l'equitable foy
Tient le peuple en repos d'une paisible loy !
 » Comme les Etneans, engeance abominable,
Soit de nuict, soit de jour errent dessus le sable
Du bord Sicilien, à fin de regarder
Si l'orage d'hyver fera point aborder,
Contrainte par le vent, quelque nef d'aventure
Pour servir au Cyclop' de sanglante pasture,
Ainsy les habitans de ceste region
Fourmillent à ce bord d'une grand' legion, (a)
Espiant tour à tour si la fortune ou l'ire
Du vent conduira point quelque pauvre navire
Pleine d'hommes passans, à fin de les lier
Prisonniers de leur Roy, pour les sacrifier
A son pere Neptune au devant d'une roche,
Comme simples taureaux que le ministre approche
Par force prés l'autel, puis en haussant le bras
D'un grand coup de maillet les fait tomber à bas.
 » Ainsi leur Roy cruel qu'Amycus on surnomme,
Au devant d'un rocher sans pitié les assomme,
Puis en rouant leurs corps deux ou trois fois en l'air
Pour nourrir les poissons les jette dans la mer.
Ceux qui sont les plus forts, et de plus belle taille,
Sont contraints maugré eux de jouster en bataille
Contre luy, seul à seul, au milieu d'un camp clos,
Où d'un grand coup de ceste il leur froisse les os.
 » Tantost ce grand geant viendra sur ceste rive;
Sa troupe en le voyant tremble toute craintive,
Tant il est grand et lourd ; il la va surpassant
De tout le chef entier, comme un pin se haussant
Sur toute la forest, ou comme la montagne
D'Olympe, dont le chef les astres accompagne,
Regarde dessoubs soy d'autres rochers bien grands

a. Var. :

Ainsi les habitans de ce mesme terroy
Fourmillent à ce bord d'un regard plein d'effroy.

Hausser leur teste à peine à l'égal de ses flancs.
　» Aux hommes de façon ny de face il ne semble ;
Cent rides sur le front l'une sur l'autre assemble
Longues comme sillons, que les coultres trenchans
Ont largement creusez en labourant les champs ;
Les dents deçà delà luy grincent en la gueulle
D'un bruit tout enroué comme d'une grand' meulle,
Que la force d'un homme, ou d'un ruisseau coulant
Tout à l'entour du blé fait sonner en roulant.
Comme le poil d'un ours se roidit sa perruque,
Un taillis de sourcils hideusement offusque
Ses gros yeux enflamez, ensanglantez et roux
Comme l'astre de Mars tout rouge de courroux.
Au reste il a le bras et la jambe velue
Plus que la dure peau d'une chévre pelue,
Et demeine en marchant un plus horrible bruit
Qu'un grand torrent d'hyver qui bouillonnant s'enfuit.
　» Tousjours à son costé librement luy pendille,
Comme pour son jouet, une creuse coquille
Retorse par le bout et large, que souvent
Ainsi qu'un flageolet il entonne de vent.
Il n'a si tost dedans entonné son haleine,
Que les Bebryciens accourent sur l'arene,
Et prompts autour de luy se viennent tous ruer
Pour sçavoir s'il faut point escorcher ou tuer.
　» Il a sous un rocher pour sa maison un antre,
Où jamais du soleil la belle clairté n'entre,
Soit qu'il monte à cheval abandonnant les eaux,
Ou soit qu'il laisse cheoir en la mer ses chevaux.
Devant son antre put un odeur de voiries,
De carcasses de morts, relantes et pourries ;
Icy l'os d'une jambe, et là celuy d'un bras
Blanchissent l'un sur l'autre à grands monceaux à bas.
　» Tout au haut du sommet de ses hideuses portes,
Des estrangers occis pendent les testes mortes,
Que pour une parade il accroche de rang
A longs filets glacez distillantes le sang,
Qui respandent (horreur !) par les playes cruelles

Du test froissé de coups leurs gluantes cervelles,
Qu'on ne recognoist plus, ny le nom de ceux-là
Qui vivans les portoient, tant fierement il a
Leurs fronts escarbouillez d'une forte couraye,
De la bouche et des yeux ne faisant qu'une playe.
  » Il a dedans son antre à Neptune eslevé
Un autel impiteux de meurdre tout pavé,
Où pendent sur le haut les courayes funestes
(Je tremble en le disant) des homicides cestes
Taillez de cuir de bœuf qu'on assomme à la mort,
Pelu, non courroyé, large, puissant et fort.
  » Il s'entoure le corps de ses fortes ceintures,
Les couldes et les bras, et les espaules dures,
Serrant en chaque main deux bourrelets chargez
De plomb cousu dedans et de cloux arrangez,
Desquels, fust-ce par jeu, jamais un coup ne rue
Que miserablement il n'assomme ou ne tue.
Mais (dit-il) je vous pri' quel plaisir de le voir
Si fier et si cruel sçauriez-vous recevoir?
Tant s'en faut qu'à l'essay vous le deviez attendre!
Pource fuyez bien tost' qu'il ne vous vienne prendre;
Dressez la voile au mast, si par vostre sejour
Vous ne voulez laisser la lumiere du jour.
  » J'estois le compagnon du malheureux Otrée,
Que l'orage poussa dedans ceste contrée,
Duquel (s'il eust vescu) Jason n'eust desdaigné
En un voyage tel de s'estre accompagné;
Il combatit icy d'une puissance extreme
Contre le grand geant; je luy pliay moy-mesme
Les courayes aux bras, mais d'un poing foudroyant
Il luy froissa la temple en ruisseaux ondoyant
De sang et de cervelle, et pour victoire au faiste
De sa porte esleva sa miserable teste.
  » Il m'eust aussi tué, mais me voyant si bas
Et si petit de corps, hautain, ne voulut pas
Me favoriser tant, que me faire cognoistre
Combien sont gracieux les foudres de sa destre.
Et pource il ne voulut dedans mon sang humain,

Comme en chose si vile, ensanglanter sa main;
Il m'envoya tout seul, sans vivres et sans armes,
Dedans ce bois desert, pour m'escouler de larmes,
Et pour mourir de dueil sans boire ne manger,
Bien loin de mon païs en un bord estranger.
Si le vent aujourd'huy quelque passant n'ameine
Pour jouster contre luy, ce soir il aura pleine
La gorge de ma chair, et assis sur le bort
Humera tout mon sang dedans un test de mort.
  » Pource je vous suppli' par le ciel respirable,
Par l'air, par le soleil, soyez-moy secourable,
Ruez-moy dans la mer ou m'assommez de coups;
Et si j'ay ce bon-heur que de mourir par vous,
Heureuse je diray ma miserable vie,
Au moins d'avoir esté par les hommes ravie. »
  Ainsi disoit Timante, embrassant les genoux
De Jason, que l'horreur espoinçonnoit de coups
Frappez menus au cœur, tremblant de froide crainte
Que sa barque ne fust par le geant atteinte.
  A tant dessus le bord voicy venir le Roy,
Ayant les yeux ardans d'un merveilleux effroy.
Il fermoit en sa dextre une dure massue
De sauvage olivier, de toutes pars bossue
De nœuds armez de cloux, dont il contoit ses bœufs
Quand saouls ils retournoient des rivages herbeux.
Il marchoit à grands pas comme un lyon sauvage
Qui oit le plaint d'un faon dans un prochain bocage,
Et fait deçà delà ondoyer en allant
Ses crins dessus l'espaule, horriblement hurlant. (a)
De tel pas il aborde à la rive premiere,
Où ja se promenoit ceste troupe guerriere.

a. Var. :

Comme un loup tourmenté de faim, et de colere,
Oyant le plaint d'un faon qui a perdu sa mere,
Sort du bois à grand' haste, et de sang tout ardent
Herisse son eschine, et fait craquer sa dent.

Les uns de deux caillous faisoient sortir du feu,
Les autres escartez loin du rivage un peu
Cherchoient de l'eau pour boire, ou de la forest verte
Apportoient des fueillards sur la rive deserte
Pour en faire des licts; les autres apprestoient
Des vivres pour disner, et les autres luttoient.
 Tout soudain qu'il les veit, il fremit tout de joye,
Enragé d'assommer une si tendre proye;
Ne plus ne moins que fait un grand tigre affamé
Voyant un cerf au bois de son front desarmé.
Lors sans user vers eux d'humanité requise
Quand quelques incognus sur le bord on avise,
Ny sans les saluer, ny sans leur demander
Quel besoin les faisoit à son port aborder,
Quelles gens ils estoient, leurs parens, ou leur race,
Hautement s'escria d'une telle menace :
 « Si de vostre bon gré vous abordez icy
Pour jouster contre moy, approchez, me voicy !
Le plus brave de vous entre ses mains empongne
Les armes seul à seul, et se mette en besongne;
Ou bien si vagabonds et par la mer errans
Vous ancrez à mon bord de mes loix ignorans,
Sur l'heure à vos despens je les vous vais apprendre.
J'ay fait commandement qu'homme n'osast descendre
Prenant terre à mon port, soit allant ou venant
Ou devers le Midy, ou devers le Ponant,
Sans faire contre moy preuve de sa vaillance :
On visite ma terre à telle convenance.
 » Pource, sans tant muser, soudain despeschez-vous
D'eslire en vostre troupe un homme par sus tous
Qui se combatte à moy, ou bientost par grand' ire
Je darderay le feu dedans vostre navire,
Et vous feray tous vifs estouffer là dedans
Enfumez et grillez sur les charbons ardans.
 » Les larmes ny les vœux, ny les humbles prieres,
Ny les droits d'hostellage icy ne servent gueres;
Icy l'on ne flechist nos cœurs audacieux
Pour nous prescher en vain la justice des Dieux.

Des autres nations Jupiter soit le maistre,
En soit l'espouvental, je ne le veux cognoistre.
Je suis mon Jupiter, et ma main avec moy
Porte comme je veux ma justice et ma loy; (*a*)
Et pource n'esperez graces ny courtoisies :
Il y a trop longtemps que mes armes moisies
Poudreuses sont au croc, pendant sans faire rien;
Je vous puis asseurer que j'engarderay bien
Que vostre belle nef trompe mes embuscades,
Pour attacher les pieds des roches Symplegades. »
 Ces mots furent en vain d'Amycus prononcez
Qui de l'escrime avoit tous les yeux enfoncez.
 La superbe menace en colere alla poindre
Tout le sang de Jason; Idas qui ne sçait craindre
Grondoit entre les dents; si faisoit bien encor
Meleagre, Tiphys, Telamon, et Nestor,
[Noms illustrez d'honneur, nobles de renommée,
Roys de divers pays, et pasteurs de l'armée,
Qui surpassoient autant tous les autres guerriers
Que les petits genests sont passez des lauriers,] (¹)
Bouillonnans en leur cœur de venger ceste injure;
Mais Pollux devant tous, applaudy du murmure
Des soldars, s'esleva sentant bien en son cœur
Qu'un fils de Jupiter devoit estre vainqueur
Sur celuy de Neptun', contre lequel il fronce
Ses sourcils, et luy fit une telle responce :
 « Quiconque sois, cruel, ne nous menace plus !
Moy le moindre de tous l'Amyclean Pollux,
Tout seul obéiray, sans faire d'autre élite,
Franchement à la loy que tu nous as predite;

---

a. Var. (1587) :

. . . . *Et sans craindre autre effroy*
Ma main comme il me plaist, me sert seule de loy.

1. Ces quatre vers ont été ajoutés dans les éditions posthumes.

Et peut-estre, vanteur, qu'on te fera sentir
A coups de poings ferrez trop tard le repentir. »
 Amycus d'un revers luy tourne la paupiere,
Et luy riant des dents, d'une œillade meurtriere
Luy mesuroit le corps, ainsi qu'un grand lyon
Qui se void enfermé d'un espais million
De chasseurs et de chiens, seulement il œillade
Celuy qui le plus prés luy dresse l'embuscade,
Et le veut le premier (comme un hardy veneur)
Assaillir et tuer pour en avoir l'honneur.
 Ainsi le regardoit ce monstre abominable;
Mais ne le voyant point ny de port effroyable,
Ny de masse de corps, ains douillette la peau,
Les yeux sereins et doux, le teint vermeil et beau,
D'un haussebec le mocque, et secoua la teste
Qu'un tel mignon osoit attendre sa tempeste;
Ne plus ne moins qu'au ciel Typhée s'irrita
Quand le jeune Bacchus à luy se presenta,
Et la belle Pallas viergeallement felonne,
Qui contre ses cent bras opposoit sa Gorgonne.
 A la fin l'abordant d'une horrible façon :
« Quiconque sois (dit-il) approche-toy, garçon,
Pour ne r'emporter plus ce beau front à ta mere,
Ny ce teint damoiseau, qui trop sotte revere
Les autels maintenant de ton pays en vain
Pour toy qui dois mourir sans mercy de ma main.
Icy ne se font pas les luttes de Taygette,
Ny les jeux Piseans, où le vainqueur se jette
Tout nud dedans Alphée, et se baignant sans peur
Lave és flots paternels sa poudreuse sueur;
Icy l'on ne combat pour le prix d'une femme,
D'un trepied, d'un cheval, mais pour la vie et l'ame,
Pour respandre le sang, et pour faire secher
La teste des vaincus au faiste d'un plancher. »
 Il n'eut pas achevé qu'à bas il se descharge
De la peau d'un lyon, qui son eschine large
Luy couvroit jusqu'aux pieds, où encores dedans
Se courboient du lyon les ongles et les dents,

Et nud se vint planter au milieu de l'arene,
Monstrant sa large espaule, et sa poitrine pleine
D'une forest de poil. Ses muscles ronds et gros
Ressembloient aux cailloux que la course des flots
D'un grand torrent d'hyver a polis sur le sable ;
Au reste il se monstroit en geste ressemblable
A l'un de ces geans, qui trop audacieux
Voulurent debouter de leur siege les Dieux.
 Pollux d'autre costé une robbe despouille
Faite d'un drap filé sur la mesme quenouille
De sa belle maistresse (alors que les Heros
Baiserent par amour les filles de Lemnos)
Qu'en partant luy donna pour avoir souvenance,
En vestant cet habit, de leur douce accointance.
 Il secouoit en l'air à ruades ses bras
Escartez çà et là, pour voir s'ils estoient las
D'avoir tiré la rame, ou par longuement estre
Engourdis sans branler les armes en la destre.
L'autre n'essayoit point ses membres grands et forts,
Mais se tenant serré roidissoit tout le corps
Enflambé d'un desir d'espandre la cervelle
De ce jeune garçon, qui de soye nouvelle
Commençoit à couvrir son menton damoiseau,
Comme un jeune duvet couvre un petit oiseau.
 Ce pendant un valet sur le rivage apporte
Des cestes emplombez d'une pareille sorte,
Semblables de grosseur, largeur et pesanteur.
« Pren lequel que voudras, ce dit ce Roy vanteur,
Sans sort, à celle fin que tu ne puisses dire,
Apres estre vaincu, qu'on t'ait baillé le pire. »
 Ainsi dit Amycus, qui sans choix eslança
Les cestes sur l'arene, et Pollux amassa
Les plus prés de ses pieds sans en faire autre compte,
Et le geant les siens d'une vistesse prompte.
 En-cependant Ornyte et Arete valets
Pour la derniere fois mirent les bourrelets
Aux deux poings de leur maistre, et ses mains assom'-
Lierent ply sur ply de ceintures espesses.   [resses

Castor d'autre costé de courayes armoit
Son frere, et de parole au combat l'animoit,
Mille fois le priant d'avoir en souvenance
La Grece, et de quel pere ils avoient pris naissance.
    Si tost qu'ils furent prests, ils choisirent tous deux
Un lieu propre au combat, et faisant autour d'eux
Asseoir leurs compaignons en rond et large espace,
Se planterent sans peur au milieu de la place.
    Premierement de coups refrapperent le vent,
Puis reculant la teste, allongent au devant
Les bras pour sauvegarde, et de près accouplerent
Les mains contre les mains, et leurs coups redoublerent :
Pollux adroict et fin en l'art Amyclean,
L'honneur le plus fameux du sablon Elean,
Maintenant se plantoit dessus la jambe destre,
Maintenant se viroit sus la jambe senestre,
Ores s'accourcissoit, ores s'allongeoit grand,
Ore à demy-tourné ne monstroit que le flanc,
Ores tout l'estomac, ores les mains et ores
En frappant se paroit et refrappoit encores,
Tousjours l'environnant et l'espiant au front
Pour luy froisser le test ; ne plus ne moins que font
Les soldats qui par ruse, embuscade et finesse
Espient les abords de quelque forteresse,
Descouvrant d'un œil prompt, ores bas ores haut,
Le lieu le plus commode à la prendre d'assaut.
    L'autre comme un rocher qui de son poids s'asseure
Sur le bord Ægean, en sa place demeure
Ferme dessus le pied, et sans se remuer
Attend que cet enfant s'aille sur luy ruer.
    Pollux qui sans repos le grand geant tourmente,
Ayant choisy le lieu, sur les orteils se plante
Et s'eslança sur luy, comme un flot courroussé
S'eslance contre un roc dont il est repoussé ;
Et luy cassant le nez d'une vilaine touche,
Luy fait pisser le sang du nez et de la bouche ;
Mais voulant reculer ce grand geant roidit
Ses bras, et d'un grand coup le chef luy estourdit.

Lors la fureur domine et la raison se trouble,
Un coup sur l'autre coup sans cesse se redouble,
Qui plus menu que gresle, en bondissant, se suit
Ores sur l'estomac qui sonne d'un grand bruit,
Ores dessus le ventre, et ores sur l'eschine.
Comme on void les marteaux au bord de la marine,
Des nerveux charpentiers redoubler de grands coups
Quand ils congnent à force une suite de clous,
Pour ensemble attacher les aiz d'une navire;
Un choq sur l'autre choq ne cesse de rebruire
Sur le creux du rivage, et le vuide des bois,
Comme dans un theatre, en repousse la vois.
 Ainsi de coups menus que ces guerriers se donnent
De leurs tempes cavez les deux fosses ressonnent,
Et de coups redoublez l'un sur l'autre abondans,
Font craquer leur maschoire et claqueter leurs dents.
 Une sueur poudreuse en fumant goutte à goutte
Depuis le haut du chef jusqu'au pied leur degoutte;
Ils haletent de chaud, et ne peuvent tirer
De leurs flancs harassez le vent pour respirer;
Si bien que par contrainte ils reprindrent haleine,
Se reculans à part aux deux bouts de l'arene;
Comme Mars quelquefois fichant sa lance à bas
Fait reposer deux camps au milieu des combas.
 Puis soudain en fureur la mort se rapporterent,
Et de teste et de mains lourdement se heurterent;
Ne plus ne moins qu'on void deux taureaux amoureux
Faire au milieu d'un pré des assaults valeureux,
Et se laver de sang la peau du col pendante,
Et se tronquer du front la corne menaçante,
Pour l'amour d'une vache; autour d'eux est muet
Tout le menu troupeau, qui encores ne sçait
Qui leur doit commander, et qui parmy l'herbage
Vainqueur aura tout seul la vache en mariage.
De pareille fureur les guerriers marteloient
Leurs tempes et leurs fronts, et point ne reculoient.
A celuy la vergongne, et à cestuy l'espreuve
De l'ennemy cognu pousse une force neuve

Dans le cœur vigoureux, et pour s'estre cognus
Ils sont plus furieux et plus forts devenus.
   Amycus enflamé d'une bouillante rage,
Ramassant son esprit redoubla son courage,
Et faisant reculer Pollux en chaque coing,
Ores du poing senestre, ores de l'autre poing,
D'une main sans repos le tourne et le secoue,
Et de ses bourrelets luy fait sonner la joue,
L'estomac et le flanc, ne laissant sejourner
Le Grec, sans le pousser, tourmenter et tourner.
   Pollux aucunefois de la teste baissée
Trompe la grande main sur sa teste eslancée;
Aucunefois d'un pas, ou d'un petit destour
Evitoit mille morts qui bruyoient à l'entour
De sa douteuse aureille; il n'avoit plus d'haleine;
De sang noir et figé sa gorge sonnoit pleine,
Qu'il crachoit par la bouche, et de coups insensé
Son chef deçà delà luy pendoit balancé.
A la fin rencontrant du talon une pierre
Où les nerfs s'attachoient, tomba contre la terre
Estendu sur le dos. Lors les Bebryciens
D'aise firent un bruit, et les Thessaliens,
Estonnez du hazard, Pollux encouragerent,
Et de leurs voix au cœur sa force relogerent.
   Déja ce grand geant sans nul esgard venoit
Luy fouler l'estomac; mais Pollux qui tenoit
Les jambes au devant, d'une finesse preste
Renversa le geant contre-mont sur sa teste.
   Plustost que deux esclairs qui s'eslancent de nuit,
Se trouverent debout: une guerre s'ensuit
Plus forte que devant, et la vertu honteuse
R'allume dans leurs cœurs une ire genereuse.
Sans espargner les mains deçà delà dispos
Halettent l'un sur l'autre, et se battent les os,
Et meurtrissant leur chair de leurs dures courayes,
S'entrecassent les dents, et s'enyvrent de playes.
   A la fin Amycus ne pouvant endurer
Qu'un enfant si long temps devant luy peust durer;

Ainsi qu'un arc d'acier qu'à toute force on bande
Pour en ruer le traict, d'une vigueur plus grande
Se banda tout le corps, et en dressant le bras
Luy mesura le chef pour ne le faillir pas ;
Puis soudain comme foudre il deschargea sa dextre,
Mais en vain ; car Pollux d'une cautelle adextre
A chef baissé coula sous luy si finement
Que le bras ne toucha que le dos seulement.
 Lors de sa dextre main la senestre luy tire,
Et luy tournant la hanche, en le chargeant le vire
Renversé sur le dos ; tel sault Amycus prit,
Que tout son corps en fut sur le sablon escrit.
Il fit en trebuchant un grand bruit au rivage,
Non autrement qu'un pin, quand le venteux orage
Desracine sa souche, et le fait trebucher
Tout d'un coup ; lourdement, du faiste d'un rocher,
Ce grand pin en tombant, d'une longue traverse
Avecques un grand bruit tous les buissons renverse.
 Pollux qui le pressa, luy mist ses deux genous
Sur l'estomac rebelle, et de cent mille coups
A son aise donnez, luy deschira les tayes
Du cerveau qui couloit du creux de mille playes ;
Puis le foulant aux pieds, luy dit en le trufant :
« Va-t'en conter là bas à Pluton, qu'un enfant
De Jupiter t'a fait son ombre miserable.
Mon nom te servira de sepulchre honorable. »
 A peine ses yeux morts luy paroissoient au front,
Son visage bouffi, et ses lévres se sont
Retraictes dans la chair, et le sang comme glace
Dans la barbe figé deshonnoroit sa face.
Pollux victorieux saouler ne se pouvoit
De regarder ce tronc, qui tant de morts avoit
Quand vif il esbranloit la dextre en la bataille.
Il regarde ses bras, il regarde sa taille,
Son estomac nerveux effroyable de crins,
Et le merveilleux tour de ses os geantins ;
Ainsi que le berger qui seurement regarde
Un grand lyon tué, dont la griffe pillarde

Souloit froisser ses bœufs, et, sans crainte d'abois,
Estoit l'espouventail des pasteurs et des bois.
　　Incontinent Jason et toute la brigade
Luy presserent le col d'une espesse accollade,
Et son frere Castor de ses mains desplia
Les cestes, et du front le sang luy ressuya,
Et en le caressant pour si belle conqueste,
D'un chapeau de laurier couronnerent sa teste.
　　A l'envy tout le jour ne firent que chanter
L'honneur de ce guerrier, enfant de Jupiter,
Virilement issu de la Spartaine race ;
Puis faisant tournoyer de main en main la tasse
Pleine, qui escumoit de vin tout à-l'entour,
Se festoyoient l'un l'autre en attendant le jour,
Lequel si tost ne vint, qu'ils pendent à la hune
La teste du geant et suivent leur fortune.

　　Or sus je t'ay chanté, Pollux ; il faut encor
Chanter (comme le tien) le combat de Castor.
Certes je le feray, ma chanson il merite :
Je la luy ay promise, il faut que je m'acquite.
　　O fameux escuyers, cavalcadours, guerriers,
Escrimeurs, voltigeurs, soldas et mariniers !
O les fils putatifs du Spartain Tyndarée,
Tous deux jusqu'au tombeau du vieillard Apharée
Vous fustes poursuivis par Idas et Lyncé,
Qui les filles avoient de Leucip' fiancé ;
Desquelles par amour ardamment vous espristes,
Puis au sortir de table à force les ravistes.
Or déja vous estiez avec elles venus
Jusqu'au bord du tombeau, quand vous fustes cognus
Par les deux fiancez qui d'escus et de haches
Avoient les bras chargez et le chef de panaches.
Apres estre sautez de leur char brusquement,
Lyncé frere puisné parla premierement
(Faisant sortir sa voix du haut de sa salade)
Fronçant les yeux ardens d'une cruelle œillade :
　　« Demeurez, compagnons, pourquoy desrobez-vous

Sous ombre d'amitié le bien qui est à nous?
Ces filles qu'à grand tort vous emmenez, sont nostres.
Homme ne les sçauroit sans mentir dire vostres.
Long temps a que leur pere a juré par sa foy
En femmes les donner à mon frere et à moy.
Qui plus est je sçay bien que les filles s'en deulent,
Et que pour leurs maris nullement ne vous veulent.
Voy-les là toutes deux, demandez-leur pour voir
Lesquels en mariage elles veulent avoir?
Vous voirrez qu'envers nous s'enclinent leurs pensées,
Comme à nous par serment dés long temps fiancées.
Si quelques estrangers nous les vouloient oster,
En armes vous devriez nos querelles porter,
Tant s'en-faut que deviez user de ces rapines
Envers nous vos voisins et elles vos cousines.
    » Ce n'est pas tour d'amis que d'avoir desrobé
Nos nopces par argent, et d'avoir destourbé
Sous ombre de present la volonté du pere.
Quel los r'emportez-vous d'un si grand vitupere
En Sparte la Cité? tout homme par raison
Ainsi qu'à des brigands vous clorra sa maison.
    » Est-ce en vostre pays que la loy veut permettre
Qu'en la moisson d'autruy la faux on aille mettre?
C'est trop pensé de soy que de courir aprés
Les filles de renom dont les maris sont prés,
Qui ont l'espée en main comme nous, pour defendre
Qu'on ne vienne par dol leur mariage prendre.
Pource retirez-vous, et nous quittez le bien
Qui de raison est nostre auquel vous n'avez rien.
Nostre pays tout seul n'engendre des pucelles,
L'amoureuse Achaïe en produit de tres-belles,
Si fait Sparte et Argos, et Mycenes aussi
Où les filles, sans chois, florissent tout ainsi
En graces et beautez és maisons de leur mere,
Que les fleurs des jardins en la saison premiere;
Lesquelles franchement bien facile vous est
Pour femmes les avoir si quelqu'une vous plaist;
Mesmes il n'y a Roy qui bien ne vueille entendre

D'avoir chez-luy Pollux ou Castor pour son gendre ;
Car vous estes tres-beaux, vaillans et gracieux,
Aux armes bien adroicts et naiz du sang des Dieux.
 » Au reste si quelqu'un par sotte outrecuidance
Vous vouloit empescher de trouver alliance,
Ne nous espargnez point, vous voirrez le desir
Que nous avons tous deux de vous faire plaisir ;
Ou bien si par orgueil qui les jeunes maistrise
Vous ne vous retirez de si folle entreprise,
Et si le vent sans grace a soufflé dedans l'air,
En lieu de vous flechir, mon gracieux parler,
Nous les freres puisnez combatterons ensemble,
Je dy Castor et moy, ou vous si bon vous semble ;
Afin qu'une maison ne lamente qu'un mort,
Les vivans donneront à nos peres confort,
Puis sans aucun debat par nopces solennelles
Coucheront dans le lict des deux jeunes pucelles. »

Ainsi disoit Lyncé, mais le cruel destin
Ne mit pas tout cela qu'il avoit dit à fin.
Lors les freres jumeaux faschez d'un tel langage
Murmuroient en leurs dents, comme fait le cordage,
Les voiles et l'antenne et le mast quand le vent
Commence peu à peu à souspirer devant
Les postes messagers de sa proche venue,
Qui font bruire la rive et cresper l'eau chenue.
De la simple parole ils sont venus aux cris,
Des cris à la fureur ; furieux ils ont pris
Les armes en la main, comme un vent qui à peine
A son commencement un petit bruit demeine,
Puis le bruit se redouble, et fait ruer aprés
Esclattez par tronçons les membres des forests,
Esbranle les rochers, et onde dessur onde
Renverse jusqu'au ciel la grande mer profonde.

Les deux freres aisnez mirent les armes bas,
Et Castor et Lyncé s'armerent aux combas,
Furieux jouvenceaux, qui tous deux jeunes d'âge
Egaloient les aisnez de force et de courage.
Castor à l'un des bouts du camp se presenta,

Et Lyncé d'un pied ferme à l'autre se planta,
Par ondes secouant une pique d'erable
Qui couvroit tout le camp d'une ombre espouvantable.
  Castor du premier coup ne fraya que le bort
De l'escu de Lyncé, qui pendoit grand et fort
A sept replis de cuir le long de la poictrine.
La poincte de la picque en trempe dure et fine
Sans plus se reboucha, et ne peust dans le flanc
Comme elle avoit desir teindre son bois de sang.
  Lyncé d'autre costé contre son adversaire
Droict sur le morion tire un coup sans rien faire ;
Car la poincte trouvant le fer glissant et rond,
En lieu de s'y ficher rebondit contre-mont
Au timbre du panache, et n'eut rien que la creste
Des plumes pour le sang qu'il vouloit de la teste.
  Ores en se marchant sur l'un et l'autre pié,
Ores courbant le corps comme à demy plié,
Se travailloient en vain d'allée et de venue
Si point en quelque endroit ils voirroient la chair nue ;
Mais se voyans tous deux fidelement couvers,
Presque desesperez, bandez d'os et de nerfs
Se heurterent si fort, que leurs piques forcées
Aux boucliers opposez se rompirent froissées.
Mais le coup ne fut pas égal en chaque part ;
Lyncé demeura sain, Castor de part en part
Eut (en se desmarchant) d'un esclat d'avanture
Le bras gauche percé au droict de la jointure.
  Pollux en devint triste, et Idas qui estoit
Assis sur le tombeau d'aise s'en debatoit.
Le sang jeune et vermeil sur la main luy ondoye
Semblable à la couleur de ceste rouge soye
Dont les filles d'Asie empourprent de leurs doigts
Les riches vestemens des princes et des rois.
  Aprés en leur joignant tirerent les espées,
Qui leur pendoient aux flancs en des gaines houpées
A boutons faits de soye, et secouant en l'air
Le fer estincellant viennent à chamailler
Leurs morions ferrez, qui rouges d'estincelles

Luisoient dessous les coups des dures allumelles.
 Les févres de Vulcan sont plus lents et tardis
A demener les bras, que ces guerriers hardis
A manier les mains. Le pied ferme s'arreste
Contre le pied haineux, la teste joint la teste,
Le fer touche le fer, et troublez de courrous
Sans regarder l'endroit se meurtrissent de coups.
 Mais Castor le plus fin qui les armes remue,
Feignit de luy porter un estoc en la veue;
L'autre pour luy parer se descouvrit le sein.
Aussi tost que Castor haute luy vid la main,
Des pieds, des bras, de teste enfonça de furie;
Et droit en ceste part où l'homme a plus de vie,
Au creux de l'estomac, tout outre luy persa
Les poulmons, et du coup à bas le renversa.
 Le cœur qui sans souffler en pasmoison demeure,
S'estouffa dans le sang, roidit sur la mesme heure
Ses muscles et ses nerfs, et menu sanglottant,
De gros souspirs alloit ses entrailles battant.
Il trepignoit des pieds sur la rouge poussiere;
Un dur sommeil de fer luy silla la paupiere,
Et rouant de travers les prunelles des yeux,
Comme vent souspira son ame dans les cieux.
Chetifs, qui ne devoient accoller embrassées,
Ny son frere ny luy, leurs jeunes fiancées!
 Idas tout forcené de voir son frere mort,
Arracha du sepulchre avec un grand effort
Un pillier fait de marbre, et marchoit en colere
A grands pas pour tuer le meurtrier de son frere;
Mais Jupiter d'en haut sa race defendit,
Qui dedans une nue horrible descendit,
Et se courbant le corps haussa la main armée
D'une vapeur soulphreuse en l'air tout allumée;
Puis sur le chef d'Idas sa tempeste eslança,
Qui d'un feu prompt et vif tout le corps luy passa.
La flame en petillant l'estomac environne
D'Idas qui tient encore en ses mains la coulonne,
Bronché mort sur la tombe. Ainsi en prend à ceux

Qui veulent quereller à gens plus vaillans qu'eux,
Mesmes à vous, jumeaux pleins de forte puissance,
Et qui d'un pere fort prinstes vostre naissance.
 Je vous salue, enfans de Leda, qui receut
Un cygne pour mary quand elle vous conceut !
Nobles freres jumeaux d'Helene la tres-belle,
Donnez à ma chanson une gloire eternelle,
Non mienne mais la vostre, et celle de Gaspart
Qui des Muses s'est fait la gloire et le rempart.
Vous aimez les chansons quand elles sont bien faites ;
Et pource au temps passé, les bien-disans poëtes
Furent de vos amis, et de tous les heros
Qui suivans Menelas acquirent quelque los,
Arrestez par dix ans dans le port de Sigée,
Bien loin de leurs pays devant Troye assiegée.
 Homere le premier chanta l'honneur des Grecs,
Des Troyens et de vous ; et moy, petit, aprés
Si peu que je sçay faire, et si peu que la Muse
Me depart de ses biens, et si peu qu'elle m'use
De faveur, je vous l'offre et vous l'apporte icy.
Je sçay que vous avez les hymnes en soucy ;
Car les Dieux ne sçauroient recevoir de plus dinnes
Offrandes des mortels que les vers et les hynnes. (¹)
 [Or si vous avez pris en gré ce petit don,
Octroyez-moy de grace un seul bien pour guerdon,
Ou soit que vous soyez deux astres, quand l'un erre
Dans la maison des Dieux, l'autre soit soubs la terre,
Ou soit que vous soyez deux propices flambeaux
Qui commandez aux vents et appaisez les eaux.
Si Gaspard de fortune en faisant un voyage
Sur la mer, est surpris d'un naufrageux orage,
Serenez la tempeste et venez vous asseoir
Sur le mast jusqu'à tant que le vent laisse cheoir
Son ire, et que des flots les menaces humides

---

1. Les vers qui suivent furent supprimés à partir de l'édition de 1573. Coligny avait péri l'année précédente au massacre de la Saint-Barthélemy.

Dorment dedans leur lict sans vagues ni sans rides.
C'est l'un de mes seigneurs, puis il est frere aisné
D'Odet mon Mœcenas, pour lequel je suis né.]

(1560.)

Hymne IIII.

DE HENRI DEUXIESME DE CE NOM

Roy de France.

Muses, quand nous voudrons des Dieux nous sou-
Il faut les celebrant commencer et finir [venir,
Au pere Jupiter, comme au Dieu qui la bande
Des autres Dieux gouverne et maistre leur commande.
Mais lors que nous voudrons chanter l'honneur des Rois,
Il faudra par Henry monarque des François
Commencer et finir, comme au Roy qui surpasse
En grandeur les plus grands de ceste terre basse.
 L'honneur est le seul prix que demandent les Dieux;
Aussi l'homme mortel ne leur peut donner mieux.
Et Jupiter, après la sanglante victoire
Des geans, ne voulut recevoir autre gloire
Sinon d'ouïr sonner à son fils Apollon
Comme son trait armé d'un flambant tourbillon
D'esclats, de bruit, de peur, de soulphre, et de tonnerre,
Avoit escarbouillé leurs cerveaux contre terre
Par les champs Flegreans, et comme leurs grands corps,
Et leurs cent bras armez estoient renversez morts
Sous les monts qu'ils portoient, et comme pour trophée
De sa victoire, Etna flambloye sur Typhée.
Sus donc, divines Sœurs, de vos dons aidez-moy
A chanter dignement vostre frere, mon Roy.

Le bucheron qui serre en sa main la coignée,
Entré dedans un bois pour faire sa journée,
Ne sçait où commencer : ici le tronc d'un pin
Se presente à l'ouvrier, là celuy d'un sapin ;
Ici du coin de l'œil marque le pied d'un chesne,
Là celuy d'un fouteau, ici celuy d'un fresne.
A la fin tout pensif, de toutes parts cherchant
Lequel il coupera, tourne le fer trenchant
Sur le pied d'un ormeau et par terre le rue
Pour en faire une nef ou faire une charrue.

 Ainsi tenant és mains le luth bien appresté,
Entré dans ton palais, devant ta Majesté,
Je doute, tout pensif, quelle vertu premiere
De mille que tu as sera mise en lumiere :
Tes vertus, tes grandeurs, ta justice et ta foy,
Ta bonté, ta pitié d'un coup s'offrent à moy,
Ta vaillance au combat, au conseil ta prudence ;
Ainsi je reste pauvre, et le trop d'abondance
D'un si riche sujet m'engarde de penser
De toutes à laquelle il me faut commencer.
Si faut-il toutefois qu'à l'une je commence ;
Car j'oy déja ta voix d'un costé qui me tance,
Et de l'autre costé je m'entens accuser
De ma lyre, qu'en vain je la fais trop muser.

 Or qui voudroit conter de quelle grand' largesse
A répandu le ciel dessus toy sa richesse,
Il n'auroit jamais fait, et son vers tournoyé
Aux flots de tant d'honneurs seroit bien tost noyé.
Il t'a premierement (quant à la forte taille)
Fait comme un de ces Dieux qui vont à la bataille,
Frere de ces guerriers qu'Homere nous a peins
Si vaillans devant Troye, Ajax et les germains
Roys pasteurs de l'armée, et le dispos Achille
Qui, rembarrant de coups les Troyens à leur ville,
Comme un loup les aigneaux, par morceaux les hachoit,
Et des fleuves le cours d'hommes morts empeschoit.
Mais bien que cet Achille ait le nom de pied-vite,
De coureur, de sauteur, pourtant il ne merite

D'avoir l'honneur sur toy, soit à corps eslancé
Pour sauter une haye ou franchir un fossé,
Ou soit pour voltiger, ou pour monter en selle
Armé de teste en pied quand la guerre t'appelle.
 Or parle qui voudra de Castor et Pollux,
Enfans jumeaux d'un œuf; tu merites trop plus
D'honneur que tous les deux, d'autant que tu assemble
En toy ce qu'ils avoient à departir ensemble.
L'un fut bon chevalier, l'autre bon escrimeur :
Seul de ces deux mestiers tu as le double honneur;
Car où est l'escrimeur qui ses armes approuche
De toy sans remporter au logis une touche?
Ou soit que de l'espée il te plaise jouer,
Soit qu'en la gauche main te plaise secouer
La targue, ou le bouclier, ou soit que l'on s'attache
Contre toy pour ruer ou la pique ou la hache;
Nul mieux que toy ne sçait comme il faut démarcher,
Comme il faut un coup feint sous les armes cacher,
Comme on garde le temps, et comme on se mesure,
Comme on ne doit tirer un coup à l'avanture.
 Quant à bien manier et piquer un cheval,
La France n'eut jamais ny n'aura ton égal,
Et semble que ton corps naisse hors de la selle
Centaure mi-cheval, soit que poulain rebelle
Il ne vueille tourner, ou soit que façonné
Tu le faces volter, d'un peuple environné,
Qui prés de toy s'accoude au long de la barriere;
Ou soit qu'à sauts gaillars, ou soit qu'à la carriere,
Ou soit qu'à bride ronde, ou en long manié
Ta main ait au cheval avecq' le frein lié
Un entendement d'homme; à fin de te complaire,
Et ensemble esbahir les yeux du populaire,
D'une sueuse escume il est tout blanchissant,
De ses nazeaux venteux une flame est yssant,
Le frein luy sonne aux dents, il bat du pied la terre;
Il hennit, il se tourne, aucunefois il serre
Une aureille derriere, et fait l'autre avancer,
Il tremble tout sous toy, et ne peut r'amasser

Son cœur dedans ses flancs, et monstre par sa mine
Qu'il cognoist bien qu'il porte une charge divine.
 J'ay (quand j'estois ton page) autrefois sous Granval
Veu dans ton escurie un semblable cheval
Qu'on surnommoit Hobere, ayant bien cognoissance
De toy montant dessus; car d'une reverence
Courbé te saluoit; puis sans le gouverner
Se laissoit de luy-mesme en cent voltes tourner,
Si viste et si menu, que la veue et la teste
Tournans s'esblouissoient, tant ceste noble beste
Avoit en bien servant un extréme desir,
Te cognoissant son Roy, de te donner plaisir.
 Or quand tu ne serois ny monarque ny prince,
Encor on te voirroit par toute la province
Comme un seigneur adroit dessus tous estimé,
Et bien tost d'un grand prince, ou d'un monarque aimé
Pour les dons que le ciel t'a donnez en partage,
Te faisant heroïque et de brave courage.
Tesmoin est de ton cœur ceste jeune fureur
Dont tu voulois près Marne assaillir l'empereur,
Lequel ayant passé les rives de la Meuse,
Remenaçoit Paris ta grand' cité fameuse.
Tu luy eusses, guerrier, ta vertu fait sentir,
Et se tirant le poil mille fois repentir
D'estre en France venu, sans une paix fardée
Par qui fut son armée et sa vie gardée.
 La plus grand' part des Roys est mal-sobre en propos,
Ou point ou peu ne donne à sa langue repos,
Ou jure ou se despite, ou se vante ou blaspheme,
Ou se mocquant d'autruy est mocquable elle-mesme;
Mais tu n'es point jureur, blasphemeur ne menteur,
Colere ne despit, ne mocqueur ne vanteur;
Tu es sobre en propos, pensif et taciturne,
Qui sont les plus beaux dons de l'astre de Saturne.
Il n'y eut jamais Prince en l'antique saison
Ny en ce temps present mieux garni de raison,
Ny d'apprehension que toy, ny de memoire;
Or quant à ta memoire on ne le sçauroit croire,

Qui familierement ne t'auroit pratiqué.
Si tu as une fois un homme remarqué
Sans plus du coin de l'œil, allast-il aux Tartares,
Navigast-il à l'Inde, ou aux Isles barbares
Où de l'humaine chair vivent les habitans,
Voire et sans retourner sejournast-il vingt ans ;
S'il revient de fortune un jour en ta presence,
Tu auras tout soudain de lui recognoissance ;
Vertu tres-necessaire aux monarques d'avoir,
Afin de n'oublier ceux qui font leur devoir ;
Car pour neant un homme au danger met sa vie
Pour son Prince servir si son Prince l'oublie.

 Que dirons-nous encor? plus que les autres Roys
Tu es dur au travail : s'ils portent le harnois
Une heure sur le dos, ils ont l'eschine arnée,
Et en lieu d'un roussin prendent la haquenée ;
Mais un jour voire deux tu soustiens le labeur
Des armes sur l'eschine, et juges la sueur
Estre le vray parfum qui doit orner la face
D'un Roy qui pour combatre a vestu la cuirace.
Aussi devant le temps le poil blanc t'est venu,
Et ja tu as le chef et le menton chenu,
Signe de grand travail et de grande sagesse,
Qui de leurs beaux presens decorent ta jeunesse,
Luy adjoustant le poids de meure gravité.

 Comme Prince advisé tu as tousjours esté
Prompt à croire conseil ; car tu ne deliberes
Rien sinon par l'advis des vieux et sages Peres,
Qui pratiqués par l'âge ont jugement certain,
De peur de rencontrer par un conseil soudain
Du vieil Epimethé la fille Repentance,
Comme les autres Roys, qui n'ont point de prudence.

 Le riche dessous toy ne craint aucunement
Qu'on luy oste ses biens par faux accusement ;
Le volleur, le meurtrier, impunis ne demeurent,
Les hommes innocens par faux juges ne meurent
Sous toy leur protecteur ; les coulpables aussi
Envers ta Majesté trouvent peu de merci.

Ta bonté toutefois au coulpable pardonne,
S'il a par les combas soustenu ta couronne;
Car tu n'es pas cruel, et ta royale main
Ne se réjouit point du pauvre sang humain;
A l'exemple de Dieu, qui ses foudres retarde,
Et en lieu de nos chefs, pour nous estonner, darde
Ou les sommets d'Athos, ou les Cerauniens,
Ou les chesnes branchus des bois Dodoniens,
Ou le haut des citez, et, du boulet qu'il rue,
Tousjours nous espouvante et peu souvent nous tue.
   De toutes les vertus qui te logent aux cieux,
Ta liberalité te rend égal aux Dieux,
Liberaux comme toy, estimans l'avarice
Un peché monstrueux, escole de tout vice;
Lequel plus est remply et plus cherche à manger
De l'or tres-miserable acquis à grand danger;
Mais tu ne veux souffrir qu'un tresor dans le Louvre
Se moisissant en vain d'une rouille se couvre.
   On ne void artisan en son art excellant,
Maçon, peintre, poëte ou escrimeur vaillant,
A qui ta pleine main de grace n'eslargisse
Un condigne loyer de son noble artifice;
Et c'est l'occasion, ô magnanime Roy!
Que chacun te recherche, et veut chanter de toy.
   Tu n'es à tes sujets seulement debonnaire;
Si quelque potentat est pressé de misere,
De perte de pays, de menace de mort,
Ayant pitié de luy tu luy donnes support,
Et de ta grande main à ce fait coustumiere,
Chez luy tu le remets en liberté premiere,
Maugré ses ennemis qui la guerre luy font,
Et plus haut que devant luy fais dresser le front.
   Que diray plus de toy? et de l'obeïssance
A ton pere portée en ta premiere enfance?
L'honorant tellement comme ton pere et Roy,
Que les autres enfans prenoient exemple à toy?
Et certes qui plus est derechef tu l'honores
Comme un fils pitoyable apres sa mort encores,

Environnant son corps d'un tombeau somptueux,
Où le bec d'un cizeau, d'un art presomptueux,
A le marbre animé de batailles gravées,
Et de guerres par luy jadis parachevées.
 Dedans ce mausolée, enclos en mesme estuy,
Tes deux freres esteints dorment avecques luy,
Et ta mere à ses flancs; lesquels t'aiment et prisent,
Et du ciel où ils sont, tes guerres favorisent
De leurs rayons ardents, réjouys de te voir
De leur sceptre heritier faire bien ton devoir;
Et ton pere, de quoy, augmentant sa couronne,
Tu le passes d'autant (quant aux faits de Bellonne)
Qu'Achille fit Pelée, et qu'Ajax Telamon,
Et que le vieil Atré le grand Agamemnon.
 Tu as (quelque dessein que ton cœur delibere)
Tousjours de ton costé la fortune prospere
Avecques la vertu, et c'est ce qui te fait,
Pour t'allier des deux, venir tout à souhait.
Vray est, quant à tes faits, tu veux sur toute chose
Qu'aux gestes de ton pere homme ne les prepose;
Mais la Fame qui vole et parle librement,
Qui sujette n'est point à ton commandement,
Donne l'honneur aux tiens, et en ceste partie
De tes humbles sujets ta loy n'est obeïe.
 O mon Dieu, que de joye et que d'aise reçoit
Ta mere quand du ciel çà bas elle te voit
Si bien regir ton peuple, et garder l'heritage
De sa noble duché qui luy vint en partage !
Laquelle a plus de joye et de plaisir receu
De t'avoir en son ventre heureusement conceu,
Que Thetis d'enfanter Achille Peleïde,
Ou Argie la Grecque en concevant Tydide.
 Si tost qu'elle se vid voisine d'accoucher,
Et que ja la douleur son cœur venoit toucher,
S'en vint à Sainct-Germain, où la bonne Lucine
Luy osta la douleur que l'on sent en gesine.
 Adonc toy, fils semblable à ton pere, nasquis,
Et sans armes naissant, un royaume conquis.

Lors les nymphes des bois, des taillis et des prées,
Des plaines et des monts et des forests sacrées,
Les naïades de Seine et le bon Sainct Germain,
Te couchant au berceau te branloient en leur main,
Et disoient : « Crois enfant, enfant prens accroissance,
Pour l'ornement de nous et de toute la France !
Jamais tant Jupiter sa Crete n'honora,
Hercule jamais tant Thebes ne decora,
Apollon sa Delos, comme ta renommée
Rendra France à jamais sur toutes estimée. »
 Ainsi en te baisant prophetisoient ces Dieux,
Quand un aigle volant bien haut dedans les cieux
(Augure bon aux Roys) trois fois dessus ta teste
Fit un grand bruit suivi d'une gauche tempeste.
Ceux ausquels Jupiter envoye ce bon-heur
En naissant, il les fait monarques pleins d'honneur,
Possesseurs de grands biens, dont le ciel aura cure,
Et n'auront point au monde une louange obscure.
 Artemis aux veneurs, Mars preside aux guerriers,
Vulcan aux mareschaux, Neptune aux mariniers ;
Les poëtes Phebus et les chantres fait naistre ;
Mais du grand Jupiter les Roys prennent leur estre.
 Au monde on ne void rien si haut ne si divin
Que les Princes sceptrez, ne qui tant soit voisin
De Jupiter qu'un Roy, dont la main large et grande
Aux soudars, aux chasseurs, et aux chantres com-
             [mande,
Et bref à tout chacun ; car sçauroit-on rien voir
En terre, qui ne soit plié sous le pouvoir
Des Rois enfans du ciel, qui leurs sceptres estandent
De l'une à l'autre mer, et aprés Dieu commandent?
 Jupiter est leur pere, et generalement
Il fait des biens à tous, mais non également ;
Car les uns ne sont Roys que d'une petite isle,
Les autres d'un desert ou d'une pauvre ville,
Les autres ont leur regne en un pays trop froid,
Glacé, souflé de vent, les autres sous l'endroit
Du Cancre chaleureux, où nul vent ne soulage

En esté tant soit peu leur basané visage;
Mais le nostre a le sien en un lieu temperé,
Long, large, bien peuplé, de villes remparé,
De chasteaux et de forts, dont les murs qui se donnent
Au ciel, de leur hauteur les estrangers estonnent.
　Ce grand Dieu bien souvent des Princes l'appareil
Tranche au milieu de l'œuvre et leur rompt le conseil;
Les uns font en un an leurs longues entreprises,
Des autres à neant les affaires sont mises,
Et tout cela qu'ils ont, bien que sages, pensé,
S'enfuit comme le vent sans estre commencé.
Quant aux petits desseins que nostre Roy commence
A penser, ils sont faits aussi tost qu'il les pense;
Quant aux grands, il les pense en son lict au matin,
Vers le soir par effect il en voirra la fin;
Tant Jupiter l'honore et tant il est prospere
Aux courageux advis que son cœur delibere.
　Mais, Muse, ou je me trompe, ou sans fraude je croy
Que Jupiter a fait partage avec mon Roy;
Il a pris pour sa part les gresles et les nues,
Les cometes, les vents, et les pluyes menues,
Les neiges, les frimas, et le vuide de l'air,
Et je ne sçay quel bruit entourné d'un esclair,
Et d'un boulet de feu qu'on appelle tonnerre;
Mais pour soy nostre Prince a retenu la terre,
Terre pleine de biens, de villes, et de forts,
Et d'hommes à la guerre et aux Muses accorts.
　Si Jupiter se vante au ciel avoir en pompe
Plus de Dieux que tu n'as, de beaucoup il se trompe.
S'il vante sa Bellonne, ou s'il vante son Mars,
Tu en as plus de cent, recteurs de tes soldars :
[Messeigneurs de Vandosme et messeigneurs de Guise,
De Nemours, de Nevers, qui la guerre ont apprise
Dessous ta Majesté; s'il se vante d'avoir
Un Mercure pour faire en parlant son devoir,
Nous en avons un autre accort, prudent et sage,
Et trop plus que le sien facond en son langage;
Soit qu'il parle latin, parle grec ou françois

A tous ambassadeurs, sa mielleuse voix
Les rend tous esbahys, et par grande merveille
Le cœur, de ses beaux mots, leur tire par l'oreille;
Tant la douce Python ses levres arrosa
De miel, quand jeune enfant sa bouche composa.
 C'est ce grand demi-Dieu cardinal de Lorraine,
Qui bien aymé de toi en ta France r'ameine
Les antiques vertus. Mais parsus tous aussy
Tu as ton connestable Anne Montmorency,
Ton Mars, ton porte-espée, aux armes redoutable,
Et non moins qu'à la guerre au conseil profitable.
De luy souventes fois esbahy je me suis
Que son cerveau ne rompt, tant il est jours et nuits
Et par sens naturel et par experience
Pensant et repensant aux affaires de France.
Car luy, sans nul repos, ne faict que travailler
Soit à combattre en guerre ou soit à conseiller,
Soit à faire response aux pacquets qu'on t'envoye,
Bref, c'est ce vieux Nestor qui estoit devant Troye,
Duquel tousjours la langue au logis conseilloit
Et la vaillante main dans les champs batailloit.
 N'as-tu pas, comme luy, sur ta mer un Neptune,
L'admiral Chastillon? L'autre l'eut par fortune,
Cestuy-cy par vertu et pour avoir esté
Fidelle serviteur de ta grand' Majesté;
Et non tant seulement cest admiral commande
Aux ondes de ta mer, mais aussy sur la bande
De tes soudars françois, aux soudars commandant
D'une pique, et la mer rougissant d'un trident.
 Et n'as-tu pas encore un autre Mars en France?
Un mareschal d'Albon, dont l'heureuse vaillance
A nul de tous les Dieux ceder ne voudroit pas,
S'ils se joignoient ensemble au milieu des combats?
Et n'as-tu pas aussi (bien qu'elle soit absente
De son palais natal) ta noble et sage tante
Duchesse de Ferrare, en qui le ciel a mis
Le savoir de Pallas, les vertus de Thémis?
 Et n'as-tu pas aussi une Minerve sage,

Ta propre unique sœur, instruite de jeune âge
En tous arts vertueux, qui porte en son escu
(J'entends dedans son cœur) des vices invaincu
Comme l'autre Pallas, le chef de la Gorgone
Qui transforme en rocher l'ignorante personne
Qui s'ose approcher d'elle et veut louer son nom?
 Et n'as-tu pas aussi, en lieu d'une Junon,
La Royne ton espouse en beaux enfans fertile?
Ce que l'autre n'a pas, car elle est inutile
Au lict de Jupiter, et sans plus n'a conceu
Qu'un Mars et qu'un Vulcan; l'un qui est tout bossu,
Boiteux et déhanché, et l'autre tout colere,
Qui veut le plus souvent faire guerre à son pere;
Mais ceux que ton espouse a conceus à foison
De toy, pour l'ornement de ta noble maison,
Sont beaux, droits et bien nez, et qui dés jeune enfance
Sont appris à te rendre une humble obéissance.]
 S'il se vante d'avoir un Apollon chez luy,
Tu en as plus de mille en ta cour aujourd'huy,
Un Carle, un Saint-Gelais, et je m'ose promettre
De seconder leur rang, si tu m'y daignes mettre.
Doncques que Jupiter en son palais là haut
Se tienne avecq' ses Dieux, car certes il ne faut
Qu'on l'accompare à toy qui nous monstres à veuë
De quelle puissance est ta Majesté pourveue.
 Nul monarque d'Europe en sa main ne tint onq'
Un royaume qui soit si large ne si long,
Plus abondant en bleds, vins, forests et en prées.
Aussi le trop de chaud n'offense tes contrées,
Ny le trop de froideur, ny le vent ruineux,
Ny le trac escaillé des dragons venimeux,
Ny rochers infertils, ny sablons inutiles.
 Que diray plus de toy? de cinq ou de six villes
Tu n'es seulement Roy, mais mille et mille encor'
Avec un million, pleines de gens et d'or
Te font obeïssance et t'honorent leur maistre.
Sur lesquelles on void ton Paris apparoistre
Comme un pin élevé sur les petits buissons;

Où cent mille artisans en cent mille façons
Exercent leurs mestiers : l'un aux lettres s'addonne,
Et l'autre, conseiller, tes sainctes loix ordonne ;
L'un est peintre, imager, armurier, entailleur,
Orfévre, lapidaire, engraveur, esmailleur ;
[L'autre qui est foulon imite d'artifice
Cela que Dieu bastit dans le grand édifice
De ce monde admirable, et bref ce que Dieu fait
Par mouvement semblable est par luy contrefait ;]
Les autres nuit et jour fondent artillerie,
Et grands Cyclopes nuds font une batterie
A grands coups de marteaux, puis d'un égal compas
D'ordre l'un aprés l'autre en haut levent les bras ;
On diroit que les mains de mille Salmonées
Sont en ton arcenal de nouveau retournées
(Qui dans un chariot fait d'airain se portoit,
Et courant sur un pont les foudres imitoit)
Et refrappent si dru sur la masse qui sonne,
Que le prochain rivage et le fleuve en resonne ;
[Et bref, c'est presque un Dieu que le Roy des Fran-
Tu es tant obéi quelque part que tu sois   [çois.
Que dés la mer Bretonne à la mer Provensalle,
Et des monts Pyrénés aux portes de l'Italle
(Bien que ton regne soit largement estendu),
Si tu avois toussé tu serois entendu.
Car tu n'es pas ainsi qu'un roy Louis unziesme,
Ou comme fust jadis un roy Charles septiesme,
Qui avoient des parens ou des freres mutins
Lesquels en s'alliant d'autres princes voisins
Ou d'un duc de Bourgongne, ou d'un duc de Bretaigne,
Pour le moindre rapport se mettoient en campagne
Contre le Roy leur frere et faisoient contre luy
Son peuple mutiner pour luy donner ennuy.
Mais tu n'as ny parens, ny frere qui s'allie
Maintenant de Bourgongne ou de la Normandie,
Ou des princes Bretons. Tout est subjet à toy
Et la France aujourd'huy ne connoist qu'un seul Roy,
Que toy prince Henry, monarque de la France

Qui te courbant le chef, te rend obéissance.] (¹)
 Pour toy le jour se leve en ta France, et la mer
Fait pour toy tout autour ses vagues escumer;
Pour toy la terre est grosse et tous les ans enfante;
Pour toy des grand's forests la fueille renaissante
Tous les ans se refrise, et les fleuves sinon
Ne courent dans la mer que pour bruire ton nom.
 Pourroit-on voir enclume, ou flame ingenieuse,
Ou forge en quelque part qui ne fust curieuse
De fondre du metal et soigneuse graver
Ton visage au naïf, à fin de t'eslever
Comme un Dieu par le peuple? il n'y auroit ny rue
Ny place où l'on ne vist ta royale statue
Pour te faire adorer du populaire bas,
Si tu l'eusses voulu; mais tu ne le veux pas,
Et laisses à bon droit au Roy qui se desfie
Du peuple, qu'un marteau son renom deïfie.
 Si tost que le destin eut ton chef ordonné
D'estre en lieu de ton Pere en France couronné,
Lors que chacun pensoit que tu courois la lance,
Que tu faisois tournois et masques pour la dance,
Et qu'en ris et en jeux et passetemps plaisans
De lente oisiveté tu rouillois tes beaux ans;
Au bout de quinze jours France fut esbahie
Que tu avois déja l'Angleterre envahie,
Et sans en faire bruit, par merveilleux efforts
Tu avois ja conquis de Boulongne les forts,
Et par armes contraint ceste arrogance angloise
A te vendre Boulongne et la rendre françoise.
 Tu ne fus satisfait de ce premier honneur;
Mais suivant ta fortune et ton premier bonheur,
Deux ou trois ans aprés tu mis en la campagne
Ton camp pour affranchir les princes d'Allemagne.
Adoncque toy vestu, non des armes que feint
Homere à son Achille, où tout le ciel fut peint,
Ains armé de bon cœur, de force et de proüesse,

---

1. Vers supprimés dans l'édition de 1584.

Tu ne mis seule aux champs la Françoise jeunesse ;
Mais Anglois, Escossois, Italiens et Grecs
Estonnez de ton nom, voulurent voir de prés
Le port de ta grandeur, et tous s'assujettirent
A tes loix, et pour toy les armures vestirent ;
Où la crainte et l'honneur furent de toutes pars
Si saintement gardez entre tant de soudars
(Bien qu'ils fussent divers d'armes et de langage)
Que mesme l'ennemi ne sentit le pillage,
(Merveille) et pour ce coup l'espée et le harnois
Par ton commandement obeïrent aux lois.

Tu pris Mets en passant ; puis venu sur la rive
Du grand Rhin t'apparut l'Allemagne captive,
Laquelle avoit d'ahan tout le dos recourbé,
Ses yeux estoient cavez, son visage plombé,
Son chef se herissoit à tresses despliées,
Et de chaisnes de fer ses mains estoient liées.
Elle un peu s'accoudant de travers sur le bord
Te fist ceste requeste : « O Prince heureux et fort,
Si nature et pitié aux monarques commandent
D'aider les pauvres Roys qui secours leur demandent,
Et s'il faut par pitié secourir nos parens,
S'il faut de nos amis soigner les differens,
Las ! pren compassion de ma serve misere,
Et fils, donne secours à moy qui suis ta mere.
Quand Francus ton ayeul de Troye fut chassé
Il vint en mon païs ; puis ayant amassé
Un camp de mes enfans alla veincre la France,
Et des miens et de lui les tiens prindrent naissance. »

Ainsi dit l'Allemagne, et à peine n'eut pas
Achevé, que ses fers lui tomberent à bas,
Son dos redevint droit, et ses yeux et sa face
Revestirent l'honneur de leur premiere grace ;
Et soudain de captive en liberté se vid,
Tant un grand Roy de France au besoin luy servit,
Ainsi qu'un bon enfant qui de sa mere a cure,
Et n'est point entaché d'une ingrate nature.

Estant saoul de la terre, aprés tu fis armer

La flotte de tes naux, et l'envoyas ramer
Dessus la mer Tyrrhene, où elle print à force,
Maugré le Genevois, la belle isle de Corse,
Afin de faire entendre aux estrangers lointains
Combien un Roy de France a puissantes les mains.
Bref faisant par espreuve à l'ennemi cognoistre
Que par mer tu estois et par terre son maistre,
Forcé de ton destin et de tes nobles faits,
Humble te vint prier de luy donner la paix;
Lors voulant à toy-mesme et à luy satisfaire,
Pour le repos de tous la paix tu voulus faire.

  Déja la douce paix vous accordoit tous deux,
Quand il voila ses yeux d'un bandeau rancuneux,
Afin de ne prevoir le sien futur dommage,
Et que Dieu par tes mains le punist d'avantage.

  Or la paix est rompue, et ne faut plus chercher
Qu'à se meurdrir en guerre et à se détrancher;
La foy n'a plus de lieu, la pitié s'est bannie,
En sa place commande horreur et felonnie;
On oit de tous costez les armeures sonner,
On n'oit pres de la Meuse autre chose tonner
Que mailles et boucliers, et Mars qui se promeine
A costé de Meziere et des bois de l'Ardéne,
S'esgaye en son harnois dedans un char monté,
De quatre grands coursiers horriblement porté.
La Fureur et la Peur leur conduisent la bride,
Et la Fame emplumée allant devant pour guide,
Laisse avec un grand flot çà et là parmy l'air
Sous le vent des chevaux son pennage voler.
Ce Dieu qui de son char les espaules luy presse
D'un espieu Thracien, contraint ceste Déesse
De cent langues semer des bruits et vrais et faux,
Pour effroyer l'Europe et la remplir de maux.

  Tu seras, mon grand Roy, le premier des gensdarmes
Contre les ennemis qui vestiras les armes
Enceint de ta noblesse; et le premier seras
Qui de ta lance à jour leurs bandes faulseras,
[Et bravement suivy de ton infanterie

Tu feras à tes pieds une grand' boucherie
Des corps des ennemis l'un sur l'autre accablez,
Plus menu qu'on ne voit (quand les cieux sont troublez
Des vents aux moys d'hyver) tomber du ciel la gresle
Sur la mer, sur les champs, sur les bois pesle-mesle;
La gresle sur la gresle à grands monceaux se suit,
Fait maint bond contre terre et demeine un grand bruit.]
 Aprés qu'heureusement tu auras sceu défaire
Tes ennemis vaincus, lors tu auras affaire
De mes Muses, ô Prince, et les voudras priser
Honorant mon merite, à fin d'eterniser
Toy, et tes coups de masse, et tout ce que ta lance
Aura parachevé d'une heureuse vaillance.
 Si d'un cœur liberal tu m'invites chez-toy,
Ton palais me voirra menant avecque moy
Les maistres des chansons Phebus et Calliope,
Pour te celebrer Roy le plus grand de l'Europe.
Tousjours avecq' l'honneur le labeur est util,
Quand on cultive un champ qui est gras et fertil.
Un Roy, tant soit-il grand en terre ou en prouesse,
Meurt comme un laboureur sans gloire, s'il ne laisse
Quelque renom de soy; et ce renom ne peut
Venir apres la mort, si la Muse ne veut
Le donner à celui qui doucement l'invite,
Et d'honneste faveur compense son merite.
 Mais quoy? Prince, on dira que je suis demandeur.
Il vaut mieux achever l'hymne de ta grandeur;
Car déja je t'ennuye oyant chose si basse,
Puis ja ma voix s'enroue et mon poulce se lasse.
 Or puis que nos deux Roys les plus grands des humains
N'ont voulu recevoir la Paix entre leurs mains,
[Que Dieu leur envoyoit comme sa fille eslue,
Afin que tous les ans le soc de la charue
Eust cultivé les champs, et que par les préaux
Les troupeaux engraissez eussent de mille sauts
Resjouy le pasteur en venant à l'estable;
Et afin que l'araigne artizane admirable
Surpendant son ouvrage, eust ourdi de ses piez

A l'entour des harnois ses filets deliez;] (¹)
Bref, à fin que chacun eust fait son œuvre en joye,
Il vaut mieux prier Dieu qu'aux François il envoye
La victoire, et le chef de nostre Roy guerrier
Soit tousjours couronné de palme et de laurier,
Et que tant de combats tournent à nostre gloire.

 Escoute donc ma voix, ô déesse Victoire,
Qui guaris des soudars les playes, et qui tiens
En ta garde les roys, les villes et les biens ;
[Qui portes une robe empreinte de trophées,
Qui as de ton beau chef les tresses estofées
De palme et de laurier, et qui monstres sans peur
Aux hommes comme il faut endurer le labeur;] (²)
Soit que tu sois au ciel voisine à la couronne,
Soit que ta Majesté gravement environne
Le thrône à Jupiter, ou l'armet de Pallas,
Ou le bouclier de Mars ; vien Déesse icy bas
Favoriser Henry, et d'un bon œil regarde
La France pour jamais et la pren sous ta garde.

          (1560.)

1 et 2. Les vers entre crochets ont été supprimés dans les éditions posthumes.

COMMENDATRIX
EPIST. MICHAELIS HOSPITALII
FRANCIÆ CANCELLARII
Viri doctissimi (1).

AD CAROLUM CARDINALEM LOTHARENUM.

Quam facilè in multis antiqui norat Homeri
Carmen Aristarchus, missum simul ore fuisset;
Tam citò cognosces, ac nullo penè labore
Cujus et hoc sit vatis opus; nempe illius omneis
Qui veteres unus scribendi laude Poëtas
Æquavit, dubiàmque facit tibi Mantua palmam.
Aspice quàm se tollit humo, quàmque arduus altum
Fert cœlo caput, et clara inter sydera condit;
Quos, ubi sæva canit magnorum prælia Regum,
Dat sonitus, quæ verba ruit, vel fulminis instar
Vel torrentis aquæ, quantas è divite vena
Fundit opes; quàm mox fertur sedatus, et ore
Composito memorat jucundæ tempora pacis;
Et quibus auxiliis, quo sit respublica more
Gesta domi, laudemque togæ fulgentibus armis
Comparat, et pulchris linguæ mel suave triumphis.
   Jàmque tui dotes animi quàm sedulus omneis
Exequitur, quæque hoc bissenos Rege per annos
Gesseris, incipiens à primo flore juventæ,
Ut nunc implicitum bellis, quæ maxima nostrum

---

1. Dans les éditions originales, cette épître précède l'hymne de la Justice.

Circumstant Regem, necdum satis unde tuentem
Solvere militibus stipendia possit avaris,
Expedias; lingua varios et moribus absque
Seditione regas eadem intra castra maniplos.

 Sic velut in tabula non, Carole, pictus Apellis,
Pharrhasiive manu es, sed nobilis arte Poëtæ,
Et calamo vatum nulli cedente priorum;
Ut quoties hærebis imagine fixus in illa,
Non solùm oblectêre bonis tibi munere Divûm
Concessis; sed durus et asper censor, in horas
Sis memor inque dies, à te (non credulus) ipso
Tanquam depositæ rationem poscere summæ;
Ne qua tibi virtus pulchro decedat acervo,
Ne qua suum perdat vitiis infecta decorem,
Ne vel mentitum hunc, quum scriberet, esse Poëtam,
Vel dicant homines pòst, te pejora secutum.

 Atque his carminibus propè tanquam pignore certo
Obstrictam Regique fidem patriæque memento
Esse tuam; ut laudum posthac quæcunque tuarum
Abfuerit, scriptis hujus celebrata, requirat
Continuò Populus; te Rex et regius omnis
Appellet tanquam ex tabulis pactòque Senatus.
Hæc erit utilitas, præclarum hunc, Carole, fructum
Versibus his capies et multum et sæpè terendis;
Ludicra ne posthac et inania carmina vatum
Esse putet quisquam, et tantùm palpare legenti.

 Talia cùm scribat Ronsardus Apolline digna,
Scribat ei, teretes puero cui Cynthius aureis
Præbuit; alterius nec laudis egere videntur,
Nec prece, nec studio commendatoris amici.
Illa (scio) passis manibus, veloque patente
Excipies, excepta leges relegesque libenter.
Nam neque tu poteras alio sat carmine dignè
Laudari, atque hujus qui carminis æquet honorem,
Et patria eximio reddat præconia vati,
Nullus erit : quis enim Ronsardo digna reponat?

       (1560.)

HYMNE V.

DE TRES ILLUSTRE PRINCE CHARLES
Cardinal de Lorraine. (1)

J'aurois esté conceu des flots de la marine,
[En lieu d'un cœur humain j'aurois en la poitrine,
Une masse de fer ; j'aurois encore esté
Du laict d'une tygresse ès forests allaicté ;
Je n'aurois sentiment non plus qu'une colonne ;
Je serois un rocher que la mer environne,
Et bref je serois né sans ame et sans raison,] (*a*)
Si je ne te chantois et toute ta maison,
Mon Charles, mon prelat, mon prince de Lorraine,
Esprit venu du ciel pour supporter la peine
Et le faix des François, quand la France et le Roy
Avoient si grand besoin d'un tel Prince que toy.
Or si des grands rochers les estres non passibles,
Et les corps vegetants des arbres insensibles,
Et les fiers animaux, cruels hostes des bois,
Et ceux qu'on apprivoise à supporter nos lois,

a. Var. (1578) :

Un roc en lieu d'un cœur j'aurois en la poitrine,
Et j'aurois esté né sans ame et sans raison,

1. Publié pour la première fois à Paris chez André Wechel. 1559, in-4° de 16 feuillets.
Cet hymne est presque tout imité de Tibulle : *Ad Messalam.*

Et des oiseaux pendants les troupes esmaillées,
Et du pere Océan les bandes escaillées
T'honorent à l'envy, et si les vents par tout
Respandent en souflant de l'un à l'autre bout
Du monde tes honneurs, dès la terre gelée
Des Scythes englacez, jusques à la hallée
Des Mores basanez, et d'où nostre soleil
Réveille ses grands yeux, et les donne au sommeil.
 Moy à qui ta louange eschauffe la pensée,
Des fureurs d'Apollon brusquement eslancée,
Que loing du peuple bas les Muses ont ravy,
Moy qui suis animé, qui respire et qui vy,
Moy qui en lieu d'un cœur dans l'estomac ne porte
D'un imployable fer une matiere morte;
En voyant tes vertus que feroy-je sinon
Renommer ta louange, et celebrer ton nom
Avec tout l'univers, qui hautement confesse
Combien peut la valeur, la force et la hautesse
De ton sang demy-Dieu, de qui mesme a frayeur
L'envie qui s'aveugle aux rais de ta grandeur?
 Pour ne farder mes vers d'une menteuse grace,
Je ne veux mendier les tiltres de ta race,
Et ne veux que ma faulx de son acier trenchant
Te coupe autre moisson que celle de ton champ. (a)
Ta valeur te suffit sans que d'ailleurs te vienne
Une estrange vertu pour illustrer la tienne.
 Si je voulois ta gloire enrichir par les faits
Et par les gestes vieux que tes peres ont faits;
Si je voulois chanter ton ayeul Charlemagne,
Et ses combats gaignés en France et en Espagne,
Lors que les Sarrazins de fureur attizez
Pousserent leurs geans contre les baptizez;
Si je voulois chanter les chrestiennes armées

a. Var. (1584) :

Et ne veux que ma lyre emprunte autre chanson,
Ny que ma faulx d'ailleurs coupe une autre moisson.

De Godefroy vainqueur des villes idumées,
Les faits du roy René, (a) et combien de harnois
Ton pere a foudroyés dessous le roy François,
Le jour me defaudroit, puis ma Muse petite
N'oseroit s'attaquer à si hautain merite;
Homme sinon toy-mesme escrire ne pourroit
Les faits de tes ayeux; car plus il oseroit,
Plus luy faudroit oser : tu peux seul de ta plume
Composer de toy-mesme et des tiens un volume.
Nul ne le peut que toy, s'il ne veut que sa main
Sans l'ouvrage achever prenne l'outil en vain.
[Tel que je suis pourtant j'en feray l'entreprise
Et peut-estre qu'en vain la plume n'auray prise,
Si favorablement regarder tu me veux
Et prester desormais ton oreille à mes vœux.]
  Quelqu'un dira le monde, et son œuvre admirable,
Et la terre sejour de l'homme miserable,
Et la mer qui d'un cours sans paresse coulant
Va dedans son giron nostre terre accollant,
Et comme l'air espars toute la mer embrasse,
Et l'air est embrassé du feu qui le surpasse,
Et comme tous ensemble en leurs ordres pressez,
De la voûte du ciel s'enchaisnent embrassez.
  Mais tout ce que ma Muse envers toy liberale
Desormais publi'ra, soit que haute elle égale
Tes honneurs en chantant, soit qu'elle ait ce bon-heur
(Qu'esperer je ne puis) de passer ton honneur,
Soit (ce que plus je crains) que foible elle demeure
Vaincue en tel sujet; si est-ce qu'à toute heure
Te chantera vaincue, et ce qu'elle pourra
De grand ou de petit elle te le vou'ra;
Afin qu'un si grand nom mes livres authorise,
Et qu'au front de mes vers tousjours Charles se lise.
[Un livre seulement de toy ne s'escrira

a. Var. (1584) :

De Beaudouin, d'Eustache,

Mais en mille papiers ton renom se lira,
Et ne pourra la mort dedans la fange noire
De Styx faire enfondrer ta vivante memoire,
Tant un chacun de toy ourdira de beaux vers.
Ainsy tu causeras mille combats divers
Honnestement conceus par douce jalousie,
A qui mieux de ton nom peindra la poësie.
Et lors pour mieux chanter chacun aura bon cœur,
Entre lesquels, Prelat, puisse-je estre vainqueur !
Ou bien si je ne puis à la victoire atteindre
D'un si noble combat, que je ne sois le moindre,
Et que pour trop vouloir bon sonneur me monstrer,
Je ne puisse en chemin le malheur rencontrer.] (a)
 Muse à la belle voix, Calliope immortelle,
Frise tes beaux cheveux, habille-toy tres-belle,
Enferme ton beau pied de ton riche patin,
Boucle haut ta ceinture aupres de ton tetin,
Et comme d'un grand Dieu la fille venerable,
Entre dans le palais de ce Prince honorable,
Heurte à son cabinet, duquel tu m'esliras
Un millier de vertus que tu me rediras.
Puis je les rediray à ceux du futur âge,
Afin que la vertu d'un si grand personnage
Soit cogneue en sa vie ; et qu'apres le trespas
Son nom dedans l'oubly ne se perde là bas,
Et l'araigne pendante, à bien filer experte,
Ne devide ses rets sur sa tombe deserte.
 Ainsi qu'un marinier durement tourmenté
De debtes et d'enfans, pour fuir la pauvreté
Sillonne de sa nef l'eschine de Neptune
Jusques en l'Orient, au hazard de fortune ;
A la fin retourné heureusement au port,
Riche d'Indique proye, estalle sur le bord

---

a. Var. (Édit. posth.), en place des 14 vers entre crochets.

Comme on lit aujourd'huy l'histoire des herôs,
Dont le temps n'a perdu ny les faits ny le lôs.

Le butin que sa main a pillé sous l'aurore,
Rubis, perles, saphirs et diamans encore
Assemblez pesle-mesle, et de telle foison
Enrichit ses parents et toute sa maison;
Ainsi ma Calliope, à la fin retournée
De ton palais royal, revient environnée
De cent mille joyaux qu'elle espand à la fois
Comme de grands tresors devant les yeux françois.
  Quel vers ira premier annoncer ta louange,
Heraut de tes vertus, parmy le peuple estrange?
Quel sera le dernier? comme Hercule le grand
Soustint de ses grands bras tout ce monde qui pend:
[Le veneur Orion enflammé d'une espée,
Et l'Ourse qui jamais en la mer n'est trempée,
Et le Bouvier tardif qui son char va roulant
A sept rayons de feu, et le Serpent coulant
A replis estoilez, que la main enfantine
D'Apollon mit au ciel, et en fit un beau signe,
Quand il tendit son arc et Python il tua
Du premier coup de traict qu'apprentif il rua;
Et le grand Eridan de Phaëton la tombe,
Et la mere qui pleure et de tristesse tombe,
La teste à ses genoux, et sa fille qui voit
L'Ourque qui dévorer sur un rocher la doit.] (a)
  En ce point tu soustins presque dès ton enfance,
Non des bras mais d'esprit, les affaires de France,
Fardeau gros et pesant, où l'on peut voir combien
Ton esprit est subtil à le regir si bien. (b)

a. Var. (1573):

. . . . *ne faisant que pleurer*
Sa fille qu'un grand monstre est prest à devorer.

b. Var. (1584):

Fardeau gros et pesant, où l'on void que tu as
L'esprit plus fort et prompt qu'Hercule n'eut les bras.

[Icy viennent à toy les pacquets de l'Asie,
D'Allemaigne, Angleterre, Espaigne et Italie,
De Flandres et d'Escosse, et bref des quatre bouts
Du monde on vient à toy; tu fais response à tous,
Et tu lis dans leurs cœurs leur secrete pensée
Avant que par la langue ils l'ayent annoncée;
Et ne peuvent tenir leur secret si couvert
Que dès le premier mot il ne te soit ouvert.
L'un desire la paix; l'autre brasse une treve;
L'autre allonge la guerre; icy le peuple eleve
Le front contre le Roy; le Roy ne veut icy
Endurer qu'un subject eleve le sourcy.]
S'il faut faire un conseil, s'il faut qu'on fortifie
Quelque brave cité qui l'ennemy desfie,
S'il faut ou destourner, ou tenter le danger,
S'il faut avec presens gagner un estranger,
S'il faut garder la paix, s'il faut que l'on guerroye,
S'il faut lever un camp, s'il faut qu'on le soudoye,
S'il faut trouver argent, s'il faut faire une loy,
S'il faut remédier aux abus de la foy,
S'il faut de nos citez chastier la police,
S'il faut serrer le frein aux hommes de justice,
S'il faut toute la France aux Estats assembler,
S'il faut tous les François d'un clin faire trembler,
Tu dis tout, tu fais tout; et nostre Roy ne treuve
Rien bon si ton advis gravement ne l'appreuve.
Un affaire achevé, un autre te survient
Qui fertile renaist; et sur ce il me souvient
De l'hydre (soit la fable ou mensongere ou vraye)
Qui plus repulluloit fertile de sa playe,
Plus on couppoit son chef, et plus il revenoit,
Et tousjours à son dam plus testu devenoit.
Ainsi plus tu finis et plus il te faut faire,
Tant la France est un hydre abondant en affaire.
[Quand les deux fils d'Atrée irritez contre Hector
Jurerent tous ensemble, ils menerent Nestor
La gloire de Pylos sablonneuse et sterile
Et Ulysse l'honneur de sa petite ville,

Orateurs eloquents, de qui le beau parler
Surpassoit la liqueur que rousse on voit couler
Dans les gaufres de cire, alors que les avettes
Ont en miel converti la douceur des fleurettes.
Mais ny les mots dorez du roy des Pyliens,
Ny d'Ulysse les faits ne s'esgalent aux tiens,
Bien que l'un ait vescu l'espace de trois âges
Et l'autre de maint peuple ait cogneu les courages,
Ait de Circe esvité la verge et les vaisseaux,
Subtile à transformer les hommes en pourceaux
Par charmes et par herbe, et trompé les Sereines
Et des fiers Lestrigons les rives inhumaines;
Ait aveuglé Cyclope, enfant neptunien,
Trop chargé de l'humeur du vin maronien;
Ait évité Charybde à l'onde tortueuse
Et les chiens aboyants de Scylle monstrueuse,
Qui d'un large gosier hume toute la mer,
Puis haute dans le ciel la refait escumer;
Ait veu du noir Pluton les âmes vagabondes
Et des Cimmerians les cavernes profondes
Où jamais le soleil, soit qu'il monte à cheval,
Soit qu'il laisse son char pencher encontre val
Pour s'aller reposer ès marines campagnes,
N'y va jamais dorant la cyme des montagnes.
Tels soient donc les labeurs d'Ulysse l'Ithaquois
Pourveu que son parler ne surpasse ta voix.

 Ulysse fust transmis afin que par finesse
Il descouvrit l'enfant de Thetys la deesse
En fille desguisé, que sa mere arrestoit
Et le meurdrier d'Hector d'une cotte vestoit
De peur qu'il n'esbranlast la pique pelienne
Et qu'il ne mordist mort la poudre phrygienne,
Après avoir cent fois ensanglanté les eaux
De Scamandre empesché d'hommes et de chevaux.

 Ainsy loing de sa mere avecques grande peine
Tu as rendu François le prince de Lorraine,
Tige de ta maison, jeune, gaillard et beau,
Qui sera des François l'autre Achille nouveau.

Ulysse fust transmis pour faire condescendre
Les Troyens à la paix et pour Helene rendre;] (¹)
Tu as de par le Roy deux fois esté transmis
Vers les Imperiaux pour nous les rendre amis;
Auxquels tu fis si bien la grandeur apparoistre
De la France et de toy, et du Roy nostre maistre,
Et si bien à propos par articles deduit
Combien une paix vaut, combien la guerre nuit,
Qu'ils furent tous espris de honte et de merveille
Des persuasions de ta voix nompareille,
Ravis de tes discours et de t'avoir cogneu
Au milieu de tes dicts si jeune et si chenu.
 Ulysse fut transmis aux princes de la Grece
Pour leur dire combien la Troyenne jeunesse
Les avoit offensez; luy-mesme fut aprés
Avecques Chryséis envoyé par les Grecs
A son pere Chrysès, afin que sa priere
Appaisast d'Apollon la sagette meurtriere,
Qui par neuf jours entiers la peste avoit tiré
Contre l'ost des Gregeois grievement martiré;
Pource qu'Agamemnon n'avoit pas voulu rendre
Sa fille et la rançon en lieu d'icelle prendre :
Ainsi l'on void souvent le peuple dessur soy
Soustenir innocent les fautes de son Roy!
 Comme luy ny le froid des Alpes haut-cornues,
Qui soustiennent le ciel de leurs croupes chenues,
Nourrices de maint fleuve à qui les grands torrens
Du menton tout glacé jusqu'aux pieds vont courants, (a)
Qui portent en tout temps sur leurs dos solitaires
Les neiges, les frimas, les vents hereditaires;

---

a. Var. (1584) :

. . . . *et de maint gros torrent*
A gros bouillons enflez descendant et courant.

1. Passage supprimé dans les éditions posthumes.

Ny les dangers marins ne t'ont point engardé
Qu'à Rome tu ne sois sur le Tybre abordé,
Mercure des François, de faconde si rare,
Pour faire entendre au pape, à Venise, à Ferrare
Le tort qu'on fait au Roy, et pour les animer
En gardant son party de justement s'armer.
 Bons Dieux! de quelle ardeur ravis-tu les courages
De ces Venitiens, peres qui sont si sages,
Quand leur senat, pendant en tes propos mielleux,
Tenoit en toy fichez et la bouche et les yeux,
Sans se mouvoir non plus qu'un roc à la venue
Ou des vents ou des flots du bord ne se remue;
Admirans en leur cœur de grande affection
Et ta grave parole et ta suasion?
Car ta suasion et ta grave eloquence
S'égalent tout ainsi qu'une droite balance,
Quand le poids çà et là ne monte ne descend,
Mais pair à pair s'arreste et justement se pend.
 Qui a point veu courir à bruyantes ondées
Un torrent franchissant ses rives desbordées,
Ou sur les monts d'Auvergne, ou sur le plus haut mont
Des cloistres Pyrenez, quand la neige se fond,
Et que par gros monceaux le soleil la consomme?
Il t'a veu renverser devant le pape à Rome
Les torrents d'éloquence; ainsi qu'au temps jadis
Demosthene poussoit ses tonnerres hardis,
Graves et pleins d'effroy, quand sa voix nompareille
Tiroit des auditeurs les âmes par l'oreille.
Ainsi, dans le senat, de cardinaux tout plein,
Tu flechissois le cœur du grand pasteur romain,
Soit en luy suadant de ne tromper la guerre
Que ton frere amenoit pour l'honneur de sainct Pierre,
Et pour sauver ses clefs qui pendoient en danger,
Sacrilege butin du soldat estranger!
Soit en luy remonstrant comme l'aigle d'Austriche,
Qui des plumes des Roys par fraude se fait riche,
Despouillant ta maison se repaist du tombeau
De la morte Sereine, assis au bord de l'eau

Que les Chalcidiens forussis (¹) habiterent,
Quand des Dieux irritez l'oracle ils eviterent;
Et lors tu sceus si bien emmieller ta vois,
Que le pape eloquent en langage gregeois,
En langage romain, admirant ta jeunesse,
Et tes mots enrichis d'une grave sagesse,
Oyant ton oraison, tout ravy s'estonna
De toy, qui le premier sur le Tybre sonna
La grandeur des François, dont la langue polie
N'avoit encor gaigné que par toy l'Italie.

   Quand il te plaist en long filer une oraison,
Et avec un grand tour deduire ta raison,
Errant decà delà par les fleurs d'oratoire,
Et sans cacher ton art ta cause faire croire,
Tu sembles au cheval d'Espagne, que la main
D'un adroit escuyer maistrise sous le frain;
Ores à bride lasche, ores avec l'estroite,
Le pousse de l'espron dans la carriere droite,
Et ores à courbette, ores avec le bond,
Et ores de pied coy le pirouette en rond
Brusquement çà et là, sans tenir mesme espace,
Mais voltant au plaisir de celuy qui le chasse.

   Ou s'il te plaist darder un parler orageux
Plein de foudre et de gresle, et d'un cœur courageux
Accourcir tes propos d'une suite enlassée,
Et enserrer tes mots d'une chaisne pressée;
Tu surpasses Ulysse en esprit vehement,
En soudain Menelas, qui parloit brevement. (a)

   Ou bien quand il te plaist d'assez longue estendue
Peindre ton oraison d'une fleur espandue,
Qui sans se replier, comme un ruisseau coulant

---

a. Var. (Édit. posth.) :

Par la langue voulant tes pensers égaler,
L'Atrean Menelas te quitte son parler.

   1. De l'italien *fuoruscito*, banni. Il veut parler de Naples.

Marche par son canal d'un pied non violant,
Sans hausser ny enfler sa course ny son onde,
Du bon pere Nestor tu passes la faconde.
  J'en appelle à tesmoin ton langage commun,
Dont ordinairement tu parles à chacun,
Qui demeure estonné, tant la poignante estreinte
De ta diserte voix a son oreille atteinte.
  J'ay pour tesmoins encor les propos que tu tins
A nos vieux senateurs quand au palais tu vins,
Soit pour leur remonstrer d'un gentil artifice
Quel bien est la vertu, quelle peste est le vice,
Et comme un Roy ne peut justement selon Dieu
Gouverner ses sujets si justice n'a lieu.
  J'ay pour tesmoins encor tes propos venerables
Que tu tiens au conseil, ou soit pour les coulpables
Accuser droitement, soit pour favoriser
L'innocent que l'on veut faussement accuser.
  J'ay pour tesmoins encor tes sermons catholiques,
Doctes, sententieux, devots, evangeliques,
Lors qu'au temple le peuple aussi espais se tient
Pour boire le nectar qui de ta langue vient,
Comme espais il s'assemble à fin d'avoir la veue
De ton frere qui passe en triomphe en la rue,
Vainqueur des ennemis, et attache au palais
Les estendars captifs de Guine ou de Calais, (¹)
Ou ceux de Luxembourg, ou ceux de Thionville,
Quand Meuse bourguignonne il nous rendit servile.
Toy donques eslevé dedans ta chaire, alors
Sans trop branler les bras, sans trop mouvoir le corps
De gestes affettez, par ta saincte doctrine
Du peuple suadé tu gagnes la poitrine,
Et regnes en leurs cœurs au dedans surmontez
De tes mots, dont ils sont tournez de tous costez.
  Comme un pilote assis au bout de la navire,
Qui tout ainsi qu'il veut la gouverne et la vire,
Tu gouvernes le peuple, avec la gravité

---

1. En 1558.

Joignant modestement la douce humanité. (a)
Ce qui fait differer l'homme d'avec la beste,
Ce n'est pas l'estomac, ny le pied ny la teste,
La face ny les yeux : c'est la seule raison,
Et nostre esprit logé au haut de la maison
Du cerveau son rempart, qui le futur regarde,
Commande au corps là bas et de nous a la garde.
Mais ce qui l'homme fait de l'homme differer,
C'est la seule parole, et sçavoir proferer
Par art ce que l'on pense, et sçavoir comme sage
Mettre les passions de nostre ame en usage.

   Qui est-ce qui pourroit raconter dignement
L'oraison que tu fis dés le commencement
Quand tu sacras le Roy ? comme un tres-chrestien prince
Doit en se gouvernant gouverner sa province,
Que c'est de commander, que c'est que d'estre Roy,
Avoir un Jesus-Christ pour le but de sa foy,
Estre sans tyrannie, administrer justice,
Et garder que vertu ne tombe sous le vice.

   Je dirois l'oraison que n'agueres tu fis,
Quand nostre Roy bailla comme en gage son fils
(Pitoyable bonté !) aux trois Estats de France, ([1])
Leur promettant en Roy qu'il auroit souvenance
De tant de loyautez qu'il avoit receu d'eux
Au temps le plus cruel ; quand le sort hazardeux
De Mars, qui la victoire aux princes oste et donne,
Luy esbranla des mains le sceptre et la couronne.
Adonc toy, poursuivant les paroles du Roy,
Vestu d'un rouge habit qui flamboit dessus toy
A rais estincellans, comme on void une estoile

---

a. Var. (1584) :

Tu gouvernes le peuple, en t'escoutant, qui est
Tourné d'affections tout ainsi qu'il te plaist.

1. A la séance solennelle d'ouverture des États généraux, rassemblés à Paris le 6 janvier 1558.

Sous une nuict d'hyver, qui a vaincu le voile
De la nue empeschante, et de feux esclatans
Descouvre aux mariniers les signes du beau temps;
Ainsi tu reluisois d'habits et de visage,
Portant dessur le front de Mercure l'image,
Quand son chapeau plumeux, et ses talons ailez,
Et son baston serré de serpens accollez
Le soustiennent par l'air, et d'une longue fuite,
Leger, se va planter dessus un exercite
Ou dessus une ville, et d'une haute voix
Annonce son message aux peuples et aux Roys.
Le cœur des Roys fremit, et la tourbe assemblée
Oyant la voix du Dieu fremit toute troublée.
Ferme, sans remuer ny les yeux ny les pas,
Ainsi tu esbranlois tout le cœur des Estats
Qui ravis ne changeoient de gestes ny de places,
Oyant tes mots sortis de la bouche des Graces.
  Si j'avois de puissance autant que j'ay d'oser,
De ces deux oraisons j'oserois composer
Un livre tout entier; mais mon dos ne se charge
D'un faix si accablant, si pesant et si large.
Quand je le voudrois faire, encor ne le pourrois,
Ny tes mots imiter, non plus qu'on voit au bois
Quelque petit pinçon (bien qu'il ait bon courage)
Du gentil rossignol imiter le ramage.
  L'eloquence sans plus agreable ne t'est;
Mais en ton cabinet quelquefois il te plaist
De Henry nostre prince escrire les histoires,
Ses combats alternez, ses faits et ses victoires,
Esquelles tu as part; car en robbe et armé
Tu l'as tousjours suivi comme son cher-aimé.
  Quand tu es à repos des affaires publiques,
Tu te tournes joyeux aux nombres poëtiques
Grecs, latins et françois, et lors tout le coupeau
Du nymphal Helicon, Phebus et le troupeau
Que Calliope meine à ton chant se presente,
Et t'aimant à l'envy ses beaux dons te presente.
  Il seroit bien ingrat, et n'auroit pas esté

De Jupiter conceu, de memoire allaité,
S'il ne te confessoit son seigneur et son maistre,
Qui l'as fait desloger de son manoir champestre
Barbare et mal-basti, qu'un pauvre ruisselet,
Qu'un lierre, une mousse, un laurier verdelet
Entournoit seulement, qui n'avoit en partage
Qu'un luth mal-façonné, et qu'un antre sauvage,
Et maintenant se void par toy seul honoré,
Luy donnant ton Meudon où il est adoré,
Ton Meudon maintenant le sejour de la Muse,
Meudon qui prend son nom de l'antique Meduse.

 Quelquefois il te plaist pour l'esprit défascher,
Du luth au ventre creux les languettes toucher,
Pour leur faire parler les gestes de tes peres,
Et les nouveaux combas achevez par tes freres;
Comme Achille faisoit pour s'alleger un peu,
Bien qu'en l'ost des Gregeois Hector ruast le feu,
Et que l'horrible effroy de la trompe entonnée
Criast contre le bruit de la lyre sonnée.

 Mon Dieu! que de douceur, que d'aise et de plaisir
L'ame reçoit alors qu'elle se sent saisir.
Et du geste et du son, et de la voix ensemble
Que ton Ferabosco sur trois lyres assemble,
Quand les trois Apollons chantant divinement,
Et mariant la lyre à la voix doucement,
Tout d'un coup de la voix et de la main agile
Refont mourir Didon par les vers de Virgile,
Mourans presques eux-mesme; ou de fredons plus hauts
De Guine et de Calais retonnent les assauts,
Victoires de ton frere. Adonques il n'est âme
Qui ne laisse le corps, et toute ne se pâme
De leur douce chanson, comme là haut aux cieux
Sous le chant d'Apollon se pasment tous les Dieux
Quand il touche la lyre, et chante le trophée
Qu'esleva Jupiter des armes de Typhée.
[Aussy ne faut tousjours languir embesoigné
Soubs le soucy publicq, ny porter renfrogné
Tousjours un triste front; il faut qu'on se defasche

Et que l'arc trop tendu quelquefois on delasche.
Aprés un fascheux jour vient un beau lendemain,
Et le grand Jupiter, de ceste mesme main
Dont il lance la foudre, il prend la pleine coupe
Et s'assied tout joyeux au milieu de sa troupe.
Aprés un froid hiver, un printemps adoucy
Renaist avec ses fleurs; il nous faut vivre ainsy,
Et chercher les plaisirs aux ennuys tous contraires
Pour retourner aprés plus dispost aux affaires.]
 Que diray plus de toy? quand le fatal destin
Renversa toute France aux murs de Sainct Quentin,
Et que Montmorency des François connestable,
Ayant rendu de soy mainte preuve honorable,
Preux, vaillant et hardy, en son âge dernier
Fut les armes au poing emmené prisonnier,
Alors qu'un beau sepulchre acquis par la victoire
Le devoit honorer d'une immortelle gloire,
Comme il le desiroit, si le malheureux sort
N'eust esté envieux d'une si belle mort. *(a)*
Mais ny son bon advis, son sens ny sa prouesse
Ne peurent resister à l'aveugle Déesse;
Pour monstrer un exemple à tout homme vestu
De chair, que le destin peut plus que la vertu.
 Alors en attendant le retour de ton frere
Que la France appelloit en aide à sa misere,
Que le Tybre romain amusoit à ses bors,
Tu fis fortifier nos villes et nos ports;
D'un esprit prevoyant, tu mis Paris en armes;
Tu fis de toutes parts amasser des gensdarmes,
Des chevaux, des soudards qui se suivoient ainsy,
Venant en nostre camp, comme l'air espoissy
De nues tout chargé, se presse d'une suite
Quand Aquilon le souffle et luy donne la fuite,

a. Var. (1584) :

Un Guesclin des François, n'eust été que le sort
Envia son triomphe, et son heureuse mort.

Ronsard. — V.

Ou comme on voit les flots d'une escume tout blancs
S'entrepousser l'un l'autre et se suivre de rangs.
Un flot sur l'autre flot en son ordre ne cesse
D'aller, tant qu'il se froisse à la rive maistresse. (a)
D'un tel ordre nos gens de cuirasses chargez,
Par ton commandement se suivoient arrengez.
　Encor que nostre France errast toute troublée
De misere à misere à l'autre redoublée,
Et que nostre malheur tant plus on le pensoit
Achevé, plus fertile aprés recommençoit.
　Comme on voit bien souvent les sources des fontaines,
Quand le plomb est gasté, multiplier leurs veines.
Plus ceste-cy l'on bouche, et tant plus ceste-là
Se creve de la terre et jallit çà et là,
Puis une autre et une autre; ainsi en abondance
Le malheur plus fertil tousjours naissoit en France.
Mais armé de vertu tu t'opposas si bien
Au malheur, que le mal ne nous offensa rien,
Et rendis si à poinct nos armes ordonnées,
Que, ton frere venu, en moins de trois journées
Nos estendars perdus nous furent redonnez,
La couleur devint belle aux François estonnez,
Et nostre grand' cité que la peur tenoit prise,
Reprint cœur au seul nom de ton frere de Guise,
De qui les nobles faits d'un plus horrible son
Je te veux faire entendre en une autre chanson,
Si ceste-cy te plaist, et si tu me fais signe
Qu'assez à gré te vient le bas son de mon hymne,
Le recevant de moy ainsi que Dieu reçoit
Une petite offrande, alors qu'il apperçoit

　a. Var. (1584), en place des huit vers qui précèdent le renvoi :

Qui venoient file à file aussi espais qu'en mer
On void flot dessus flot les tempestes s'armer,
Et poussant et grondant et s'enflant d'un orage
D'un long ordre se suivre, et hurter le rivage.

Le cœur du suppliant estre bon et fidelle.
Qui ne peut mettre au chef d'un Sainct une chandelle,
Au moins la mette aux pieds, et qui aux pieds sacrez
Ne la peut mettre, au moins qu'il la mette aux degrez,
Ou sur quelque pillier ; en ce poinct une offrande,
Bien qu'elle soit petite en vaut bien une grande ;
Car la devotion fait valoir le present,
Et comme s'il fust d'or le fait riche et pesant.
 Dirons-nous quand fortune ennemie à nos armes
Mit en route le camp du mareschal de Termes,
Qu'elle avoit en son sein si cherement nourry
Faisant loyal service à son Prince Henry,
Depuis se despitant contre l'honneur qu'à force
Il conquit en Escosse, en Itale, et en Corse,
Luy tourna le visage et d'un nouveau meschef
En luy perdant ses gens luy foudroya le chef?
 Lors tu monstras combien la prudence parfaite
Doit conseiller un Prince aprés une desfaite ;
Soudain tu repeuplas d'armes et de plastrons
Et de nouveaux soldars nos rompus escadrons ;
Tu transmis du renfort aux places plus debiles,
De nouveaux gouverneurs tu asseuras nos villes,
Si bien que l'ennemy qui nostre camp desfit,
N'eut que la vaine gloire et non pas le profit.
Voilà que tu nous sers quand la fortune adverse
Nous donne en se jouant quelque dure traverse,
Si qu'en toutes saisons pour l'honneur des François
Tu batailles en robbe, et ton frere en harnois.
 Avienne que jamais ton frere ne rencontre
La fortune ennemie, ou si elle se monstre
Ayant tourné sa robbe, au dos des ennemis
Et non sur ta maison le desastre soit mis,
Afin que le malheur qui les Princes menace
N'entre-rompe jamais les honneurs de ta race !
 Mais que diray-je plus ? que diray-je de toy ?
Diray-je la faveur que te porte le Roy
Comme à son cher parent et serviteur fidelle ?
Diray-je ta niepce en beauté la plus belle

Que le ciel ait fait naistre ? et dont les yeux plaisans
Meriteroient encore un combat de dix ans,
Soit qu'elle fust dix ans par les Grecs demandée,
Ou qu'elle fust dix ans par les Troyens gardée ?
Laquelle a pour mary du Roy le fils aisné,
Et luy a pour douaire un royaume donné
Riche de peuple et d'or, aux confins de la terre
Que le pere Ocean de tous costez enserre ? (¹)
[Aussy ne falloit-il qu'elle qui quelquefois
Doit bailler la naissance à tant de jeunes rois
Eust son berceau lavé d'une mer incogneüe
Ou de quelque riviere en peu d'honneur tenuë;
Mais que la grand Tethys le lavast de ses flots
En qui de l'univers les germes sont enclos.
Belle Royne d'Escosse, ains mortelle déesse !
Tu nous as resjouis de pareille liesse
Que le soleil d'automne alors que de ses rais
Il a fendu de l'air le voile trop espais
Et net et clair et beau monstre sa teste blonde
Et de son beau regard resjouist tout le monde ;
Ou comme le printemps la terre resjouist
Quand la glace d'hyver au vent s'esvanouist.
   Princesse, l'ornement et l'honneur de nostre age,
Quand ton sang ne viendroit de si haut parentage,
Quand mille et mille Roys tes ayeux ne seroient,
Encore tes vertus tres noble te feroient,
Et ton divin esprit ! car la pompeuse race,
Les peres, les ayeux, les sceptres et la masse
Des monstrueux palais qui s'eslevent si haut
Ne font pas la noblesse, où la vertu defaut !
Ny la vieille medaille en rouille consumée,
Ny les tableaux reclus, tout noircis de fumée,
Ny les pourtraits moisis des antiques ayeux
Ja par l'âge ecourtez et d'oreilles et d'yeux ;
C'est la seule vertu qui donne la noblesse !

1. Marie Stuart, reine d'Écosse, qui avait épousé, le
25 avril 1558, le Dauphin François, depuis François II.

Ceste vertu qui est la royne et la princesse
De toute chose née, et à laquelle on doit
Venir en travaillant par le chemin estroit,
Espineux et fascheux où peu de gens arrivent;
Car le trac de vertu bien peu de gens ensuivent.
    Toy, Charles, qui t'es fait de vertu l'heritier,
T'achemines au ciel par si noble sentier.
Que je m'estime heureux d'estre né de ton age!
Non que la foy chenue y soit plus en usage
Qu'elle n'estoit jadis au temps de nos ayeux,
Non que le sainct troupeau qui s'enfuït aux cieux,
Eschappant mal enclos de la boete à Pandore,
Comme au temps de Saturne icy demeure encore;
Les meurdres et le sang, la guerre et le discord
Les tiennent en exil bien loing de nostre bord,
Sans espoir de retour; et si je me sens estre
Heureux d'avoir appris dessous un mesme maistre
Et en mesme college avecques toy, seigneur,
Qui comme un petit astre estois desja l'honneur
De tous tes compaignons en mœurs et en science
Et desja tu donnois certaine experience
De ta grandeur future. Ainsy l'on voit souvent
De petite estincelle à l'abandon du vent
S'eslever un grand feu, qu'un pasteur par megarde
Laisse tomber aux bois. L'estincelle se garde
Dans l'escorce d'un arbre, et puis de peu à peu
Se repaist de soy mesme et nourrist un grand feu.
Jusqu'au sommet des pins le brasier se va prendre,
Et avec les ormeaux les chesnes vont en cendre;
Le pasteur estonné, caché soubs un rocher,
De bien loing voit la flamme et n'en ose approcher.
    Ainsi de tes vertus l'abondante estincelle
Que ton âge cachoit sous l'escorce nouvelle
Croissant avec les ans, si grand flamme a produit
Qu'aujourd'hui ta vertu par tout le monde luit.
Je ne suis point flatteur te donnant cette gloire:
Celuy qui t'a cogneu, celuy me pourra croire
Et non le peuple sot que la vertu ne poingt,

Qui n'approche de toy et ne te cognoit point ;
Car volontiers l'esprit d'un personnage rare
Ne veut s'accompaigner de la tourbe barbare.] (¹)
   Que sçauroit souhaiter un pere tres-humain
A son petit enfant, qu'il branle dans sa main,
Que les biens que le ciel te depart sans mesure,
Sain de corps et d'esprit, une âme belle et pure,
Jeune, riche, sçavant, des plus grands honoré,
Et presque comme un Dieu des François adoré ?
[Car tout ainsy que Dieu pour la plus belle offrande
Sinon les humbles cœurs des humains ne demande,
L'honneur, la reverance ; ainsy les grands seigneurs
Ne veulent que les cœurs, l'humblesse et les honneurs.]
Tu as un doux accueil qui les hommes attire
D'un petit clin de teste, et d'un petit sourire ;
Tu portes au maintien l'habillement pareil,
Ny trop haut d'ornement, ny trop bas d'appareil,
Non comme Mecenas trop lasche ou magnifique,
Ou comme avoit Caton trop grossier et rustique ;
Mais en t'accommodant à ton authorité,
Tu te pares tousjours selon ta dignité.
Tu es doux et courtois, non rempli d'arrogance,
Et Prince tres-facile à donner audience,
Debonnaire et clement, et ce poinct gracieux
Seul entre tes bontez te fait égal aux Dieux ;
Car bien que de tous poincts aux Dieux l'homme soit
La vertu de pitié au ciel nous fait atteindre. [moindre,
   Tu es des offensez le terme et le soustien,
Tu n'ourdis nulle fraude au riche pour son bien,
Ton thresor ne s'accroist de la toison publique,
Par confiscations ny par moyen inique ;
Le marchand n'est par toy banny de sa maison,
Ny par toy l'innocent puny contre raison ;
Tu as l'estomac pur de la chetive envie
Qui prenant vie en nous consomme nostre vie,
Comme un ver qui caché dans le bois se nourrit,

---

1. Ce long passage disparaît en 1584.

Et tant plus s'y nourrit, et plus il le pourrit;
Ou comme on voit le fer par sa rouilleure mesme
A la fin se manger; ainsi l'envie blesme
La nourrissant nous mange, et nous pince le cœur,
Soit de nuit, soit de jour, d'une lente rancœur.
  Il ne faut pas, Prelat, que le renom celeste
D'un prince soit taché de si vilaine peste,
Mais ouvert à chacun, familier et benin,
Et ne couver au cœur un si meschant venin.
[Tu as encor en toy ceste bonne partie
La honte de mal faire avec la modestie,
L'honnesté liberté, la foy pure et encor
Un esprit qui se dit plus riche que ton or.]
  Lequel de nos François a pris la hardiesse
De s'adresser à toy, que ta prompte allegresse
Doucement n'ait receu, et ne luy ait monstré
Qu'il avoit un seigneur tres-humain rencontré?
  Si tu vois seulement qu'il porte sur la face
Quelque traict de vertu, tu luy monstres ta grace
Et l'avances par tout, et ce qui est meilleur
Que ton avancement, tu l'aimes de bon cœur.
[A gages tu ne tiens des plaisans à ta table,
Pour se mocquer de ceux que fortune amyable
Aura conduits chez toy. On n'est point brocardé
En sy noble maison, mocqué, ny regardé
D'un tas de jeunes sots de condition vile
Qui, pour un peu d'argent, font leur langue servile
Au plaisir d'un seigneur; mais en toute saison
Les plaisans et les fous sont loing de ta maison,
Et loing de ta faveur; tu tasches au contraire
Par honnestes bienfaicts les Muses y attraire,
Leur monstrant bon visage et cherchant d'estre aymé
De l'homme que tu vois digne d'estre estimé.]
  Où est l'esprit gentil qui dignement s'applique
Ou à la poésie, ou à la rhetorique,
A la philosophie, à qui tu n'as aidé,
Et d'un parler candide au Roy recommandé?
[Dés le commencement que Dieu mist la couronne

Sur le chef de Henry, il n'y avoit personne
Qui triste ne pleurast les lettres et les arts.
Tout l'honneur se donnoit à Bellone et à Mars;
La Muse estoit sans grâce et Phœbus contre terre
Gisoit avec sa harpe, accablé de la guerre.
Mais si tost qu'il te pleut par un destin fatal
Regarder d'un bon œil ce divin L'Hospital
En mœurs et en sçavoir, qui si doctement touche
La lyre et qui le miel fait couler de sa bouche,
Et si tost qu'il te pleut prendre dedans ta main
Du Bellay que la Muse a nourri dans son sein,
Et qui par ses chansons la grâce nous rameine;
Et Paschal qui nous fait nostre histoire romaine,
A qui tu as commis les honneurs des François;
Et D'Aurat qui en grec surpasse les Gregeois;
Et le docte Baïf qui seul de nos poëtes
A fait en ton honneur bourdonner ses musettes,
Te sacrant ses pasteurs, que d'un gentil esprit
En France il a conduits des champs de Théocrit;
Soudain tu reveillas des François les courages
A suivre la vertu, et alors nos boccages
Reclus par si longtemps, entre les buissons verts
Commencerent au vent à murmurer des vers.
L'Hélicon fut ouvert et l'Onde où beut Ascrée
De muette parla et se refist sacrée;
Et l'effroy des rochers et des bois à l'envy
De fraische hotellerie aux Muses ont servy,
Et la grâce, aux rayons de la lune cornue
Avecques les Sylvains redancer est venue,
Frappant du pied les fleurs, signe que le soucy
Plus ne regnoit aux bois ny entre nous aussy.
Adieu, meschant soucy, puisqu'un autre Mercure
Des Muses et de nous daigne prendre la cure!
 Tu n'es pas seulement favorable seigneur
De ceux à qui la Muse a donné quelque honneur,
Tu leur sers en tout temps d'un asyle prospere,
De secours et d'appuy, de Mecene et de pere.
Je puis te vanter tel, car t'ayant esprouvé

Un pere tres humain au besoin t'ay trouvé.
 Filles de Jupiter, Charites gracieuses,
De Venus et d'Amour les compaignes joyeuses
Et qui scavez nos cœurs l'un à l'autre lier,
A vous il appartient de le remercier!
Remerciez-le donc en mon nom, et luy dites
Que pour luy rendre grâce il falloit les Charites.] (a)
 Or c'est trop commencé; car si mon style bas
Presumoit d'achever, il n'y fourniroit pas.
Il faut que L'Hospital, que nostre siecle prise,
Un petit moins qu'Homere, ose telle entreprise,
Et non moy qui ne puis, ny ne suis assez fort
Pour soustenir au dos un si pesant effort.
 Puis ton frere m'appelle au son de la trompette,
Afin d'aller au camp pour estre son poëte.
Je le voy, ce me semble, au milieu des soudars
Commander d'une picque, ou dessur les rempars
De nuict asseoir la garde, et tout enflé de guerre
Un somme entre-éveillé prendre dessur la terre;
Je le voy, ce me semble, à cheval au milieu
Des escadrons armez, tout pareil à ce Dieu
Qui rempli de fureur, de vaillance et d'audace,
Pour servir à son pere ameine un camp de Thrace.
Les rives de Strymon, les rochers et les vaux
De Rhodope poussez de l'ongle des chevaux
Fremissent à l'entour, et les armes dorées
Dans Hebre de bien loin s'esclatent remirées.
 Je seray de poëte un valeureux guerrier
Au milieu des soldats couronné de laurier,
Qui deux fois me ceindra le sommet de la teste,
Pour m'estre fait vainqueur d'une double conqueste,
Ayant chanté ton frere et toy; car je vous veux

a. Dans les éditions posthumes ces quarante-six vers sont remplacés par les deux suivants :

Certes j'en suis tesmoin, qui ma basse fortune,
M'insinuant chez toy, fis blanche au lieu de brune.

En un mesme papier accoupler tous les deux.
Ainsi l'antiquité assembloit en mesme hymne
De Castor et Pollux la louange divine.
  Dieux de qui les longs ans ne sont jamais peris,
Gardiens de la France et des murs de Paris,
De Seine bourguignonne, et des citez antiques
De Gaule, le sejour des Troyennes reliques,
Escartez loin du chef de ces freres ici,
Qui sont nos deux remparts, le mal et le souci!
Tenez-les en santé; continuez du Prince
Envers eux l'amitié, et pour nostre province
Faites tant, s'il vous plaist, qu'ils y demeurent vieux,
Et que bien tard au ciel tous deux se facent Dieux!
                                        (1560.)

HYMNE VI.

DE LA JUSTICE.

A TRES ILLUSTRE ET TRES REVERENDISSIME

PRINCE CHARLES

Cardinal de Lorraine.

Un plus sçavant que moy ou plus chery des cieux
  Chantera les combats de tes nobles ayeux,
Dira de Godefroy l'avantureuse armée,
Et la palme conquise en la terre Idumée,
Et les eaux du Jourdain qui fut si plein de morts
Que le sang infidele outre-couloit ses bords;
Chantera de Damas la muraille forcée,
Et de Jerusalem, Antioche et Nicée,

Les assaux et la prise, et comme Godefroy
De Tyr et de Sidon par armes se fit Roy,
De Rhodes, et de Cypre, et de Hierosolyme,
Et des peuples sujets au sceptre de Solyme.
 Aprés en ramenant tes ayeux d'outre-mer
Les fera, pour la gloire, aux batailles armer
Pres la grande Hesperie, et vaincre ceste terre
Où le fardeau d'un mont un grand geant enserre,
Lequel luy fut jadis par les Dieux envoyé
Quand il tomba du ciel à demy foudroyé.
 Puis leur fera planter l'escusson de Lorraine
Sur le fameux tombeau de l'antique Seraine,
[Conquis par leur prouesse, où le sceptre puissant
Des Lorrains fut longtemps richement florissant,
Comme proches parents des nobles Roys de France
Et vrais seigneurs d'Anjou, du Maine et de Provence.]
Aprés il chantera les magnanimes faits
Que ton grand frere, ainçois que tes freres ont faits,
Donnant de leurs vertus à tout le monde exemple;
Si bien que le soleil qui tout void et contemple
Lors qu'il tire ou qu'il plonge en l'Océan ses yeux,
Ne void point icy bas Princes plus vaillans qu'eux,
Soit pour donner conseil, soit pour donner bataille,
Soit pour prendre ou garder les forts d'une muraille.
 Mais moy, divin Prelat, qui ne puis entonner
Si hautement l'airain pour leurs gloires sonner,
Je me contenteray si chantant je puis dire
L'une de tes vertus dessus ma basse lyre;
Une seule et non plus; car quand j'entreprendrois
De toutes les chanter, impuissant je faudrois,
Comme chose trop haute, et m'eust fait la nature
Plus que bronze ou metal la langue et la voix dure.
[Si est-ce que le ciel n'a ton corps revestu
Ny ton esprit ardant d'une seule vertu
Qui ne soit à la fin au jour manifestée
Et de tous à l'envy à qui mieux mieux chantée,
L'un disant celle là et l'autre celle cy;
Et moy pour commencer, je chante dés icy

La vertu la plus tienne et qui plus est propice
Aux Princes comme toy, la vertu de Justice.]
 Dieu fit naistre Justice en l'âge d'or çà bas
Quand le peuple, innocent encor, ne vivoit pas
Comme il fait en peché, et quand le vice encore
N'avoit franchy les bords de la boete à Pandore;
Quand ces mots Tien et Mien en usage n'estoient,
Et quand les laboureurs du soc ne tourmentoient,
Par sillons incogneus, les entrailles encloses
Des champs qui produisoient de leur gré toutes choses;
Et quand les mariniers ne pallissoient encor
Sur le dos de Tethys pour amasser de l'or.
 Ceste Justice adonc, bien qu'elle fust Déesse,
S'apparoissoit au peuple; et ne fuyant la presse
Des hommes de jadis les assembloit de jour
Dedans une grand' rue ou dans un carrefour,
Les preschant et priant d'eviter la malice,
Et de garder entr'eux une saincte police,
Fuir procez, debats, querelle, inimitié,
Et d'aimer charité, paix, concorde et pitié.
La loy n'estoit encore en airain engravée,
Et le juge n'avoit sa chaire encor levée
Haute dans un palais, et debout au parquet
Encores ne vendoit l'advocat son caquet
Pour damner l'innocent et sauver le coulpable.
 Cette seule Déesse au peuple venerable
Les faisoit gens de bien, et sans aucune peur
Des loix, leur engravoit l'équité dans le cœur,
Qu'ils gardoient de leur gré; mais toute chose passe,
Et rien ferme ne dure en ceste terre basse.
 Si tost que la malice au monde eut commencé
Son trac, et que ja l'or se monstroit effacé,
Pallissant en argent sa teinture premiere,
Plus Justice n'estoit aux hommes familiere
Comme elle souloit estre, et ne vouloit hanter
Le peuple qui déja tendoit à se gaster;
Et plus visiblement de jour parmy la rue
Les hommes ne preschoit; mais vestant une nue

Et jettant un grand cry des villes s'en-vola
Et seule dans les bois loing des gens s'en alla,
Car elle dedaignoit de plus hanter personne,
Regrettant des premiers la vie sainte et bonne. (a)
  Aussi tost que la nuict les ombres amenoit,
Elle quittoit les bois, et pleurante venoit
Crier sur le sommet des villes les plus hautes,
Pour effroyer le peuple et reprendre ses fautes,
Tousjours le menaçant qu'il ne la voirroit plus,
Et qu'elle s'en iroit à son pere là sus :
  « L'œil de Dieu, ce disoit, toutes choses regarde,
Il void tout, il sçait tout, et sur tout il prend garde,
Il sera courroucé dequoy vous me chassez ;
Pource repentez-vous de vos pechez passez,
Il vous fera pardon ; car il est débonnaire,
Et comme les humains ne tient pas sa colere ;
Sinon de pis en pis au faiste parviendrez
De tout vice execrable, et puis vous apprendrez
Apres le chastiment de vos âmes meschantes
Combien les mains de Dieu sont dures et pesantes. »
  Ainsi toute la nuict la Justice crioit
Sur le haut des citez, qui le peuple effrayoit,
Et leur faisoit trembler le cœur en la poitrine,
Craignant de leurs pechez la vengeance divine.
Mais ce peuple mourut ; et apres luy nasquit
Un autre de son sang qui plus meschant vesquit.
Lors le siecle de fer regna par tout le monde,
Et l'Orque (1) despiteux, de la fosse profonde
Ici haut, envoya les Furies, à fin
De pressurer au cœur des hommes leur venin.

a. Var. :

Hurlante en piteux cris, son visage voila,
Et bien loing des citez és forests s'en-vola ;
Car elle desdaignoit d'estre icy bas suivie
Des hommes forlignans de leur premiere vie.

1. *Orcus*, l'Enfer.

Adonc fraude et procez envahirent la terre,
Poison, rancœur, debat, et l'homicide guerre,
Qui faisant craqueter le fer entre ses mains
Marchoit pesantement sur le chef des humains,
Et violoit partout de sa hache meurtriere
Des vieux siecles passez la concorde premiere.
Ce que voyant Justice, ardante de fureur
Contre le meschant peuple empoisonné d'erreur,
Qui, pour suivre discord, rompoit les loix tranquilles,
Vint encore de nuict se planter sur les villes,
Où plus, comme devant, le peuple ne pria,
Mais d'une horrible voix hurlante s'escria
Si effroyablement que les murs et les places
Et les maisons trembloient au bruit de ses menaces :
« Peuple lasche et méchant, disoit-elle, est-ce ainsi
Qu'à moy fille de Dieu tu rens un grand-merci
De t'avoir si long temps couvé dessous mes ailes,
Te nourrissant du laict de mes propres mammelles ?
Je m'en-vole de terre ; or je te dis adieu
Pour la derniere fois, et t'asseure que Dieu
Vengera mon depart d'une horrible tempeste,
Que ja déja son bras eslance sur ta teste.
Las ! où tu soulois vivre en repos plantureux,
Tu vivras desormais en travail malheureux ;
Il faudra que les bœufs aux champs tu aiguillonnes,
Et que du soc aigu la terre tu sillonnes,
Et que soir et matin le labeur de ta main
Nourrisse par sueur ta miserable faim.
Car en punition de tes fautes malines
Les champs ne produiront que ronces et qu'espines.
Le printemps qui souloit te rire tous les jours,
Pour ta meschanceté perdra son premier cours,
Et sera departi en vapeurs chaleureuses,
Qui halleront ton corps de flames douloureuses,
En frimas, et en pluye, et en glace qui doit
Faire transir bien tost ton pauvre corps de froid.
» Ton chef deviendra blanc en la fleur de jeunesse,
Et jamais n'atteindras les bornes de vieillesse,

Comme ne meritant par ton faict vicieux
De jouir longuement de la clairté des cieux,
Si peu que tu vivras tu vivras en moleste,
Et tousjours une fiévre, un catharre, une peste,
Te suivront sans parler, venans tous à la fois;
Car le grand Dieu du ciel leur ostera la voix,
Afin que sans mot dire ils te happent à l'heure
Que tu estimeras ta vie estre plus seure.
Qui pis est, l'indigence et la famine aussi,
Hostes de ta maison, te donneront souci,
Tousjours sans te lascher; les espouses muables,
N'enfanteront des fils à leurs peres semblables;
Tout sera corrompu, et les races seront
Meslées d'autre genre et s'abatardiront. (*a*)
» Dieu te fera mourir au milieu des batailles
Accablé l'un sur l'autre, et fera les murailles
De tes grandes citez dessous terre abysmer,
Et sa foudre perdra tes navires en mer,
[Exerçant de sa main la flamme courroucée
Sur toy, meschant, qui m'as à si grand tort laissée.
Si tu n'eusses voulu me chasser d'avec toy
Dieu ne t'eust point hay, qui pour l'amour de moy
Ne t'envoiroit jamais ni bataille ni foudre
Et jamais tes citez ne reduiroit en poudre;
Mais tousjours au contraire il eust nourry la Paix
Fleurissant au milieu des citoyens espais,
Non en guerre tuez, qui sans deuil et sans peine
Eussent heureusement passé la vie humaine,] (*b*)
Et fussent morts ainsi que ceux à qui les yeux
S'endorment dans le lict d'un sommeil gracieux.

a. Var. :

Tout sera depravé, bourgs, villes et maisons,
Fourvoyantes du traq des premieres saisons.

b. Var. (1584) au lieu des dix vers entre crochets :

Si le peuple m'eust creu, il eust sans nulle peine
Heureusement franchi ceste carriere humaine.

» Mais tu vivras tousjours en douleur asservie,
Fraudé des passetemps et des biens de la vie ;
Puis à la fin la mort en tourment et en dueil
Dans un lict angoisseux te viendra fermer l'œil.
Qui plus est, ce grand Dieu qui de son œuvre a cure,
Envoira ses démons couverts de nue obscure
Par le monde espier les vicieux, à fin
De les faire mourir d'une mauvaise fin,
Ou par guerre ou par peste ou par longue famine.
Et lors un vain regret rongera ta poitrine
Dequoy tu m'as chassée en lieu de me cherir,
Qui te soulois, ingrat, si cherement nourrir ! »
  Ainsi pleuroit Justice, et d'une robe blanche
Se voilant tout le chef jusqu'au bas de la hanche,
Avec ses autres sœurs, quittant ce val mondain
Au ciel s'en retourna d'un vol prompt et soudain.
Comme on void quelquefois singler à tire d'ailes
En un temps orageux cinq ou six colombelles,
Qui de peur de la gresle au logis s'en revont,
Et viste parmy l'air volent toutes d'un front.
  Si tost que dans le ciel Justice fut venue,
Long temps devant le throne à genoux s'est tenue
De son Pere divin, puis d'un cœur despité
Luy a de poinct en poinct tout le faict recité :
  « Pere, t'esbahis-tu dequoy je suis tremblante,
Dequoy j'ay de frayeur la poitrine haletante,
Quand là bas à grand' peine ay-je peu garantir
De mort ma pauvre vie, avant que de partir ?
Ce peuple malheureux auquel j'estois allée,
Par ton commandement, n'a sans plus violée
La reverence deue à ta grand' Majesté ;
Mais il a, qui plus est, dans son cœur projeté,
Tant il est arrogant, de te faire la guerre,
Et ravir de tes mains ton sceptre et ton tonnerre. (a)

a. Var. :

De t'arracher la foudre et d'une triple eschelle
De montagnes, ravir ta demeure eternelle.

Celuy qui maintenant vit le plus entaché
De meurdre, de poison, et bref de tout peché,
Est le plus vertueux; ils pillent, ils blasphement,
Et rien qu'assassinats et meschancetez n'aiment;
Ils desdaignent tes loix, et n'ont plus en souci
Ny toy, ny ton sainct nom, ny tes temples aussi,
Et tant en leur audace et malice se fient,
Qu'en se mocquant de toy ta puissance desfient.
Pource, si quelque soin de ton honneur te tient,
Et si jusques au cœur ma priere te vient,
Et si d'une fureur justement tu t'irrites,
Ren-leur le chastiment selon leurs demerites,
Et n'endure, Seigneur, que l'on vienne outrager
Si miserablement ton nom sans le venger. »
 A-tant se teut Justice, et pour faire cognoistre
Que son Pere l'aimoit, s'alla seoir à la dextre
De son thrône divin, d'où la terre et les cieux
Gisant dessous ses pieds, regarde de ses yeux.
 Jupiter irrité des larmes de sa fille,
Des Dieux incontinent assembla le concile,
Lesquels obeissans à son commandement,
Logez en divers lieux vindrent soudainement.
Ceux du ciel le haut rang des chaires ont tenues,
Les marins le milieu, et les tourbes menues
Des petits demi-Dieux confusément se sont
Plantez de çà de là tous confus dans un rond;
Puis quand chacun eut pris en son ordre sa place
Il prononça tels mots tout remplis de menace.
Une flamme de feu de ses yeux s'escartoit
Et un glaive tranchant de sa bouche sortoit :
 « Ce qui me meut jadis de verser toute l'onde
De la mer sur la terre et noyer tout le monde
Ne fut que pour punir les faits malicieux (¹)
Que commettoient là bas les hommes vicieux,
Lesquels si obstinez en leur malice furent,

---

1. Les huit vers qui précèdent ont été omis dans l'in-folio de 1623, par une erreur typographique.

Qu'en leur faute endurcis changer ne se voulurent,
Ny me crier pardon, bien que souventes fois
Advertis je les eusse en songes et par voix.
  » Pource je les noyay et delaschay les brides
De mes pluyes du ciel, et des mers homicides
Par sept jours sur la terre, et ne s'en sauva qu'un
Que tout ne fust ravi du naufrage commun.
Je pensois r'animer de la terre la face
D'une plus innocente et plus divine race,
Qui s'abstiendroit du mal, de peur de n'encourir
Le pareil chastiment duquel je fis mourir
Ses ayeux obstinez qui m'oserent desplaire;
Mais il en est allé, ô Dieux, tout au contraire;
Car ce peuple nouveau commet plus de forfaits
En un jour, qu'en cent ans le premier n'avoit faits.
Pource je veux par feu luy consumer la vie
Des grands jusqu'aux petits, et que nul ne me prie
Ainsi que l'autre fois de luy faire pardon;
Je ne le feray pas, car un seul ne vit bon.
Je ru'ray par trois jours ma cholere attisée,
Pleuvant flames du ciel sur la terre embrasée,
Et feray sans pitié tous les corps enflamer
Qui marchent sur la terre et nagent dans la mer,
Pour leur meschanceté; et la terre bruslée
Ne sera (je le veux) jamais renouvelée
D'un autre genre humain; car qui le referoit,
D'âge en âge suivant tousjours pire seroit.
  » Est-il pas bien ingrat? il sçait que toutes choses
Qui sont dedans le rond de mon grand ciel encloses,
Sont faites pour luy seul, et qu'à luy j'ay permis
Que tous les animaux sous ses pieds seroient mis,
Ceux des champs, et tous ceux qui dedans la mer nouent,
Et ceux qui parmi l'air de leurs ailes se jouent.
Le mal-heureux sçait bien que ma main l'a fait tel
Que rien ne luy defaut que le poinct d'immortel,
Car il est, quant au reste, aussi noble qu'un ange,
Tant je l'ay couronné de gloire et de louange.
  » J'ay fait pour luy du ciel le grand tour nompareil,

Les estoiles, le jour, la lune, et le soleil
Pour luy donner clairté ; car je n'en ay que faire,
Sans le secours du jour ma face est assez claire ;
Les rayons du soleil et des astres des cieux
Viennent de ma lumiere et non la mienne d'eux.
 » Pour luy je rends de fruit la terre toute pleine ;
Car ce n'est pas pour moy que son fruit elle ameine,
Ny la mer ses poissons ; je ne mange ne boy,
Vivant je me soustiens par la vertu de moy.
J'ay tout creé pour luy, lequel en recompense
De mes biens est ingrat, et forcené ne pense
Que je note ses faits ; mais en lieu d'invoquer
Mon nom, hoche la teste, et s'en ose moquer.
Pource je le veux perdre, et luy faire cognoistre
Que son vice me fasche, et que je suis son maistre. »
Ainsi dit le grand Dieu, qui, si fier, assembla
Ses sourcis, que le ciel et la terre en trembla.
Déja dedans ses mains tenoit l'ardante foudre,
Et n'eust fait de la terre et du ciel qu'une poudre,
Sans sa fille Clemence à l'œil paisible et doux,
Qui ses genous embrasse, et retient son courroux :
 « Pere, puis qu'il te plaist entre tes noms de mettre
Le nom de tres-benin, il faut aussi permettre
A ta rigueur d'user des effets de ce nom ;
Autrement tu serois en vain appellé bon.
Tu peux, si tu le veux, tout ce monde desfaire ;
Le voudrois-tu plus grand ou plus petit refaire ?
De le faire pareil ce ne seroit rien fait.
Or de voir ton palais, fait, refait et défait,
Ce seroit jeu d'enfant, qui bastit au rivage
Un chasteau de sablon, puis destruit son ouvrage.
Ce qu'il ne faut, Seigneur ; car la destruction
N'est pas seante à Dieu, mais generation.
Pource il te pleut jadis bastir tout ce grand monde,
Et peupler d'animaux toute la terre ronde,
Afin que de ton thrône en voyant les humains
Prinsses quelque plaisir aux œuvres de tes mains ;
Mais ores un chacun blasmera ta puissance,

Et seras en mespris comme un Dieu d'inconstance,
Qui nagueres voulus tout le monde noyer,
Et maintenant le veux encore foudroyer!
Si tu destruis le monde il faudra qu'il retienne
De son premier chaos la figure ancienne;
Et si tout est confus, qui adoncques dira
Les hymnes de ta gloire et ton nom benira?
Qui lors racontera tes merveilles si grandes?
Qui, devot, chargera tes saincts autels d'offrandes?
Qui la flame immortelle aux temples gardera?
Qui d'encens Sabean ton thrône enfumera?
Il vaut mieux, ô Seigneur, que tu les espouvantes
Par songes, par daimons, par cometes sanglantes,
Que les tuer du tout; car tels qu'ils sont, Seigneur,
Bons ou mauvais ils sont creez à ton honneur.
Si tu frappes leur cœur, ils te voudront entendre;
Car il n'est pas de roche, il est humain et tendre,
Lequel sera tantost, bien qu'il soit endurcy,
Chastié de son vice, et te cri'ra mercy! »

   A-tant se teut Clemence, et ja de sa parolle
Avoit du pere sien faite l'ire plus molle,
Quand Themis la divine au bas du thrône alla
Du Dieu presque appaisé, auquel ainsi parla :
« O souverain Seigneur, roy des Dieux et des hommes,
Par qui tous nous vivons, et par qui tous nous sommes,
Qui regis tout en tout, et n'es regi d'aucun,
Qui as (comme il t'a pleu) departi à chacun
Dès le commencement un naturel office,
Et un propre mestier pour te faire service,
Donnant au puissant Mars la force et le pouvoir,
A Phebus la musique, à Pallas le sçavoir,
A moy l'authorité sur toutes destinées
Que ta bouche fatale a jadis terminées,
Escrites en airain qui ne se peut casser,
Et que mesme le temps ne sçauroit effacer;
Car tout ce que tu dis est chose tres-certaine,
Et ce que l'homme dit n'est rien que chose vaine.
   » Or doncques, pour ouvrir les secrets du destin,

Le monde ne doit pas encore prendre fin,
Embrasé de ta flamme. Il faut que mainte espace
De maints siecles futurs ayent d'abord eu place.
Pource appaise ton ire et vueilles secourir
La gent que tu voulois si tost faire mourir.
Il faut que les rayons de tes flames divines
Illuminent les cœurs des sibylles devines,
Des prophetes aussi, qui seront tes prescheurs,
Et sans esgard d'aucun blasmeront les pecheurs,
Pour reprendre en ton nom de tous hommes le vice,
Attendant le retour de ta fille Justice,
Laquelle doit encore icy-haut sejourner
Longue espace de jours avant que retourner.
  » Au temps que le destin en Gaule fera naistre
Henry second du nom, des autres Roys le maistre,
Que les cieux à l'envy s'efforceront d'orner,
Justice avec ses sœurs là bas doit retourner.
Ce grand Roy cherira un Prince de sa race
Qui d'honneur, de vertu, de sçavoir et de grace
Entre tous les humains n'aura point son pareil,
Et sa bonté luira comme luit le soleil.
Il aura sur le front telle majesté peinte,
Que du premier abord le vice en aura crainte,
S'enfuyant devant luy aprés l'avoir cognu
Prince si jeune d'ans et de mœurs si chenu.
  » Celuy sera nommé le Prelat de Lorraine,
Charles, dedans lequel ta fille souveraine
Miraculeusement tu feras transformer,
Pour les faits vicieux des humains reformer.
Elle prendra son corps; car sa face celeste,
Comme elle fut jadis, ne sera manifeste
Aux hommes de là bas, se souvenant encor
Qu'ils l'ont d'entr'eux chassée aprés le siecle d'or. »
  Ainsi parla Themis en paroles prophetes,
Qui furent puis aprés en temps et lieu parfaites;
Car si tost que le ciel eut du Prince Henry
En la terre amené le beau regne chery
Des hommes et des Dieux, et que toute la France

Portoit à ce Prelat honneur et reverence
Pour les nobles vertus desquelles il est plein ;
Dieu print incontinent Justice par la main,
Et luy dit : « Mon enfant, il ne faut contredire
Aux severes decrets du destin qui te tire
Une autre fois au monde, il est temps de partir.
Quand tu seras au monde, il te faudra vestir
Du corps de ce Prelat, que Themis, qui preside
A mes desseins futurs, t'a baillé pour ton guide. »
 Comme il disoit tels mots, de Justice entourna
Les yeux d'un bandeau noir, et puis il luy donna
Une balance d'or dedans la main senestre,
Et un glaive trenchant à porter en sa dextre :
Le glaive pour punir ceux qui seront mauvais,
La balance à poiser également les faicts
Des grands et des petits, comme equité l'ordonne,
Le bandeau pour ne voir en jugement personne.
En ce poinct equippée elle revint çà bas ;
Mais avant que partir elle n'oublia pas
La troupe de ses Sœurs, les guidant la premiere.
Nemesis d'assez loin les suivoit par derriere
Ayant le pied boiteux, et ne pouvant en l'air
De ses ailes si tost que les autres voler.
 Soudain que la Justice en terre fut venue,
Dessus la cour du Roy longuement s'est tenue ;
Puis ainsi qu'un rayon du soleil qui descend
Contre un verre et le perce et si point ne le fend,
Tant sa claire vertu subtilement est forte,
Comme venant du ciel ; en la semblable sorte
Justice tout d'un coup vivement s'eslança
Dedans ton corps, Prelat, et point ne l'offença,
Comme chose celeste, y logeant avec elle
De ses divines Sœurs la troupe non mortelle,
Qui ne fut pas si tost entrée dedans toy,
Que tu vins de tels mots aborder nostre Roy :
 « Prince, dont la grandeur en majesté surpasse
Tous les Roys tant soient grands de ceste terre basse ;
Ce n'est le tout que d'estre aux armes furieux,

Adroit, vaillant et fort, il faut bien avoir mieux ;
Il faut aprés la guerre ainsi qu'un sage Prince,
Gouverner par Justice et par loix ta province,
Afin que tes sujets vivent en équité,
Et que ton ennemy par ta lance donté
Te recognoisse autant justicier equitable
En paix, comme aux combats t'a cogneu redoutable.
» La nature a donné aux animaux des bois,
Aux oiseaux, aux poissons, des reigles et des lois
Qu'ils n'outrepassent point ; au monde on ne void chose
Qu'un accord arresté ne gouverne et dispose ;
La mer, le ciel, la terre, et chacun element
Garde une loy constante inviolablement ;
On ne void que le jour devienne la nuict brune,
Que le soleil ardant se transforme en la lune,
Où le ciel en la mer, et jamais on n'a veu
L'air devenir la terre, et la terre le feu.
Nature venerable en qui prudence abonde,
A fait telle ordonnance en l'âme de ce monde,
Qui ne se change point, et ne se changera
Tant que le ciel voûté les astres logera.
Et pource du nom grec ce grand monde s'appelle,
D'autant que l'ordonnance en est plaisante et belle ;
Mais celuy qui nous fit immortels les esprits,
Comme à ses chers enfans et ses plus favoris,
Que trop plus que le ciel ny que la terre il aime,
Nous a donné ses loix de sa propre main mesme.
» Moyse (1) premierement apprit les loix de Dieu
Pour les graver au cœur du populaire Hebrieu ;
Minos a des Cretois les villes gouvernées
Des loix que Jupiter lui avoit ordonnées ;
Et Solon par les loix que Pallas luy donna
Regit l'Athenien ; Lycurgue gouverna
Par celles d'Apollon la ville de Lacene ;
Et bref des loix de Dieu toute la terre est pleine.

1. On prononçait probablement alors *Moïse* ou *Mouïse*, car le mot n'a que deux syllabes.

Car Jupiter, Pallas, Apollon, sont les noms
Que le seul Dieu reçoit en maintes nations
Pour ses divers effects que l'on ne peut comprendre,
Si par mille surnoms on ne les fait entendre.

» Ce Dieu, ce tout-puissant qui tout voit et regit,
Dieu, en qui nostre vie, en qui nostre mort gît,
Ne nous a donné rien aprés l'âme immortelle
Si grand que la Justice : on ne sçauroit sans elle
Vivre une heure en repos, et tousjours nostre cœur
En tremblant fremiroit d'une douteuse peur
Qu'on ne pillast nos biens, ou que bientost ravie
Par glaive ou par poison ne nous fust nostre vie.

» Sans Justice le peuple effrenément vivroit,
Comme un navire en mer qui en poupe n'auroit
Un pilote ruzé pour ses voyes conduire.
Cela que sert en mer un pilote au navire,
La loy sert aux citez, et au peuple qui est
Inconstant en pensée, et n'a jamais d'arrest.
Il auroit aujourd'huy une opinion folle,
Le lendemain une autre, et comme un vent qui volle,
Çà et là voleroient les esprits des humains,
Et jamais ne seroient en un propos certains,
Sans la divine loy qui leurs volontez bride,
Et maugré leur desir à bon chemin les guide,
Ne voulant point souffrir qu'un homme vicieux
Sans purger son peché vienne devant ses yeux.

» Elle fait que le Roy sur le peuple a puissance,
Et que le peuple serf luy rend obéissance;
Elle nous a monstré comme il faut adorer
Le seul Dieu eternel, comme il faut honorer
Pere, mere, parens, et quelle reverence
On doit aux morts, de peur de troubler leur silence.

» Dieu, qui le ciel habite, a tousjours en souci
Ceux qui aiment Justice, et qui la font aussi;
De ceux le bien est ferme, et comme une planette
De tous costez reluit leur conscience nette,
Et tousjours en honneur fleurissent leurs enfans,
Et ne meurent jamais qu'assoupis de vieux ans.

Mais ce Dieu tout-puissant jamais son cœur n'appaise
Contre celuy qui fait la Justice mauvaise,
Qui par argent la vend, et qui corrompt malin
Le bon droict de la veuve et du pauvre orphelin;
Il luy garde tousjours une dure vengeance
Qui lente pas à pas talonne son offence,
Luy envoyant Até, Déesse de meschef,
Qui de ses pieds de fer escarbouille son chef;
Car Dieu sur les palais s'assiet pour le refuge
Des pauvres, d'où son œil remarque le bon juge,
Pour le recompenser selon qu'il a bien fait,
Et le faux juge, à fin de punir son mesfait.
 » Doncques, Roy, si tu veux que ton regne prospere,
Il te faut craindre Dieu ; le Prince qui revere
Dieu, Justice et la Loy, vit tousjours fleurissant,
Et tousjours void sous luy le peuple obeissant;
Son ennemy le craint; et s'il leve une armée
Tousjours sera vainqueur, et la Fame emplumée
Vivant bruira son nom, et le peuple en tout lieu
Aprés qu'il sera mort l'avoura pour un Dieu. »
 Ainsi dis-tu, Prelat, et le Roy de sa teste
En l'abaissant un peu accorda ta requeste;
Et lors le siecle d'or en France retourna,
Qui sans se transformer depuis y sejourna,
Faisant fleurir le droit sous nostre Prince juste,
Sous Henry, dont le bras equitable et robuste
Trencha par ton moyen avecq' ses sainctes lois
La teste du procez, vieil monstre des François.
 Je te salue, ô saincte et divine Justice,
Et toy, grand Cardinal, autheur de la police!
Puissent tousjours mes vers, maugré le cours des ans,
Aux siecles apparoistre et doctes et plaisans,
Pour leur monstrer combien ce me fut douce peine
De celebrer l'honneur de Charles de Lorraine. (¹)

(1560.)

---

1. Plus loin, parmi les hymnes retranchés, se trouve une suite de l'hymne de la Justice.

HYMNE VII.

LES DAIMONS.

A LANCELOT CARLE,

Evesque de Riez.

Commenté par N. RICHELET, Parisien. (1)

[VERS HEROIQUES.

Quand de jour et de nuict je repense à part moy
    Les honnestes faveurs que j'ay receu de toy,
Carle, docte Prelat, et qu'encore ma Muse
Ne t'a remercié, coupable je m'accuse
De quoy si longuement sous silence j'ay teu
L'obligation deue à ta rare vertu.
Je me hay, si despit, que je ne fais plus compte
De mes vers ny de moy, et je n'ose de honte

---

1. Le Commentaire de Richelet est dédié à Mgr Antoine Séguier, chevalier, sieur de Villiers et de Fourqueux, conseiller du Roy en ses conseils d'Estat et Privé, président en sa cour de parlement. — Cet hymne est tiré d'un auteur grec, Michaël Psellius. — Dans une curieuse note que nous avons cru devoir conserver, le commentateur dit : « Les Anges et les Daimons ont esté creez de Dieu lors qu'il crea le monde : les Anges, pures intelligences au ciel, sans passion comme sans corps, cognoissans toutes choses; les Daimons au contraire, sous le ciel, corporels, mais d'un corps subtil et habile à se changer en toutes formes selon la qualité de

Lever les yeux en haut, de peur que tous les Dieux,
La lune, le soleil, les astres et les cieux

l'element où ils sont, et selon leur volonté; formes la pluspart monstrueuses et imparfaites, voire plustost illusions, lesquelles nous espouvantent, quand nostre imagination en est prevenue, principalement en dormant; nostre esprit se figurant lors plusieurs visions estranges. Quelquesfois les Daimons se font voir, mais leur forme ne dure guere. Ils se nourrissent les uns de vapeurs, les autres du sang des sacrifices, et tiennent du divin et de l'humain, comme natures moyennes, capables de bien et de mal selon leur inclination. Au surplus ils habitent en divers lieux, en l'air, és eaux, sur la terre et dans la terre; et selon leurs habitations et formes differentes ils ont aussi divers noms, et differents effects. Mais la pluspart n'est que feinte : sinon qu'on dit qu'en Nortvegue ils sont familiers et servent domestiquement. Entre les Daimons les sousterrains sont les plus grossiers et plus meschans, mais moins changeans de forme : les aërins sont meilleurs, mais aussi plus muables selon l'inconstance de leur demeure. Ceux des eaux sont bons et mauvais, appaisent la mer et l'excitent, sont bien souvent auteurs des naufrages. Les sousterrains renversent les villes, font les tremble-terres, sont aux minieres, où ils estouffent ceux qui en approchent. Et ceux-cy pour leur extreme froideur, quelquesfois entrent dans le corps des bestes, pour doucement se reschauffer et humecter. Les Daimons des montaignes et des bois sont follets et gaillards, et aiment à danser. Mais en general tous les Daimons craignent le feu, et plus l'espée. Car ils sont sensibles en leurs corps, quoy que l'incision n'en dure guere, et se reprenne aussi tost. Davantage ces esprits ne s'addressent gueres qu'aux personnes simples, qu'ils fascinent de persuasions et de promesses de leur faire faire merveilles, et contre la nature. Et neantmoins eux mesmes sont si sots, qu'ils craignent les sorciers, et sont esclaves de leurs menaces et de leurs charmes, jusqu'à se laisser emprisonner dans des miroirs et des anneaux. Que si quelquesfois ils entrent dans le corps de l'homme (ce qui paroist par une agitation et trouble d'esprit extraordinaire, et par la pluralité des langues que parle le possedé) il n'y a rien qui les contraigne et violente tant que l'exorcisme au nom de Dieu, devant lequel aussi il est raisonnable que toute créature flechisse et obeïsse. ».

Ne m'appellent ingrat et ne frappent ma teste
Pour mon peché commis, d'une juste tempeste.
  Mais quand je pense aprés que trop faible est mon dos
Pour porter aux François la charge de ton los,
Et qu'en lieu d'illustrer ta vertu apparente
Je l'eusse pu souiller de ma plume ignorante;
En ne m'accusant plus, j'excuse mes esprits
De n'avoir à bon droit si grand œuvre entrepris.
Car où est cestuy là qui puisse bien descrire
L'honneur et la vertu dont la France t'admire,
Les faveurs que les Roys et les Princes te font
Et le port non fardé qui se sied sur ton front?
Qui pourroit raconter de combien de louanges
Tu te veis honoré par les pays estranges,
Parcourant l'Italie et l'Angleterre, à fin
De te faire un Ulysse accort, prudent et fin?
Qui pourroit bien narrer ta divine eloquence,
Toute pleine de miel, qui a tant de puissance
Qu'elle ravist le cœur de l'homme, qui ne peut
Fuïr, qu'il ne la suive en la part qu'elle veut?
Mais qui pourroit conter de quelle poésie
Tu retiens des oyans l'ardente fantaisie,
Soit qu'en nombres latins il te plaise inventer
Je ne sçay quoy de grand, soit que fasses chanter
Homere en nostre rime et ramenes Ulysse
Veoir sa femme et son fils, son pere et sa nourrice,
Saulvé de Calypson, qui vouloit le tenir
Chez elle pour le faire immortel devenir,
Saulvé de Scylle, et Circe, et du borgne Cyclope,
Et des fiers Lestrigons abominable trope.
Bref qui pourroit compter ta grave humanité,
Ta douceur, ta candeur et ta benignité
Et de ton noble esprit les forces et les graces,
Dont à mon jugement les courtisans surpasses?
Car à la verité tu ne te veux vestir
D'habit dissimulé pour tromper ne mentir;
Tu es rond en besogne, et dans la court royale
Je n'ay veu (sans flatter) personne qui t'égale,

Excepté mon Odet et Charles mon seigneur
Qui doit par sa bonté sur tous avoir l'honneur.] (¹)
En ta faveur, mon Carle, il est temps que j'envoye
Ma Muse dedans l'air par une estroitte voye,
Laquelle des François aux vieux temps, ne fut pas
(Tant elle est incogneue) empreinte de leurs pas,
Afin d'estre promeue au mystere admirable
Des Daimons, pour t'en faire un present venerable.
L'argument est fort haut, mais un esprit ne peut
Trouver rien de fascheux si la Muse le veut.
   Quand l'Eternel bastit le grand palais du Monde,
Il peupla de poissons les abysmes de l'onde,
D'hommes la terre, et l'air de Daimons, et les cieux
D'Anges, à celle fin qu'il n'y eust point de lieux
Vuides en l'univers, et selon leurs natures
Qu'ils fussent tous remplis de propres creatures.
Il mit auprés de luy (car ainsy le voulut)
L'escadron précieux des Anges qu'il eslut
Pour citoyens du ciel, qui sans corps y demeurent,
Et francs de passions non plus que luy ne meurent ;
Esprits intelligens, divins, parfaits et purs,
Qui cognoissent les ans tant passez que futurs,
Et tout l'estat mondain, comme voyant les choses
De prés au sein de Dieu où elles sont encloses.
   Plus bas qu'eux, dedans l'air dessous la lune espars,
Air gros, espais, brouillé, qui est de toutes pars
Tousjours remply de vents, de foudres et d'orages,

---

1. De cette longue tirade, l'édition de 1573 ne conserve que les six premiers vers et les quatre derniers. Celle de 1584 les remplace par les suivants, qui subsistent dans les éditions posthumes :

> Carle, de qui l'esprit recherche l'univers,
> Pour gage d'amitié je te donne ces vers,
> Afin que ton Bordeaux, et ta large Garonne
> Flottant contre ses bords ta louange resonne,
> Et ton nom par la France autant puisse voler
> Que ce vers qui s'en-vole aux habitans de l'air.

Habitent les Daimons au milieu des nuages,
Ils vont par ci par là, ayant un corps leger,
L'un de feu, l'autre d'air, à fin de voyager
Aisément par le vague, et ne tomber en terre,
Et pesant quelque peu, à fin que leur corps n'erre
Trop haut jusques au ciel, abandonnant le lieu
Qui leur est destiné par le vouloir de Dieu.
Ne plus ne moins qu'on voit l'exercite des nues
En un temps pluvieux egalement pendues
D'un juste poids en l'air, marcher ainsi qu'il faut
Ny descendre trop bas, ny s'eslever trop haut;
Et tout ainsi qu'on voit qu'elles mesmes se forment
En cent divers pourtraits dont les vents les transforment,
En Centaures, serpens, oiseaux, hommes, poissons,
Et d'une forme en l'autre errent en cent façons;
Tout ainsi les Daimons, qui ont le corps habile,
Aisé, souple, dispost, à se muer facile,
Changent bien tost de forme, et leur corps agile est
Transformé tout soudain en tout ce qui leur plaist.
Ores en un tonneau grossement s'eslargissent,
Ores en peloton rondement se grossissent,
Ores en un chevron les voirriez allonger,
Ores mouvoir les pieds, et ores ne bouger.
Bien souvent on les voit se transformer en beste,
Tronquez par la moitié; l'une n'a que la teste,
L'autre n'a que les yeux, l'autre n'a que les bras,
Et l'autre que les pieds tous velus par à-bas.
   Les autres sont entiers, et à ceux qu'ils rencontrent,
En forme de serpens et de dragons se monstrent,
D'orfrayes, de chouans, de hupes, de corbeaux,
De boucs, de chiens, de chats, de loups et de taureaux,
Et prennent les couleurs à tels corps convenables,
Pour mieux représenter leurs feintes vraysemblables :
En la façon qu'on voit Iris se figurer
Des rayons du soleil, qui la vient peinturer
En cent couleurs, pourveu que l'opposée nue,
Où l'image se fait, soit concave et menue;
Autrement l'arc-en-ciel n'auroit impression.

Mais le Daimon la prend de sa propre action
Et de sa volonté, en la maniere mesme
Que soudain nostre joue en craignant devient blesme
De son propre vouloir, et toute rouge alors
Que la honte luy peint la peau par le dehors.
En ce poinct les Daimons masquez de vaines feintes
Donnent aux cœurs humains de merveilleuses craintes.
Car ainsi que l'air prend et reçoit alentour
Toute forme et couleur cependant qu'il est jour,
Puis les rebaille aux yeux qui de nature peuvent
En eux les recevoir, et qui propres se treuvent,
Tout ainsi les Daimons font leurs masqueures (¹) voir
A nostre fantaisie apte à les recevoir;
Puis nostre fantaisie à l'esprit les rapporte,
De la mesme façon et de la mesme sorte
Qu'elle les imagine en dormant ou veillant.
Et lors une frayeur va nos cœurs assaillant,
Le poil nous dresse au chef, et du front goute à goute
Jusqu'au bas des talons la sueur nous degoute.
 Si nous sommes au lict n'osons lever les bras,
Ny tant soit peu tourner le corps entre les draps;
Adonq nous est advis que nous voyons nos peres
Morts dedans un linceul, et nos defunctes meres
Parler à nous la nuict, et que voyons en l'eau
Quelqu'un de nos amis perir dans un bateau.
Il semble qu'un grand ours tout affamé nous mange,
Ou que seuls nous errons par un desert estrange
Au milieu des lyons, ou qu'au bois un volleur
Nous met pour nostre argent la dague dans le cœur.
Souvent à l'improuveue on les voit apparoistre,
Tellement qu'on les peut facilement cognoistre,
Comme Achille cogneut Minerve qui le print
Par le poil de la teste et son courroux retint;
Mais eux bien peu de temps de leur forme jouissent,
Et tout soudain en rien elles s'évanouissent,
Comme si de couleurs les ondes on teignoit,

1. Leurs prestiges, leurs illusions.

Ou si l'air et le vent de couleurs on peignoit;
Car leur corps n'est solide et apte de nature
A retenir long temps une prise figure.
 Les uns vivent en l'air de respirations,
Les autres plus grossiers d'evaporations,
A la façon de l'huistre; aussi le sacrifice
Du sang des animaux leur est doux et propice.
Ils sont participans de Dieu et des humains;
De Dieu comme immortels, des hommes comme pleins
De toutes passions; ils desirent, ils craignent,
Ils veulent concevoir, ils aiment et desdaignent;
Et n'ont rien propre à eux que le corps seulement
Faict d'air, corps non commun à Dieu totalement;
Car Dieu n'est qu'unité et qu'une simple essence,
Et les corps des humains de terre ont pris naissance. (a)
[Grande est certainement la contrariété
De ceux qui ont parlé de leur diversité.
Les uns, s'il est croyable, en leurs livres asseurent
Que les Anges des cieux autrefois les conceurent
Dans les ventres charnels de nos femmes, epris
De leur grande beauté, qui deceut leurs esprits :
Voyez quelle puissance a la beauté des femmes!
Lors Dieu, pour les punir de leurs vices infâmes,
Aux enfers les chassa, mais leurs fils innocens,
Qui coupables n'estoient du faict de leurs parens,
Tenant plus de la part du pere que de mere,
S'en volerent en l'air comme chose legere.
 Les autres ont pensé qu'aprés que Lucifer
Fust banny pour sa faute en l'abysme d'enfer,
Que les anges mutins qui ses compagnons furent,
Les uns en l'air, en l'eau et sur la terre cheurent,

---

a. Var. (1584) :

L'air compose leur corps, ains leur masque commun,
Dieu franc de la matiere (ouvriere d'un chacun
Qui respire icy bas) n'est qu'une simple essence;
D'un meslange agencé nos corps prennent naissance.

Et selon le forfaict de leurs commis pechez
Se veirent loing du ciel dans des corps attachez
Qui servent de prisons à leur coulpe ancienne,
Jusques à tant que Dieu juger le monde vienne.
 Ceux qui ont un corps d'air ont crainte de se veoir
Prendre un terrestre corps; les terrestres de cheoir
Là bas dans les enfers, où le feu les consomme
Pour leur punition, s'ils deçoivent un homme;
Car sans la peur qu'ils ont jamais ils ne feroient
Que nous tenter l'esprit et nous abuseroient.
 D'autres ont estimé qu'il n'y avoit planette
Qui n'en eust dessoubs elle une bande subjette,
Par qui sont les mortels icy bas gouvernez
Selon l'astre du ciel soubs lequel ils sont nez.
Ceux de Saturne font l'homme melancholique;
Ceux de Mars, bon guerrier; ceux de Vénus, lubrique;
Ceux de la Lune, prompt; caut, les Mercuriens;
Ceux du Soleil, aymé; heureux, les Joviens. [faire
L'un bon, l'autre est mauvais : le bon nous pousse à
Tout acte vertueux; le mauvais au contraire.] (¹)
 Or deux extremitez ne sont point sans milieu;
Les deux extremitez sont les hommes et Dieu;
Dieu qui est tout puissant de nature eternelle,
Les hommes impuissans de nature mortelle.
Des hommes et de Dieu les Daimons aérins
Sont communs en nature, habitans les confins
De la terre et du ciel, et dans l'air se delectent,
Et sont bons ou mauvais tout ainsi qu'ils s'affectent.
Les bons viennent de l'air jusques en ces bas lieux,
Pour nous faire sçavoir la volonté des Dieux,
Puis remportent à Dieu nos faits et nos prieres,
Et détachent du corps nos âmes prisonnieres
Pour les mener là-haut, à fin d'imaginer
Ce qui se doit sçavoir pour nous endoctriner.
Ils nous monstrent de nuict par songes admirables

---

1. Ce long et curieux passage disparaît à partir de l'édition de 1584.

De nos biens, de nos maux les signes veritables;
D'eux vient la prophetie, et l'art qui est obscur
De sçavoir par oiseaux augurer le futur.
Hannibal sceut par eux d'un de ses yeux la perte;
Tullin se vit par eux la perruque couverte
D'un feu presagieux; par eux l'aigle se mit
Sur le chef de Tarquin qui grand Roy le predit.
 Les mauvais au contraire apportent sur la terre
Pestes, fievres, langueurs, orages et tonnerre;
Ils font des bruits en l'air pour nous espouvanter,
Ils font aux yeux humains deux soleils presenter;
Ils font noircir la lune horriblement hideuse,
Et font pleurer le ciel d'une pluye saigneuse;
Bref, tout ce qui se fait en l'air de monstrueux
Et en terre çà bas, ne se fait que par eux.
 Les uns vont habitans les maisons ruinées, (¹)
Ou des grandes citez les places destournées
En quelque carrefour, et hurlent toute nuit
Accompagnez de chiens, d'un effroyable bruit.
Vous diriez que cent fers ils trainent par la rue,
Esclatant une voix en complaintes aiguë,
Qui réveillent les cœurs des hommes sommeillans,
Et donnent grand' frayeur à ceux qui sont veillans.
 Les autres sont nommez par divers noms, Incubes, (²)
Larves, Lares, Lemurs (³), Pénates (⁴) et Succubes,

---

1. Les Daimons terrestres, qui se retirent és vieilles masures, et chasteaux inhabitez, comme à Bissestre.
2. Comme les Duisiens de nos Gaulois remarquez par S. Augustin au l. 15. de la Cité, chap. 23. Daimons salaces et impudiques, *improbi mulieribus*, qui les courent et culbutent, se couchans sur elles. Servius les appelle *Inuos*, *ab ineundo passim cum omnibus animalibus*, et dit que ce sont Pans et Faunes.
3 et 4. Le Lemur, dit Apulée, est nostre Genie, apres que l'ame est separee du corps. Or de ces Lemurs, ceux qui sont pacifiques, et aimans leurs successeurs s'appellent Lares. Ceux qui ont mal vescu, errans et vagabons par la terre, sont Larves, qui font peur aux gens de bien, et du mal aux

Empouses, Lamiens (¹), qui ne vaguent pas tant
Que font les aërins; sans plus vont habitant
Autour de nos maisons, et de travers se couchent
Dessus nostre estomac, et nous tastent et touchent;
Ils remuent de nuit, bancs, tables et treteaux,
Clefs, huys, portes, buffets, lits, chaires, escabeaux,
Ou comptent nos tresors, ou jettent contre terre
Maintenant une espée, et maintenant un verre;
Toutefois au matin on ne voit rien cassé,
Ny meuble qui ne soit en sa place agencé.
 On dit qu'en Norouëgue ils se louent à gages, (²)
Et font comme valets des maisons les mesnages,

meschans. Et ceux de ces Lemurs que l'on ne sçait s'ils sont ou Lares ou Larves, sont appellez Manes, et reputez Dieux par honneur. — Les Pénates (*Penetrales dii,* Catull.) sont toutes sortes de Daimons familiers, comme gardiens des sepulchres domestiques.

1. Daimons fœminins; le Succube est contraire de l'Incube; l'Empouse, ἔμπουσα, un Daimon de nuict qui marche sur un pied. Les Lamiens, ou Lamies, sont moitié belles femmes, moitié serpens, *Lamiæ nudaverunt mammas,* Hieremie.

2. Dans tous les pays septentrionaux les plus avancez devers le pôle et proches de la mer Baltique, ces Daimons font merveilles; les uns qu'ils appellent Bonnasses sont parfaits palefreniers, les autres appellez Drolles servent en figure d'homme ou de femme, et se louent à faire promptement tout ce qu'il faut en la maison. Quelques-uns se rendent Daimons particuliers, appellez Tervilles, comme pouvoit estre l'Orthon du comte de Corasse en Bearn, dont parle Froissard, qui servoit à réveiller ceux qui dormoient, et à conter en un instant des nouvelles de tous les costez du monde; et apres avoir réveillé et conté tout à son maistre, se retiroit et le laissoit dormir. Mais par la Norouëgue et le Dannemarch se voyent visiblement les Danses des Daimons, qu'ils appellent Danses des Hellves. Le Loyer 4. chap. 11. Et Olaus Magnus, au livre des peuples septentrionaux en parle ainsi : *Hodie etiam in partibus Septemtrionalibus Dæmones se visibiles exhibent, et hominibus inserviunt, eorum jumenta et animalia ad pastum ducunt et reducunt, etc.*

Ils pansent les chevaux, ils vont tirer du vin,
Ils font cuire le rost, ils serancent le lin,
Ils filent la fusée, et les robbes nettoyent
Au lever de leur maistre, et les places baloyent.
 Or qui voudroit narrer les contes qu'on fait d'eux,
De tristes, de gaillards, d'horribles, de piteux,
On n'auroit jamais fait ; car homme ne se treuve
Qui tousjours n'en raconte une merveille neuve.
 Les autres moins terrains sont à part habitans
Torrens, fleuves, ruisseaux, les lacs et les estangs,
Les marais endormis et les fontaines vives,
Or paroissant sur l'eau et ores sur les rives. (a)
 Tant que les aërins ils n'ont d'affections,
Aussi leur corps ne prend tant de mutations;
Ils n'aiment qu'une forme, et volontiers icelle
Est du nombril en haut d'une jeune pucelle
Qui a les cheveux longs, et les yeux verts et beaux,
Contr'-imitans l'azur de leurs propres ruisseaux.
Pource ils se font nommer Naïades, Néréides,
Les filles de Tethys, les cinquante Phorcides,
Qui errent par la mer sur le dos des dauphins,
Bridans les esturgeons, les fouches, et les thyns,
Aucunefois vaguans tout au sommet des ondes,
Aucunefois au bas des abysmes profondes.
 Ils ne sont plus ne moins que les autres Daimons,
Les uns pernicieux, les autres doux et bons;
Ils font faire à la mer en un jour deux voyages,
Ils appaissent les flots, ils mouvent les orages,
Ils sauvent les bateaux, ou font contre un rocher
Perir quand il leur plaist la nef et le nocher.
 Neptune le Daimon voulut noyer Ulysse,
Leucothoé luy fut à son danger propice.
L'Egyptien Protée attaché d'un lien,
Par sa fille trahy, enseigna le moyen

a. Var. :

En forme de Sereine apparoissant aux rives.

Au chetif Menelas de retourner en Grece,
Qui tout desesperé se rongeoit de tristesse.
 Ils se changent souvent en grands flambeaux ardans (¹)
Esclairans sur les eaux, pour conduire dedans
Quelque pauvre passant trompé de leur lumiere,
Qui le meine noyer dedans l'onde meurdriere.
 Les uns ayans pitié des gens et des bateaux,
S'assisent sur le mast, comme deux feux jumeaux,
Et tirent la navire et les hommes de peine,
Nommez le feu Sainct Herme, ou les freres d'Heleine. (²)
 Les autres moins subtils, chargez d'un corps plus gras
Et plus materiel, habitent les lieux bas,
Et ne changent jamais de la forme qu'ils tiennent;
Car point d'affections de changer ne leur viennent,
Non plus qu'à la souris qui dans un trou se tient,
Et rien en souvenir que manger ne luy vient.
 Si sont-ils toutesfois de meschante nature;
Car si quelqu'un devale en un puits d'aventure,
Ou va par avarice aux minieres de fer,
D'or, de cuivre ou d'argent, ils viennent l'estoufer,
Et miserablement sans haleine le tuent.
 Aucunefois sous terre engloutissent et ruent
Les peupleuses citez et leurs murs trebuchans;
Ils font trembler la terre, ils crevassent les champs,

 1. Les Ardans font semblant de vouloir esclairer les passans en s'approchant d'eux, et poursuivans ceux qui les fuyent, et conduisans dans des eaux et precipices ceux qui les suivent. Au surplus ceste sorte de Daimon craint le sifflet, et se venge rudement de ceux qui le sifflent, s'ils ne gaignent au pied et ne s'enferment promptement le voyant venir. Tantost ils sont grands, tantost plus petits, voltigeans d'un costé et d'autre sur les rivieres. Quelques-uns croyent que ces Ardans procedent de causes naturelles, dans lesquelles bien souvent se mesle le Daimon. Voy. Bodin et Camerarius.
 2. Ces feux S. Herme ne paroissent qu'apres la tempeste passée. De là le Roy Louÿs XI appella feu Sainct Herme un Seigneur de sa Cour qui estoit venu apres la bataille.

Et d'une flamme ardente au profond du Tartare
Allument le mont d'Etne, et Vesuve, et Lipare.
 Aucunefois transis d'excessive froideur,
Laissent les lieux terrains pour chercher la chaleur,
Non celle du soleil, car elle est trop ardante,
Mais le sang temperé d'une beste vivante ;
Et entrent dans les porcs, dans les chiens, dans les loups,
Et les font sauteler sur l'herbe comme fouls.
 Les autres plus gaillards habitent les montaignes,
Les taillis, les forests, les vaux et les campaignes,
Les tertres et les monts, et souvent dans un bois
Ou dans le creux d'un roc, d'une douteuse vois
Annoncent le futur, non qu'au parfait cognues
Toutes choses leur soient ains que d'estre venues ;
Mais eux qui par long âge experimentez sont
Aux affaires du monde, et qui plus que nous ont
D'art, de vie et sçavoir, plus tost que nous advisent
(Nous qui mourons trop tost) le futur qu'ils predisent.
Toutefois la prudence et l'advis peut donner
Aux hommes craignans Dieu pouvoir de deviner.
 Les uns aucunefois se transforment en Fées,
En Dryades de bois, en Nymphes et Napées,
En Faunes, en Sylvains, en Satyres et Pans,
Qui ont le corps pelu marqueté comme Fans ;
Ils ont l'orteil de bouc, et d'un chevreul l'oreille,
La corne d'un chamois, et la face vermeille
Comme un rouge croissant, et dansent toute nuit
Dedans un carrefour, ou prés d'une eau qui bruit.
 Ils craignent tous du feu la lumiere tres-belle ;
Et pource Pythagore ordonna que sans elle
On ne priast les Dieux ; mais plus que les flambeaux
Ny que les vers charmez ils craignent les couteaux,
Et tremblent de frayeur s'ils voyent une espée,
De peur de ne sentir leur liaison coupée ;
Ce que souventefois j'ay de nuit esprouvé,
Et rien de si certain contre-eux je n'ay trouvé.
[Un soir vers la minuict, guidé de la jeunesse
Qui commande aux amants, j'allois veoir ma maistresse,

Tout seul, outre le Loir, et passant un destour
Joignant une grand' croix dedans un carrefour,
J'ouy, ce me sembloit, une aboyante chasse
De chiens qui me suivoit pas-à-pas à la trace;
Je vy auprés de moy, sur un grand cheval noir,
Un homme qui n'avoit que les os, à le voir,
Me tendant une main pour me monter en croupe.
J'advisay tout autour une effroyable troupe
De picqueurs qui couroient une Ombre, qui bienfort
Sembloit un usurier qui naguere estoit mort,
Que le peuple pensoit pour sa vie meschante
Estre puny là bas des mains de Rhadamante.
Une tremblante peur me courut par les os,
Bien que j'eusse vestu la maille sur le dos
Et pris tout ce que prend un amant, que la lune
Conduict tout seul de nuict pour chercher sa fortune,
Dague, espée et bouclier, et par sus tout un cœur
Qui naturellement n'est subject à la peur.
Si fussé-je estouffé d'une crainte pressée
Sans Dieu qui promptement me meit en la pensée
De tirer mon espée et de couper menu
L'air tout autour de moy avecques le fer nu;
Ce que je feis soudain, et si tost ils n'ouyrent
Siffler l'espée en l'air, que tous s'esvanouyrent,
Et plus ne les ouÿs ny bruire, ni marcher,
Craignant poureusement de se sentir hacher
Et tronçonner le corps; car bien qu'ils n'ayent veines,
Ny arteres, ny nerfs, comme nos chairs humaines,
Toutesfois comme nous ils ont un sentiment;
Car le nerf ne sent rien : c'est l'esprit seulement.] (¹)
  D'un poinct nous differons; quand le fer nous incise,
Nostre chair est long temps avant qu'estre reprise,
Des Daimons à l'instant, ainsi que qui fendroit
L'air, ou le vent, ou l'eau, qui tost se reprendroit.
Que diray-je plus d'eux? ils sont pleins de science,
Quant au reste, impudens, et pleins d'outrecuidance,

1. Ce curieux épisode est supprimé en 1584.

Sans aucun jugement; ils sont follets, menteurs,
Volages, inconstans, traistres et decepteurs,
Mutins, impatiens, qui jamais n'apparoissent
A ceux qui leur nature et leurs abus cognoissent.
  Mais s'ils sentent un homme abandonné d'espoir
Errer seul dans un bois, le viendront decevoir,
Ou tromperont les cœurs des simplettes bergeres
Qui gardent les brebis, et les feront sorcieres.
  Aussi tost qu'elles ont les cœurs deceus et pris
Par les illusions de ces meschans esprits,
Elles font de grands maux : ell' arrestent les nues,
Et les rivieres sont par elles retenues;
Elles tirent la lune, et les espics crestez
Sont par elles d'un champ en un autre arrestez,
Et par elles souvent la foudre est retardée.
Telles furent jadis Circé, Thrace, Medée,
Urgande (¹), Melusine (²), et mille dont le nom
Par effects merveilleux s'est acquis du renom.
Au reste ils sont si sots et si badins, qu'ils craignent
Les charmeurs dont les points et la voix les contraignent
A leur faire service, et les tiennent fermez
Ou dedans des mirouers, ou des anneaux charmez, (³)
Et n'en osent sortir enchantez d'un murmure,
Ou d'une voix barbare (⁴), ou de quelque figure.
  Aucunefois malins entrent dedans nos corps,
Et en nous tourmentant nous laissent presque morts,
Ou nous meuvent la fiévre, ou troublans nos courages

---

  1. Dans les Amadis.
  2. De la maison de Lusignan.
  3. Ce sont, dit Richelet, des anneaux figurez et gravez de quelque empreinte en forme de cachet, sous laquelle mesme le Daimon parle. Il ajoute : Comme des mandegloires; probablement des mains de gloire ou des mandragores. Le Dictionnaire de Trevoux explique la différence qu'il y a entre ces incantations.
  4. Incognue et polysyllabe, comme sont ces mots dans les Rustiques de Caton pour guarir une luxation, *daries, dardaries, Astataries, huat, hanat,* etc.

Font nos langues parler de dix mille langages.
Mais si quelqu'un les tance au nom du Tres-puissant,
Ils vont hurlant, criant, tremblant et fremissant,
Et forcez sont contraints d'abandonner la place,
Tant le sainct nom de Dieu leur est grande menace!
Auquel non seulement les anges ne sont pas
Flechissans les genoux, mais nous, et ceux d'embas,
Toute essence immortelle, et tout ce qu'on voit naistre,
Comme au nom du Seigneur de toute chose maistre.
 O Seigneur eternel, en qui seul gist ma foy,
Pour l'honneur de ton nom de grace donne-moy,
Donne-moy que jamais je ne trouve en ma voye
Ces paniques terreurs! mais, ô Seigneur! envoye
Loin de la chrestienté dans le païs des Turcs
Ces Larves, ces Daimons, ces Lares et Lemurs,
Ou sur le chef de ceux qui oseront mesdire
Des chansons que j'accorde à ma nouvelle lyre!
       (1560.)

Hymne VIII.

DU CIEL.

A JEAN DE MOREL,

Ambrunois, gentilhomme de la maison de la Royne Mere.

Commenté par N. RICHELET, *Parisien.* (1)

VERS HEROIQUES. (2)

Morel, qui dans le cœur divinement possédes
La troupe des vertus, qui font que tu ne cédes
A nul homme vivant ou soit en verité,
Soit en candeur de mœurs ou soit en equité,
Qui seul de nos François de mes vers pris la charge,
Couverts de ta faveur comme Ajax sous sa targe
Couvroit l'archer Teucer, que les Troyens pressoient
De traits qui sur le dos du bouclier se froissoient ;
Cependant qu'à loisir l'hymne je te façonne
Des Muses (3), prends en gré ce Ciel que je te donne,

---

1. Les Commentaires de Richelet sont dédiés à Nicolas de Verdun, chevalier, conseiller du Roy en ses conseils d'Estat et Privé, premier président en sa Cour de parlement.
2. L'hymne II, liv. I de Marulle, a fourni la matière de celui-ci.
3. Cet hymne des Muses ne paraît pas avoir été fait.

A toy digne de luy, comme l'ayant cognu
Longtemps avant que d'estre en la terre venu,
Et qui le recognois, si, aprés la naissance,
Quelque homme en eut jamais çà bas la cognoissance.
 O ciel net, pur et beau, haute maison de Dieu, (a)
Qui prestes en ton sein à toutes choses lieu,
Et qui roules si tost ta grand' boule esbranlée
Sur deux essieux fichez, que la vitesse ailée
Des aigles et des vents par l'air ne sçauroit pas
En volant égaler le moindre de tes pas;
Seulement le penser, de prompte hardiesse,
Comme venant de toy, égale ta vistesse!
O ciel viste et dispos, qui parfais ton grand tour
D'un pied jamais recreu, en l'espace d'un jour!
Ainçois d'un pied de fer qui sans cesse retourne
Au lieu duquel il part, et jamais ne sejourne,
Trainant tout avec soy, pour ne souffrir mourir
L'univers en paresse à faute de courir.
 L'esprit de l'Eternel, qui avance ta course
Espandu dedans toy comme une vive source
De tous costez t'anime, et donne mouvement,
Te faisant tournoyer en sphere rondement
Pour estre plus parfaict; car en la forme ronde

a. Var. du début dans les éditions posthumes :

Morel, à qui le ciel de luy-mesme se donne
Sans qu'un autre te l'offre, oy ma lyre qui sonne
Je ne sçai quoy de grand, joyau digne de toy,
Voire d'un cabinet pour l'ornement d'un Roy.
Tous les autres joyaux, tant soit riches, perissent,
Mais les miens, tant soit vieux, tousjours se rajeunissent;
La rouille ne le temps ne les enlaidit point.
Tu les as meritez comme celuy qui joint
La candeur aux mestiers des Muses bien peignées,
Que tu as dés enfance au bal accompagnées.
 O ciel rond et voûté, haute maison de Dieu,

Gist la perfection qui toute en soy abonde. (¹)
  De ton branle premier des autres tout divers
Tu tires au rebours les corps de l'univers,
Bandez en resistant contre ta violence,
Seuls à part demenans une seconde danse;
L'un deçà, l'autre là, comme ils sont agitez
Des discordans accords de leurs diversitez. (a)
Ainsi guidant premier si grande compagnie,
Tu fais une si douce et plaisante harmonie,
Que nos luts ne sont rien au prix des moindres sons
Qui resonnent là haut de diverses façons.
  D'un feu vif et subtil ta voûte est composée,
Non feu materiel, dont la flame exposée
Çà bas en nos fouyers, mangeroit affamé
De toutes les forests le branchage ramé;
Et pource tous les jours il faut qu'on le nourrisse
Le repaissant de bois, s'on ne veut qu'il perisse;
Mais celuy qui là haut en vigueur entretient
Toy et tes yeux d'Argus, de luy seul se soustient
Sans mendier secours; car sa vive estincelle
Sans aucun aliment se nourrit de par elle;
Vivante elle reluit comme fait le soleil,
Temperant l'univers d'un feu doux et pareil
A celuy qui habite en l'estomac de l'homme,
Qui tout le corps eschaufe et point ne le consomme.
  Oh! qu'à bon droit les Grecs t'ont nommé d'un beau
Qui te contemplera ne trouvera sinon   [nom! (²)

a. Var. :

Des mouvemens reiglez de leurs diversitez.

1. Ailleurs nostre Autheur, parlant du sein de sa Cassandre :

        Le Ciel n'est dit parfait pour sa grandeur,
        Luy et ce sein le sont pour leur rondeur,
        Car le parfait consiste en choses rondes.

2. Et les Latins pareillement, et quasi apres eux tous les

En toy qu'un ornement, et qu'une beauté pure,
Qu'un compas bien reglé, qu'une juste mesure;
Et bref, qu'un rond parfait, dont l'immense grandeur,
Hauteur, largeur, biais, travers et profondeur
Nous monstrent en voyant un si bel edifice,
Combien l'esprit de Dieu est remply d'artifice,
Et subtil artisan, qui te bastit de rien,
Et t'accomplit si beau; pour nous monstrer combien
Grande est sa Majesté, qui hautaine demande
Pour son palais royal une maison si grande.
  Or ce Dieu tout puissant, tant il est bon et doux,
S'est fait le citoyen du monde comme nous,
Et n'a tant desdaigné nostre humaine nature
Qu'il ait outre les bords de ta large closture
Autre maison bastie, ains s'est logé chez-toy,
Chez-toy, franc de soucis, de peines et d'esmoy,
Qui vont couvrant le front des terres habitables,
Des terres la maison des humains miserables;
[Comme le bon bourgeois habite en sa cité,
Un Roy dans son palais, son sejour limité,
Sans demeurer ailleurs, de peur qu'une querelle
Civile ne troublast sa maison paternelle,
Et pour servir aux loix, d'œil, d'ame et de support.
  Quand le Prince est absent tousjours le droict a tort;
L'équité, la justice, ont perdu leur puissance,
Qui fleurissent en paix par sa seule presence.] (¹)
  Si celuy qui comprend doit emporter le prix
Et l'honneur sur celuy qui plus bas est compris,
Tu dois avoir l'honneur sur ceste masse toute,
Qui tout seul la comprens dessous ta large voûte,
Et en son ordre à part limites un chacun;
Toy, qui n'as ton pareil, et ne sembles qu'à un,

peuples, *quem κόσμον Græci, nomine ornamenti, appellaverunt, eum nos à perfecta absolutaque elegantia, Mundum.* Pline.

1. Ces huit vers ne se trouvent que dans les éditions posthumes.

Qu'à toy, qui es ton moule, et l'antique modelle
Sur qui Dieu patrona son idée eternelle. (a)
Tu n'as en ta grandeur commencement ne bout,
Tu es tout dedans toy, de toutes choses tout,
Non contraint, infini, fait d'un fini espace,
Dont le sein large et creux toutes choses embrasse,
Sans rien laisser dehors; et pource c'est erreur,
C'est péché contre toy, c'est extreme fureur
De penser qu'il y ait des mondes hors du monde.
Tu prens tout, tu tiens tout dessous ton arche ronde,
D'un merveilleux circuit la terre couronnant,
Et la grand' mer qui vient la terre environnant,
L'air espars et le feu; et bref on ne voit chose
Ou qui ne soit à toy, ou dedans toy enclose,
Et de quelque costé que nous tournions les yeux,
Nous avons pour object la grand' borne des cieux.
[Tes murs sont de crystal et de glace espoissie,
Des rayons du soleil fermement endurcie,
Où tes feux sont clouez, ainçois tes grands flambeaux,
Qui rendent tes palais plus sereins et plus beaux.
Du grand et large tour de ta celeste voûte
Une âme, une vertu, une vigueur degoute
Tousjours dessur la terre, en l'air et dans la mer,
Pour fertiles les rendre et les faire germer;
Car sans ta douce humeur qui distile sans cesse,
La terre par le temps deviendroit en vieillesse.
Mais arrosant d'en haut sa face tous les jours,
Jamais ne s'envieillit non plus que fait ton cours.] (¹)
    Tu mets les Dieux au joug d'Anangé (²) la fatale,

  a. Var. (1584):

Qu'à toy, qui es ton moule et la seule modelle
De toy-mesme tout rond, comme chose eternelle.

  1. Ces douze vers ne se trouvent que dans les éditions posthumes.
  2. Ἀνάγκη, la Nécessité.

Tu depars à chacun sa semence natale,
La nature en ton sein ses ouvrages respand;
Tu es premier chaisnon de la chaisne qui pend. (¹)
 Toy, comme second pere, en abondance enfantes
Les siecles; et des ans les suites renaissantes,
Les mois et les saisons, les heures et les jours
Ainsi que jouvenceaux jeunissent de ton cours;
Frayant sans nul repos une orniere eternelle,
Qui tousjours se retrace et se refraye en elle.
Bref, voyant tes effects en doute suis de toy
Si je te dois nommer meilleur Pere que Roy. (a)
 Sois Saint de quelque nom que tu voudras, ô Pere,
A qui de l'univers la nature obtempere,
Aimantin, varié, azuré, tournoyant,
Fils de Saturne, Roy, tout oyant, tout voyant,
Ciel grand palais de Dieu, exauce ma priere :
Quand la mort desli'ra mon âme prisonniere,
Et celle de Morel, hors de ce corps humain,
Daigne-les recevoir, benin, dedans ton sein
Aprés mille travaux; et vueilles de ta grace
Chez-toy les reloger en leur premiere place.

a. Var. (1584) :

Bref, te voyant si beau, je ne sçaurois penser
Que quatre ou cinq mille ans te puissent commencer.

1. De cette suitte eternelle des choses qui se perpetuent par les influences du Ciel icy-bas.

HYMNE IX.

DU ROY HENRY III

Roy de France,

POUR LA VICTOIRE DE MONTCONTOUR (1).

Tel qu'un petit aigle sort
  Fier et fort
De dessous l'aile à sa mere,
Et d'ongles crochus et longs
  Aux dragons
Fait guerre sortant de l'aire ;

Tel qu'un jeune lyonneau
  Tout nouveau
Quittant caverne et boccage,
Pour premier combat assaut
  D'un cœur haut
Quelque grand taureau sauvage ;

Tel, aux despens de vos dos,
  Huguenos,
Sentistes ce jeune Prince,

---

1. C'est en partie une imitation d'Horace, liv. IV, ode IV. Henri III avait appris cette pièce par cœur ; c'est elle que le poète désigne (t. III, p. 277) dans ces deux vers de son Bocage Royal :

Œuvre si agréable à vous, Prince vainqueur,
Que vous louastes l'hymne et l'appristes par cœur.

Fils de Roy, frere de Roy,
    Dont la foy
Merite une autre province.

A peine sur son menton
    Un cotton
De soye se laisse espandre;
Jeune, en trompant le trompeur,
    S'est sans peur
Monstré digne d'Alexandre.

Il a, guidant ses guerriers,
    De lauriers
Orné son front et sa bande;
Et capitaine parfait,
    Sa main fait
Ce qu'aux autres il commande.

Il a trenché le lien
    Gordien
Pour nos bonnes destinées;
Il a coupé le licol
    Qui au col
Nous pendoit dés huit années.

Il a d'un glaive trenchant
    Au meschant
Coupé la force et l'audace;
Il a des ennemis morts
    Les grands corps
Fait tomber dessus la place.

Ils ont esté combatus,
    Abbatus,
Terrassez dessus la poudre,
Comme chesnes esbranchez
    Trebuchez
Dessous l'esclat d'une foudre.

De sang gisent tous couvers
    A l'envers,
Tesmoins de sa main vaillante;
Ils ont esté foudroyez,
    Poudroyez
Sur les bords de la Charante.

Charante qui prend son nom
    D'Acheron,
Leur sert de port et de guide,
Les passant comme en bateau
    Par son eau
Au rivage Acherontide.

Ils sont trebuchez à bas,
    Le repas
Des mastins, sans sepulture,
Et sans honneur de tombeaux;
    Les corbeaux
De leur chair font leur pasture.

Ny le trenchant coutelas,
    Ny le bras,
Ny force à la guerre adextre
Ne sert de rien à la fin
    Au plus fin,
Quand il se prend à son maistre.

Du fort pere vient l'enfant
    Triomphant;
Le cheval ensuit sa race;
Le chien qui de bon sang part,
    Va gaillard
De luy-mesmes à la chasse.

Ainsi Pyrrhe Achillien
    Du Troyen
Coupa la guerre ancienne,

Ruant en l'âge où tu es
    Les feux grecs
Dedans la ville Troyenne.

Ainsi, Prince valeureux
    Et heureux,
Tu mets fin à nostre guerre
Qui depuis huit ans passez,
    Oppressez
Nous tenoit les cœurs en serre.

Ce que les vieux n'avoient sceu,
    Tu l'as peu
Parachever en une heure;
Aussi, Prince de bon-heur,
    Tout l'honneur
Sans compagnon t'en demeure.

A Dieu graces nous rendons,
    Et fendons
L'air sous l'hymne de Victoire,
Poussant gaillards et joyeux
    Jusqu'aux cieux,
Ton nom, tes faits et ta gloire.

Et soit au premier réveil
    Du soleil,
Soit qu'en la mer il s'abaisse,
Tousjours nous chantons Henry
    Favori
De Mars et de la jeunesse.

(1573.)

HYMNE X.

DES ESTOILLES.

AU SIEUR DE PIBRAC. (1)

O Des Muses la plus faconde,
Ma Calliope, conte-moy
L'influs des astres, et pourquoy
Tant de fortunes sont au monde.
    Discourant mille fois
    Ensemble par les bois,
    Esmerveillez nous sommes
    Des flambeaux de la nuit,
    Et du change qui suit
    La nature des hommes.

Chante-moy du ciel la puissance,
Et des estoilles la valeur,
D'où le bon-heur et le mal-heur
Vient aux mortels dés la naissance.
    Soit qu'il faille deslors
    Regarder que nos corps
    Des mottes animées
    Et des arbres crevez
    Nasquirent eslevez
    Comme plantes semées;

---

1. Le Commentaire de N. Richelet, Parisien, dans l'édition in-fol. de 1623, est dédié à M. Maillet, avocat au Parlement. La pièce est imitée de Marulle. Elle a été publiée pour la première fois à Paris chez Gab. Buon, 1575, in-4°.

Soit qu'on regarde au long espace
De tant de siecles empennez,
Qui legers de pied retournez
Se suivent d'une mesme trace ;
   On cognoistra que tout
   Prend son estre et son bout
   Des celestes chandelles ;
   Que le soleil ne voit
   Rien çà-bas qui ne soit
   En servage sous elles.

De là, les semences des fleuves
Sortent et r'entrent dans la mer ;
De là, les terres font germer
Tous les ans tant de moissons neuves ;
   De là, naissent les fleurs,
   Les glaces, les chaleurs,
   Les pluyes printanieres ;
   De là, faut que chacun
   Souffre l'arrest commun
   Des Parques filandieres.

En vain l'homme de sa priere
Vous tourmente soir et matin ;
Il est trainé par son destin,
Comme est un flot de la riviere ;
   Ou comme est le tronçon
   D'un roc, ou d'un glaçon
   Qui roule à la traverse,
   Ou comme un tronc froissé
   Que le vent courroussé
   Culbute à la renverse.

Bref, les humaines créatures
Sont de Fortune le jouet ;
Dans le retour de son rouet
Va dévidant nos avantures.
   Le sage seulement

Aura commandement
Sur vostre espesse bande,
Et sur vous aura lieu
L'homme sainct qui craint Dieu :
Car Dieu seul vous commande.

Nostre esprit, une flame agile
Qui vient de Dieu, dépend de soy ;
Aux corps vous donnez vostre loy,
Comme un potier à son argile.
 Du corps le jour dernier
 Ne differe au premier,
 C'est une chaisne estrainte.
 Ce qui m'est ordonné
 Au poinct que je fu né,
 Je le suy par contrainte.

L'un meurt au mestier de la guerre
Noircy d'un poudreux tourbillon,
L'autre pousse d'un aiguillon
Les bœufs au travail de sa terre.
 L'un vit contre son gré
 Pressé d'un bas degré,
 Qui tend à chose haute ;
 Le mal est defendu,
 L'innocent est pendu,
 Qui ne fit jamais faute.

Telle est du ciel la loy certaine
Qu'il faut souffrir et non forcer :
Le bon soldat ne doit passer
Le vouloir de son capitaine.
 L'un perd dés le berceau
 L'usage du cerveau,
 Avorton inutile ;
 L'autre, de vent repeu,
 Devient le boute-feu
 D'une guerre civile.

L'un de la mer court les orages
Enfermant sa vie en du bois ;
L'autre pressant le cerf d'abois,
Devient satyre des bocages.
   L'un sans peur de méchef,
   Bat d'un superbe chef
   Le cercle de la lune,
   Qui tombe outrecuidé,
   Pour n'avoir bien guidé
   Les brides de fortune.

L'un valet de sa panse pleine,
Pourceau d'Epicure ocieux,
Mange en un jour de ses ayeux
Les biens acquis à grande peine.
   Ce guerrier qui tantost
   Terre et mer d'un grand ost
   Couvroit de tant de voiles,
   Court de teste et de nom,
   Pendille à Mont-faucon :
   Ainsi vous plaist, Estoiles ! (1)

Et toutefois loin des miseres
Qu'aux mortels vous versez icy,
Vous mocquez de nostre soucy,
Tournant vos courses ordinaires ;
   Et n'avez peur de rien,
   Tant que le fort lien
   De la saincte nature
   Tient ce monde arresté,
   Et que la majesté
   Du grand Jupiter dure.

---

1. Gaspar de Colligny, admiral de France. Ainsi Properce parle d'Antoine, sans le nommer :

   Cerne ducem modò qui fremitu complevit inani
      Actia damnatis æquora militibus.

Du ciel les ministres vous estes,
Et agreable n'avez pas
Qu'un autre face rien çà bas
Ny là haut, si vous ne le faites.
    Astres qui tout voyez,
    Ou soit que vous soyez
    Des bosses allumées,
    Ou des testes de cloux
    Ardantes de feu roux
    Dans le ciel enfermées;

Je vous salue, heureuses flames,
Estoilles, filles de la Nuit,
Et ce destin qui nous conduit,
Que vous pendistes à nos trames!
    Tandis que tous les jours
    Vous devidez vos cours
    D'une danse etherée;
    Endurant je vivray,
    Et la chance suivray
    Que vous m'avez livrée.

Gardez des François la colonne, ([1])
Sous qui renaist l'antique foy;
Gardez sa Mere, et ce grand Roy,
Esleu par vous en la Poulonne; ([2])
    Et faites que Pibrac, ([3])
    Qui a suivi le trac
    De la douce Hippocrene,
    Des peuples Poulonnois
    Bien-tost aux champs François
    En santé s'en revienne.

1. Charles IX.
2. Henry III, que les Poulonnois desirerent avoir pour leur Roy.
3. Guy du Faur, sieur de Pibrac, personnage excellent, né à Thoulouse. Voyez sa vie descrite par Paschal, et l'Eloge de Scevole de Saintemarthe.

Pibrac de la belle Garonne
Le docte eloquent nourrisson,
Dont au ciel vole la chanson
Quand il nous chante sa Bocconne. (¹)
 Gardez Le Gast aussi,
 Des Muses le souci,
 De Mars et de Cyprine,
 Et faites que le dard
 Du Scythique soldard
 N'entame sa poitrine.

(1575.)

1. Forest du Roy, proche d'une des maisons du sieur de Pibrac, comme j'ay appris de Monsieur de Pibrac son fils, maistre des requestes.

FIN DU PREMIER LIVRE DES HYMNES.

LE SECOND LIVRE

DES HYMNES

DE

P. DE RONSARD.

LE SECOND LIVRE
DES HYMNES
DE
P. DE RONSARD.

HYMNE PREMIER.

DE LA PHILOSOPHIE (1).

A TRES ILLUSTRE ET REVERENDISSIME

ODET DE COLLIGNI,

Cardinal de Chastillon.

Si quelquefois Cleio m'a decouvert
Son cabinet à peu de gens ouvert, (a)
Pour y choisir un present d'excellence,
Present qui fust la digne recompense
D'avoir servi la troupe de ses sœurs
Depuis vingt ans par cent mille labeurs;

a. Var. (1584) :

Si Calliope autresfois de son gré
M'a fait ouvrir son cabinet sacré,

1. Cet hymne a été commenté par Nicolas Richelet, Parisien.

C'est maintenant que je doy de mon coffre
Le retirer pour en faire un bel offre
A la grandeur d'Odet à qui ne faut
Rien presenter si le present n'est haut,
De bonne estoffe, et de valeur semblable
A la valeur de sa vertu louable. (a)
 Aussi ne veux-je offrir à sa grandeur
Un don qui soit de petite valeur,
Mais un present admirable à l'envie,
Orné du los de la philosophie,
Laquelle doit entre les bons esprits
Sur tous les arts avoir le premier prix,
D'autant que c'est la science premiere
De qui toute autre emprunte sa lumiere.
 Elle voyant qu'à l'homme estoit nié
D'aller au ciel, disposte a deslié
Loin hors du corps nostre âme emprisonnée,
Et par esprit aux astres l'a menée ;
Car en dressant de nostre âme les yeux,
Haute s'attache aux merveilles des cieux,
Vaguant par tout, et sans estre lassée
Tout l'univers discourt en sa pensée,
Et seule osant des astres s'allier,
Peut du grand Dieu la nature espier.
 Elle cognoist des anges les essences,
La hierarchie et toutes les puissances
De ces Daimons qui habitent le lieu
De l'air, qui est des hommes et de Dieu
Egal distant, et comme tous les songes
Se font par eux vrais ou pleins de mensonges.
Seule elle sçait les bons et les mauvais,
Leurs qualitez, leur forme et leurs effets,
Et leur mystere, et ce qu'on leur doit faire
Pour les fascher, ou bien pour leur complaire ;

a. Var. :

A la vertu qui le rend admirable.

Et pour quoy c'est qu'ils sont tant desireux
De la matiere, et couards et peureux,
Craignant le coup d'une trenchante espée ;
Et par quel art leur nature est trompée
Des Enchanteurs, qui les tiennent serrez
Estroitement dans des anneaux ferrez,
Ensorcelez, ou par une figure,
Ou par le bruit d'un magique murmure,
D'esprits divins se rendans serviteurs
(Tant ils sont sots) des humains enchanteurs.
   Non seulement elle entend les pratiques
Et les vertus des sept feux erratiques,
Mais d'un clin d'œil, habile, elle comprend
Tout à la fois le ciel, tant soit-il grand.
Et comme on voit la sorciere importune
Tirer du ciel par ses charmes la lune,
Elle sans plus la lune ou le soleil
N'attire à bas par son art nompareil,
Mais tout le ciel fait devaler en terre,
Et sa grandeur en une sphere enserre
(Miracle grand) qui tant d'astres contraints
Comme un jouet nous met entre les mains.
   Donc à bon droit ceste philosophie
D'un Jupiter les menaces desfie,
Qui plein d'orgueil se vante que les Dieux
Ne le sçauroient à bas tirer des cieux,
Tirassent-ils d'une main conjurée
Le bout pendant de la chaisne ferrée,
Et que luy seul, quand bon luy semblera,
Tous de sa chaisne au ciel les tirera. (¹)
Mais les efforts d'une telle science
Tirent les Dieux, et la mesme puissance
De Jupiter, et comme tous charmez
Dedans du bois les detient enfermez.
   Elle premiere a trouvé l'ouverture

---

1. Ce mythe d'une chaîne de fer à laquelle Jupiter tient le monde suspendu se trouve au huitième livre de *l'Iliade*.

Par long travail des secrets de nature ;
A sceu dequoy les tonnerres se font,
Pourquoy la lune a maintenant le front
Mousse, ou cornu, et pourquoy toute ronde
Ou demi-ronde elle apparoist au monde ;
A sceu pourquoy le soleil perd couleur,
Que c'est qu'il est, ou lumiere ou chaleur ;
  A sceu comment tout le firmament dance,
Et comme Dieu le guide à la cadance ;
A sceu les corps de ce grand univers,
Qui vont dansant de droit ou de travers,
Ceux qui vont tost au son de l'harmonie,
Ceux qui vont tard aprés leur compagnie,
Comme Saturne aggravé de trop d'ans,
Qui suit le bal à pas mornes et lens. (¹)
  Elle cognoist comme se fait la gresle,
Comme se fait la neige et la nielle,
Les tourbillons, et curieuse sçait
Comme sous nous le tremblement se fait ;
Bref, elle sçait les vents et les orages,
Et d'où se font en l'air ces longs images
Qui nous troubloient d'espouvantemens vains,
Et la premiere asseura les humains,
Les guarissant du mal de l'ignorance,
Des hauts secrets leur donnant cognoissance,
Pour les apprendre à cognoistre le bien,
Fuïr le vice, et ne douter de rien.
  Puis tout ainsi que s'elle avoit les ailes
Du fils de Maie à l'entour des aisselles,
Vole aux enfers et recognoist là bas
Ce qui est vray et ce qui ne l'est pas,
[Elle cognoist Eaque et Rhadamante,
Leur sort, leur urne et leur loy violente,
Elle cognoist la roue et les vautours
Et du rocher les tours et les retours,

---

1. La planète de Saturne était alors la plus lointaine qui eût été découverte.

Elle cognoist le grand chien à trois testes
Et les fureurs et les horribles bestes
Qui font leur giste au portal de Pluton;
Elle cognoist Cocyte et Phlegeton,
Styx et Charon et des âmes prisées
Les beaux sejours aux plaines Élysées,
Et les plaisirs et les tourments soufferts
Que gravement les juges des enfers
Dedans leur chaire ordonnent sans envie
A ceux jadis qui furent bons de vie
Ou entachez de vicieux defaut.
  Puis de là bas revolant icy haut,] (a)
Vient mesurer les grand's mers fluctueuses,
Baille des noms aux troupes monstrueuses
Du vieil Protée, et par mille façons
Le naturel recognoist des poissons,
[Des beaux dauphins, des thyns et des murenes,
Et de tous ceux qui par les eaux Thyrrenes
Et par l'Egée en grands escadrons vont
Des flots salez sondant le plus profond.
Elle cognoist les tritons et Neptune
Et pourquoi c'est que l'inconstante lune
Regit la mer; elle sçait les saisons
De son train double et par quelles raisons
De l'univers les grands esprits qui ventent,
Jusques au fond sans cesse la tourmentent;]
Et pourquoy c'est que le siecle ancian
Nomma vieillard le bon pere Ocean
Germe de tout, et non seulement pere,
Mais nourricier, et donnant comme mere
A ses enfans ses mammelles, à fin

---

a. Var. (Édit. posth.), en place des 16 vers entre crochets.

Pour delivrer de frayeur et de crainte
Nos cœurs gennez d'une frivole feinte.
  Puis de là bas revolant icy haut
Pleine d'ardeur, sans qui l'art rien ne vaut,

Que sans honneur ce grand tout ne prit fin ;
Car il nourrit les troupes ondoyantes,
Et les oiseaux qui de plumes pendantes
Battent le ciel, les pauvres et les Rois,
Et toute beste habitant dans les bois.
 Et d'avantage, à fin qu'il n'y ait chose
Qu'elle ne sçache en tout ce monde enclose,
La terre arpente, et du rivage ardent,
De l'Orient jusques à l'Occident,
Et de la part de l'Ourse boreale
Sçait la longueur, la largeur, l'intervalle ;
Il n'y a bois, mont, fleuve ne cité,
Qu'en un papier elle n'ait limité ;
Et sans que l'homme en cent navires erre
Vingt ou trente ans, ne luy monstre la terre
D'un seul regard ; ceux qui touchent nos bords,
Et ceux qui froids sont écartez du corps
De nostre monde, et les gens qui defrichent
L'isle où les blés deux fois l'an se herissent
D'espics crestez, et ceux que le soleil
Voit se couchant et voit à son réveil. (*a*)
 Puis elle vint revisiter les villes,
Et leur donna des polices civiles,
Pour les regir par statuts et par lois ;
Car pour neant on eust quitté les bois

---

a. Var. (Édit. posth.) :

. . . . . . *et la gent blanche et noire,*
Et tout cela que la fableuse histoire
De l'Amerique (¹) *escrit de nostre temps,*
De l'Espagnol les tresors plus contens.

1. Quatriesme partie de la Terre, incogneue à tous les anciens, ou plustost un nouveau Monde, descouvert premierement par Americ Vespuce. R.
Le nom de Colomb n'était pas encore vengé d'un injuste dédain, comme le prouve la note du commentateur. P. B.

Et les deserts, où le peuple sauvage
Vivoit de glan, si l'on eust d'avantage
Qu'entre les bois, trouvé dans les citez
Plus de pechez et plus d'iniquitez;
Et si la Loy, pedagogue du vice,
N'eust fait regner Themis et la Justice,
Que Jupiter au pouvoir indonté
Prés de son throsne assied à son costé.
 Que diray plus? ô tres-sainte et tres-grande
Fille du ciel, dont la vertu commande
A tous mestiers; le poëte te doit,
Le medecin, et le nocher qui voit
De son timon les estoilles glissantes,
Et le charmeur ses figures puissantes.
Car toute en tout tu as voulu trouver
Tout art à fin de le faire esprouver,
Pour ne souffrir qu'un trop engourdy somme
Sans faire rien rouillast l'esprit de l'homme.
[Aprés avoir d'un jugement divers
En tous endroits pratiqué l'univers
Et clairement aux hommes fait entendre
Ce qu'ils pouvoient, sans estre Dieux, comprendre,
Pour mieux se faire avec peine chercher
S'alla loger sur le haut d'un rocher.
 Dans une plaine est une haute roche
D'où nul vivant sans grand travail n'approche;
Car le sentier en est fascheux et droit,
Dur, rabotteux, espineux et estroit.
Tout à l'entour s'y asproye l'ortie,
Et le chardon, et la ronce sortie
D'entre les rocs, et les halliers mordans
Qui font saigner les mains des abordans.
 Au bas du roc est un creux precipice,
Qui fait horreur à l'homme plein de vice
Qui veut monter avant qu'estre purgé
De son peché dont il estoit chargé.
Tout au plus haut ceste roche deserte
Et d'amaranthe et de roses couverte,

D'œillets, de lys, et tousjours les ruisseaux,
Herbes et fleurs animent de leurs eaux.
Jamais l'orage et la fiere tempeste
En s'esclatant ne luy noircist la teste;
Mais le soleil gracieux en tout temps
Y fait germer les boutons du printemps.
 Là sur le roc ceste Philosophie
Pour tout jamais son palais edifie
A murs d'airain, loing des ennuis mondains
Et des soucis dont les hommes sont pleins
Qui, comme porcs, vivent dedans la fange,
Peu curieux d'immortelle louange.
 Là font la garde autour de la maison
Ainsi qu'archers, Jugement et Raison,
Et la Sueur qui se tient à la porte
Et dans ses mains une couronne porte
De verd laurier, pour le digne loyer
De qui se veut aux vertus employer.
Là sans repos la Verité travaille
Et bien armée à toute heure bataille
Contre ignorance et contre vanité,
Contre paresse et contre volupté,
Pour leur defendre obstinement l'approche
Et le moyen de monter sur la roche.
 Au bas du roc un long peuple se suit,
Comme les flots, enrouez d'un grand bruit,
Qui de la main font signe et de la teste
Vouloir monter dispostement au faiste
Du roc fascheux, et bien semble à les veoir
Que de monter ils feront leur devoir.
Les uns ne sont qu'acheminez à peine,
Les autres sont au milieu de la plaine,
Les uns desja sont au pied du rocher,
Les autres sont ja voisins d'approcher
Du haut sommet, mais quand leur main est preste
De le toucher, une horrible tempeste
D'ambition, d'envie et de plaisirs,
De voluptez et de mondains desirs

Les font brocher d'une longue traverse
Cul par sus teste à bas à la renverse
Dans un torrent; car certes il ne faut
Penser gravir legerement en haut
Où la Vertu en son temple repose,
Sans decharger son cœur de toute chose
Qui soit mondaine, ainsi que tu as faict,
Divin Prelat, qui t'es rendu parfaict
Pour estre mis au plus haut de son temple,
D'où maintenant asseuré tu contemple
D'un œil constant les longues passions
Du mauvais peuple et les conditions
De son estat; car bien qu'il soit en vie
Il souffre autant icy de tyrannie
Que font là bas de peine et de tourment
Les morts punis du cruel Rhadamant.
 Qu'est-ce le roc promené de Sisyphe
Et les poulmons empictez de la griffe
Du grand vautour? et qu'est-ce le rocher
Qui fait semblant de vouloir trebucher
Sur Phlegias? et la roue meurdriere?
Et de Tantal la soif en la riviere?
Si non le soing qui jamais ne s'enfuit
De nostre cœur, et qui de jour et nuict
Comme un vautour l'egratigne et le blesse,
Pour amasser une breve richesse,
Ou pour avoir, par un mauvais bonheur,
Entre les Roys je ne sçay quel honneur,
Ou par l'orgueil de se faire apparoistre
Entre le peuple et d'estre nommé maistre?
Mais toy qui as hors de ton cœur bien loing
Tousjours chassé ce miserable soing,
Tu as gaigné le hault de la montaigne,
D'où ta pitié maintenant nous enseigne
Ainsi que toy d'ensuivre la vertu,
Non par le trac du grand chemin battu
Du peuple sot, ains par l'estroite voye
Qui l'homme sage à la vertu convoye.

Mais sçauroit-on en ce monde trouver
Homme qui fust plus digne d'eslever
Sa face au temple où la Vertu demeure,
Que toy, Prelat, qui combats à toute heure
Contre le vice, et sage ne veux pas
Estre trompé de ses flatteurs appas.
Toy, mon Prelat, qui as l'intelligence
De la vertu par longue experience,
Voire qui dois, à bon droit, recevoir
Sur tous sçavans le prix pour ton sçavoir,
Qui te cognois, et qui roy te commandes,
Qui as le cœur digne des choses grandes,
Prompt à sçavoir la nature esplucher
Et jusqu'au ciel la verité chercher;
Qui es accort, toutefois debonnaire,
Ayant pitié de la triste misere
D'un affligé; car si quelqu'un accourt
A ton secours, au prochaz de la court
Tu le reçois d'une main favorable
Et luy defens de n'estre miserable;
Et sans tromper (ainsi qu'un courtizan)
A tes talons tu ne les pends un an,
Mais tout soudain, quand l'heure est opportune,
Tu fais sçavoir aux Princes sa fortune.
 C'est pour cela que tu es en tout lieu
Aymé du Roy, de son peuple et de Dieu,
Et que Vertu, qui tes bonnes mœurs prise,
Dedans son temple a ton image assise,
Pour voir d'en haut en toute seureté
Le mechant peuple aux vices arresté,
Qui tout aveugle et d'yeux et de courage
Se va noyant dans le mondain naufrage.
Ainsy que faict cestuy-là qui, du port,
Voit enfoncer en mer bien loing du bord
Quelque navire; il se rejouit d'aise,
Non pour autant que la vague mauvaise
L'a fait perir, mais pour autant qu'il est
Loing du danger qui de la nef est prest.

Ainsy voyant de la roche plus haute
Le peuple en bas, aveuglé de sa faute,
Tu t'esjouis, d'autant que tu n'es pas
Le compagnon de ses vices à bas.] (¹)
  Je te salue, ô grand' Philosophie!
Quiconque soit cestuy-là qui se fie
En tes propos, d'un courage constant
Vivra tousjours bienheureux et content,
Sans craindre rien, comme celuy qui pense
Que de nul mal la vertu ne s'offense.

(1560.)

NICOLAS DENISOT

AUTREMENT DIT

LE COMTE D'ALSINOIS A P. DE RONSARD

SUR SON HERCULE CHRESTIEN.

O Combien est ce Dieu, ce grand Dieu admirable
En ses effects divins, ce Dieu qui t'a donné,
Par sa grace, cest heur d'avoir si bien sonné
Sous un Hercule feint Jesus-Christ veritable.

---

1. Ces cent trente-huit vers sont remplacés dans l'édition de 1584 par les deux suivants :

> Mais l'eslevant par l'esprit jusqu'aux cieux
> Le fais repaistre à la table des Dieux.

Ils sont ainsi modifiés dans les éditions posthumes :

> Qui, par toy seul, attaché dans les cieux
> Bois du nectar à la table des Dieux.

Tu es, d'un vain poëte et d'amant miserable,
Fait le harpeur de Dieu, maintenant couronné
D'un laurier qui n'est point pour un temps ordonné,
Puis que tu as choisi un suject perdurable.
 Tout ainsi qu'en la croix l'Hercule belliqueur
Des pechez monstrueux et de la mort vainqueur,
Affranchist ton esprit de la mort immortelle;
 L'hymne qu'à tel vainqueur tu chantes sainctement,
Plus que tout autre chant chanté prophanement,
Doit affranchir ton nom d'une mort eternelle.

(1560.)

Hymne II.

L'HERCULE CHRESTIEN.

A TRES ILLUSTRE ET REVERENDISSIME

ODET DE COLLIGNY,

Cardinal de Chastillon. (1)

Est-il pas temps desormais de chanter
Un vers chrestien qui puisse contenter
Mieux que devant les chrestiennes aureilles?
Est-il pas temps de chanter les merveilles
De nostre Dieu? et toute la rondeur
De l'univers remply de sa grandeur?

---

1. Le Commentaire de Nicolas Richelet, Parisien, est dédié à Mgr Messire Charles de Balsac, evesque et comte de Noyon, pair de France. (Édit. de 1623, in-fol.)

Le payen sonne une chanson payenne,
Et le chrestien une chanson chrestienne ;
Le vers payen est digne des payens,
Mais le chrestien est digne des chrestiens.

Doncques de Dieu le nom tres-sainct et digne
Commencera et finira mon hymne ;
Car c'est le Dieu qui m'a donné l'esprit
De celebrer son enfant Jesus-Christ.
Or puisse donc ceste lyre d'yvoire
Tousjours chanter sa louange et sa gloire.
Telle qu'elle est, ô Seigneur, desormais
Je la consacre à tes pieds pour jamais !

Mais, ô Seigneur, quel chant ou quelle lyre,
Ou quelle langue entreprendroit de dire
Suffisamment ta louange, et combien
Tu nous as fait par ta grace de bien ?
A nous les tiens, tes enfans et tes hommes,
Nous qui troupeaux de ta pasture sommes,
Nous tes esleus, que par nom tu cognois,
Nous certes, nous, l'ouvrage de tes doigts ?

Pour nous, Seigneur, tu as basty le monde ;
Tu as, Seigneur, comme une boule ronde
Tourné son pli, et pour nous dans les cieux
Tu as fait luire un camp de petits feux.
Pour nous encor dedans leur voûte claire
Tu attachas un double luminaire,
L'un qui le jour aux labeurs nous conduit ;
L'autre qui fait un jour quand il est nuict.
Tu as pour nous en ce monde ordonnée
Egalement la course de l'année,
Pour nous monstrer par son train regulier
Combien tu es en tes faits singulier.
Tu fis pour nous les forests et les prées,
Tu fis les champs et les ondes sacrées
De l'Ocean ; tu luy peuplas ses eaux
Pour nous, Seigneur, et pendis les oiseaux
En l'air pour nous, et pour nous les campaignes
Tu fis baisser, et lever les montaignes.

Pour nous encor, pour nous ta Déité
Prit le fardeau de nostre humanité,
(Miracle grand) mais avant que le prendre
Tu nous le fis par tes heraux entendre.
　Premierement entendre tu le fis
Mille ans devant à ton peuple des Juifs,
Luy envoyant un nombre de prophetes
Remplis de Dieu, et certains interpretes
De ta venue, à fin de l'advertir
Que tu devois ta Déité vestir
D'un corps humain pour tirer de souffrance
Tout Israël, selon la convenance
Qu'à Abraham le vieil pere tu fis,
Lors qu'il fut prest de t'immoler son fils.
　Mais ce tien peuple, endurcy de courage
Pour tes biens-faits, qui devoit davantage
Que les gentils croire en ce que disoient
Tes saincts herauts qui te prophetisoient,
Sans regarder s'ils offensoient le maistre
Qui les faisoit en ton nom comparoistre
Pour ta venue en ce monde prescher,
Ingrats vers toy les ont fait détrencher
Par leurs bourreaux en cent morts violantes,
Et du sang juste ont eu les mains sanglantes.
　Puis quand tu vis les Juifs estre retifs
A leur salut, par les peuples gentils
Tu envoyas les Sybilles devines
Pour tes herauts, qui de leurs voix divines
Prophetisant, preschoient en chacun lieu
L'advenement du Messias de Dieu ;
A celle fin, Seigneur, que ta venue
En nul pays ne fust point incognue.
Elles chantoient que ta Divinité
Pour nous sauver prendroit nativité
De femme-vierge, et dedans leurs oracles
Chantoient tes faits, ta vie et tes miracles,
De poinct en poinct ; quels et combien de maux,
Quelle grand' croix, et combien de travaux

Tu souffrirois pour laver nostre offense,
Comme un agneau qui n'a point de deffense.
  Mais, ô Seigneur, les gentils vicieux,
Qui n'avoient point ta foy devant les yeux,
Ont converty les parolles predites
(Que pour toy seul la Sibylle avoit dites)
A leurs faux Dieux contre toute raison,
Attribuant maintenant à Jason,
Et maintenant à un Hercule estrange,
Ce qui estoit de propre à ta louange;
Peuple incredule, et mal-caut à penser
Que Dieu jaloux s'en devoit courroucer;
Ce Dieu jaloux, qui justement s'irrite,
Estant fraudé de l'honneur qu'il merite;
Ce Dieu qui dit : « Nul est égal à moy,
L'homme n'est rien, le prince ny le Roy.
Je suis qui suis, j'ay parfait toute chouse,
Je suis le Dieu qui ay l'âme jalouse,
Qui bruis, qui tanse, alors que les humains
Donnent ma gloire à l'œuvre de leurs mains. »
  Certes, ô Dieu, toutes bestes sauvages
Qui sur les monts, et qui par les boccages,
Et par les champs vont de chaque costé,
Pour se nourrir n'offensent ta bonté;
Tous les oiseaux qui parmy l'air se jouent,
Tous les poissons qui par les ondes nouent,
Tous les rochers, les plaines et les bois,
Pasles de peur tremblent dessous ta vois,
Pasles de peur tremblent devant ta face,
Si ton courroux tant soit peu les menace.
L'homme sans plus (l'homme que tu as fait
Par dessus tous animal plus parfait,
En qui tu mis les traits de ton image,
Et devers toy luy haussas le visage,
A qui tu fis tant de graces avoir,
En qui tu mis jugement et sçavoir)
Seul seul t'offense! et ingrat par sa faute,
Blesse l'honneur de ta Majesté haute.

Celuy s'est fait des autres Dieux nouveaux,
Cest idolatre idolatra des veaux,
Et le belier qui ses cornes replie
Sur les sablons de la cuitte Libye;
Celuy premier controuva les abus
D'importuner les trepieds de Phebus;
Celuy se fit une Junon cruelle,
Une Pallas armée à la mammelle,
Et pour son Dieu, ce malheureux receut
Un Apollon qui tousjours le deceut
Des mots douteux de son oracle estrange;
Celuy premier d'un horrible meslange
Combla ton ciel. Il y mit des taureaux,
Des chiens, un asne, un liévre, et des chevreaux,
Deux ours, un fleuve, un serpent, et la chévre
Qui respandit son laict dedans la lévre
De leur beau Dieu, par l'espace d'un an,
Estant caché dans l'antre Dictean.
Voilà comment des gentils la malice,
Comme les Juifs aveuglez de leur vice,
Ont desrobé ton honneur precieux,
Pour le donner à je ne sçay quels Dieux,
Qui ne sçauroient en nostre teste faire
Par leur vertu un poil ny le desfaire.

 Mais où est l'œil, tant soit-il aveuglé,
Où est l'esprit, tant soit-il desreiglé,
S'il veut un peu mes paroles comprendre,
Que par raison je ne luy face entendre,
Que la pluspart des choses qu'on escrit
D'Hercule est deue à un seul Jesus-Christ?

 Premierement, qu'est-ce de trois nuictées
Que Jupiter tint en une arrestées,
Quand il voulut son Alcmene embrasser,
Qu'un nombre d'ans qui se devoient passer,
Ains que Jesus prinst naissance de mere,
Tant il y eut dans le ciel de mystere,
Avant que luy celast sa Déité
Sous le manteau de nostre humanité?

Hé! qu'est-ce aprés de Junon homicide,
Qui envoya dans le berceau d'Alcide
Deux grands serpens pour le faire perir,
Qu'Herodes roy, qui pour faire mourir
L'enfant Jesus, envoya par la terre
De Bethléem ses satrapes de guerre,
Pour le tuer, et les petits enfans
Qui seroient naiz au dessous de deux ans?
On les pensoit tous deux estre fils d'hommes
Et purs humains ainsi comme nous sommes,
Et par le peuple enfans les nommoit-on,
L'un de Joseph, l'autre d'Amphitryon,
Bien que Jesus eust pris de Dieu son estre,
Et Jupiter eust fait Hercule naistre.
Hé! qu'est-ce aprés de ces monstres infects,
De ces dragons par Hercule desfaits?
De mille horreurs, de mille estranges bestes,
De ce serpent effroyable à sept testes,
De ce lion, des centaures vaincus,
De Geryon, de Busire et Cacus,
Qui tous vivoient comme monstres difformes;
Sinon le vice et les pechez enormes
Que Jesus-Christ par le celeste effort
De sa grand' croix mit en mourant à mort.
 Hé! qu'est-ce aprés d'Hesionne de Troye
Contre un rocher liée pour la proye
D'un Ourque fier? qu'est-ce de Promethé
Dessus Caucase aux aigles garotté?
Lesquels Alcide affranchit hors de peine
Les delivrant? sinon nature humaine
(J'entens Adam) que Christ a détaché
Par sa bonté des liens de peché,
Lors que la loy comme une aigle sans cesse
Luy pincetoit son âme pecheresse,
Sans nul espoir, avant que par la Foy
De Christ la grace eust combattu la loy?
Qu'est-ce qu'Hercul' qui tousjours obtempere
A Eurysthé? sinon Christ à son Pere,

Ses mandemens tousjours accomplissant,
Jusqu'à la mort son humble obéissant?
 Hé! qu'est-ce aprés de Junon l'envieuse,
Qui fut tousjours ennemie odieuse
Des faits qu'Alcide en ce monde achevoit?
Sinon Satan qui tousjours concevoit
Une ire en vain contre Christ et sa gloire,
Pour empescher de sa croix la victoire?
 Et qu'est-ce aprés d'Hercule, qui retint
Par une main le Dieu Pluton, qui vint
Sur le tombeau de la morte Euryvie,
Le contraignant de la remettre en vie?
Sinon Jesus qui la mort arresta
Par son pouvoir, quand il ressuscita
Son cher Lazare et le fils de la veuve
Et maint corps mort, ainsy comme l'on treuve. (a)
 Qu'est-ce qu'Hercule ayant repudié
Sa vieille espouse, à fin d'estre allié
D'une nouvelle estrangere conquise?
Sinon Jesus, qui l'ancienne Eglise
Des premiers Juifs pour femme refusa
Et des gentils l'Eglise il espousa?
 Hercule print l'habit de son espouse,
Et Jesus-Christ fit la semblable chouse;
Car il vestit l'humain habillement
De son Eglise, et l'aima tellement
Qu'en sa faveur receut la mort cruelle
Estant vestu des habillemens d'elle.
 Qu'est-ce d'Hercule, et du puissant Atlas
Qui ce grand ciel soustiennent de leurs bras?
Sinon le Pere, et le Fils qui ressemble
De force au Pere, et soustiennent ensemble

---

a. Var. (1584) :

Son cher Lazare, et de la nuict profonde
Le renvoya citoyen de ce monde?

Tout ce grand monde, ouvrage qui seroit
Bien tost tombé si Dieu ne le tenoit. (a)
 Qu'est-ce en aprés de Charybde larronne,
Qui avalla dans sa gorge gloutonne
Un des taureaux qu'Alcide conduisoit
Prés du rivage où ce monstre gisoit?
Sinon Satan, monstre qui ne demande
Qu'à nous ravir, qui pilla dans la bande
De Jesus-Christ son disciple Judas,
Et l'engloutit dans les enfers là bas?
 Hercule fut en chacune contrée,
Où par effects sa force il a monstrée,
Tousjours nommé des hommes, en faveur
De ses vertus, chasse-mal et sauveur.
De mesmes noms Jesus-Christ on surnomme;
Car seul il garde, et seul il sauve l'homme.
 Hé! qu'est-ce aprés des geans qui les cieux
Ont eschelé pour en chasser les Dieux,
Ausquels Alcide a les forces ostées?
Sinon Jesus le donteur des athées,
Qui remparez d'une humaine raison,
Veulent chasser Dieu hors de sa maison,
Sans Jesus-Christ qui leur fait resistance,
Et par la foy rompt l'humaine science?
 Hé! qu'est-ce aprés d'Hercule qui alla
Sur le mont d'Oete, et par feu s'immola
A Jupiter? sinon Christ à son Pere
Qui s'immola sur le mont de Calvaire?
 Hercule ayant une masse de bois
Vint aux enfers. Jesus ayant sa croix
Y vint aussi. Hercule osta Thesée
Hors des enfers, et son cher Pirithée,

---

a. Var. (1584):

Tout ce grand monde, ouvrage qui soudain
Seroit tombé sans la celeste main.

Trainant par force à reculons le chien
Portier de Styx, attaché d'un lien ;
Et Jesus-Christ, ayant donté le diable,
Rompit l'enfer de sa croix admirable, (a)
Et ses amis hors des limbes jeta.
   Hercule mort, vivant se presenta
A Philoctete, et Jesus à la bande
Des onze siens, à laquelle il commande
D'aller prescher qu'il est ressuscité
Pour le salut de nostre humanité.
   Hercule au ciel espousa la Jeunesse,
Et Jesus-Christ l'Eternité, maistresse
De tous les ans, déifiant son corps
Qui fut humain, le premice des morts ;
Ressuscité pour ses brebis cogneues,
Et qui bien-tost eslevé dans les nues
Environné des anges glorieux,
Viendra juger ce monde vicieux,
Ayant és main le glaive de vengeance
De l'une part, de l'autre la clemence,
Pour condamner les meschans réprouvez,
Et pour sauver ceux qui seront trouvez
Avoir vescu fidellement en crainte,
Et en l'espoir de sa parolle sainte.
   J'ay, mon Odet, en ta faveur chanté
Ce vers chrestien, pour estre presenté
Devant tes yeux, à fin de te complaire.
Car je ne puys ny ne veux plus rien faire,
S'il ne te plaist, d'autant que j'ay voulu
Sur tous seigneurs te choisir pour eslu ;
Et ce faisant, les autres je n'offance,
Car tu es bien l'un des seigneurs de France.

---

a. Var. (1584) :

Et Christ rompant la porte Tenarée,
Par la vertu de sa croix honorée,

Qui plus cheris, à mon gré, la vertu,
Comme Prelat d'elle tout revestu;
C'est la raison, Odet, que je te voue
Ce chant que Dieu dessus ma lyre joue. (¹)

(1560.)

HYMNE III.

DU PRINTEMPS.

A FLEURIMONT ROBERTET,

Seigneur d'Aluye, Secretaire d'Estat.

Je chante, Robertet, la saison du Printemps,
Et comme Amour et luy, aprés avoir long-temps
Combatu le discord de la masse premiere,
De flammes bien armez sortirent en lumiere.
Tous deux furent oiseaux, l'un dans les cœurs vola,
L'autre au retour de l'an jouvenceau s'en alla
Rajeunir contre terre, et pour mieux se conduire
Envoya devant soy les aisles de Zephyre. (a)
Zephyre avoit un rhé d'aimant laborieux,
Si rare et si subtil qu'il decevoit les yeux,

---

a. Var. :

Il se fit compagnon des courriers de Zephyre.

1. Florent Chrestien, sieur de la Baronnie, en sa seconde response contre Ronsard, le blâme fort

. . . . *d'avoir lasché la bride*
Si fort à sa fureur que d'egaler Alcide
Au Fils de l'Eternel. . . . .

Ouvrage de Vulcan ; lequel depuis l'aurore,
Depuis le jour couchant jusqu'au rivage More
Il tenoit estendu, pour prendre cautement
Flore que le Printemps aimoit ardentement. (*a*)

  Or ceste Flore estoit une Nymphe gentille,
Que la Terre conceut pour sa seconde fille ;
Ses cheveux estoient d'or, annelez et tressez ;
D'une boucle d'argent ses flancs estoient pressez,
Son sein estoit remply d'esmail et de verdure ;
Un crespe delié luy servoit de vesture,
Et portoit en la main un cofin plein de fleurs
Qui nasquirent jadis du crystal de ses pleurs,
Quand Aquilon voulut la mener en Scythie,
Et la ravir ainsi comme il fit Orithye.
Mais elle cria tant que la Terre y courut,
Et des mains du larron sa fille secourut.

  Tousjours la douce manne et la tendre rosée
Qui d'un air plus subtil au ciel est composée, (*b*)
Et la forte Jeunesse au sang chaud et ardant,
Et Amour qui alloit son bel arc desbandant,
Et Venus qui estoit de roses bien coifée,
Suivoient de tous costez Flore la belle fée.

  Un jour qu'elle dansoit Zephyre l'espia,
Et tendant ses filets la print et la lia
De rets enveloppée, et jeune et toute belle
Au Printemps la donna qui languissoit pour elle.

  Si tost que le Printemps en ses bras la receut,
Femme d'un si grand Dieu fertile elle conceut
Les beautez de la Terre, et sa vive semence
Fit soudain retourner tout le monde en enfance.

  a. Var. (1572) :

Tenoit large estendu, pour prendre dans ce rhé
Flore dont le Printemps estoit enamouré.

  b. Var. :

Qui d'une vapeur tendre en l'air est composée,

Alors d'un nouveau chef les bois furent couverts,
Les prez furent vestus d'habillemens tous verds,
Les vignes de raisins ; les campagnes porterent
Le blé que sans labeur les terres enfanterent,
Le doux miel distila du haut des arbrisseaux,
Et le laict savoureux coula par les ruisseaux.
　Amour qui de bien loing le Printemps n'abandonne,
Prit l'arc dedans la main, et du trait dont il donne
Tant de brasiers aux cœurs, s'en alla dans la mer
Jusqu'au centre des eaux les poissons enflamer,
Et maugré la froideur des plus humides nues
Enflama les oiseaux de ses flames cognues.
Alla par les rochers et par les bois deserts
Irriter la fureur des sangliers et des cerfs,
Et parmi les citez, aux hommes raisonnables
Fit sentir la douleur de ses traits incurables ;
Et en blessant les cœurs d'un amoureux souci,
Avecque la douceur mesla si bien aussi
L'aigreur qui doucement coule dedans les veines,
Et avec le plaisir mesla si bien les peines,
Qu'un homme ne pourroit s'estimer bien-heureux,
S'il n'a senti le mal du plaisir amoureux.
　Jupiter s'alluma d'une jalouse envie
Voyant que le Printemps jouyssoit de s'amie ;
L'ire le surmonta, puis prenant le couteau
Dont n'aguere il avoit entamé son cerveau
Quand il conceut Pallas la Déesse guerriere,
Détrencha le Printemps, et sa saison entiere
En trois parts divisa ; adonques vint l'Esté
Qui hasla tout le ciel ; et si ce n'eust esté
Que Junon envoya Iris sa messagere,
Qui la pluye amassa de son aile legere,
Et tempera le feu de moiteuse froideur,
Le monde fust peri d'une excessive ardeur.
　Aprés l'Autonne vint chargé de maladies,
Et l'Hyver qui receut les tempestes hardies
Des vents impetueux qui se boufent si fort
Qu'à peine l'univers resiste à leur effort,

Et couvrirent, mutins, la terre pesle-mesle
De pluyes, de glaçons, de neiges et de gresle.
   Le Soleil qui aimoit la Terre, se fascha
Dequoy l'Hyver jaloux sa dame luy cacha,
Et rendit de ses yeux la lumiere eclipsée,
Portant dessur le front le mal de sa pensée,
Et retournant son char à reculons, alla
Devers le Capricorne et se retira là.
   Adonques en frayeur tenebreuse et profonde
(Le Soleil estant loing) fust demeuré le monde
Sans le gentil Printemps qui le fit revenir,
Et soudain derechef amoureux devenir.
D'une chaisne de fer deux ou trois fois retorse
Prenant l'Hyver au corps le garotta par force,
Et sans avoir pitié de ce pauvre grison,
L'espace de neuf mois le detint en prison.
   Ainsi par le Printemps la Terre se fit belle,
Ainsi le beau Soleil retourna devers elle,
Et redoublant le feu de sa premiere amour,
Monta bien haut au ciel et allongea le jour,
Afin que plus long temps il embrassast sa femme ;
Et ne fust que Tethys a pitié de la flame
Qu'Amour luy verse au cœur, il fust ja consumé.
   Mais pour remedier à son mal enflamé,
Elle appelle la Nuit ; adonc la Nuit détache,
Ou semble détacher, le Soleil qu'elle cache
En la mer, où Tethys refroidit sa chaleur.
   Mais luy qui cache en l'eau l'amoureuse douleur,
S'enfuit de son giron la laissant endormie,
Et droit sur l'Orient retourne voir s'amie.
   Aussi de son costé la Terre cognoist bien
Que de telle amitié procede tout son bien ;
Pource, de mille fleurs son visage elle farde,
Et de pareil amour s'échauffe et le regarde.
   Comme une jeune fille, à fin de plaire mieux
Aux yeux de son amy, par un soin curieux
S'accoustre et se fait belle, et d'un fin artifice
L'attire doucement à luy faire service ;

Ainsi la Terre rend son visage plus beau,
Pour retenir long temps cet amoureux flambeau
Qui luy donne la vie, et de qui la lumiere
Par sa vertu la fait de toutes choses mere.

En l'honneur de cest hymne, ô Printemps gracieux,
Qui r'appelles l'année, et la remets aux cieux,
Trois fois je te salue, et trois fois je te prie
D'élongner tout malheur du chef de mon Aluye,
Et si quelque maistresse en ces beaux mois icy
Luy tourmente le cœur d'un amoureux soucy,
Flechi sa cruauté et la rens amoureuse
Autant qu'auparavant elle estoit rigoureuse ;
Et fay que ses beaux ans qui sont en leur Printemps,
Soient tousjours en amour bien-heureux et contens.

(1564.)

HYMNE IV.

DE L'ESTÉ.

A FLEURIMONT ROBERTET,
Seigneur du Fresne, Secretaire d'Estat.

Couché dessous l'ombrage auprés d'une fontaine,
Evitant la chaleur que l'Esté nous ameine,
Que sçauroy-je mieux faire en un lieu si plaisant,
Sinon chanter l'Esté de flames reluisant,
Et tout chargé de feu, comme une masse ardante
Qu'une tenaille serre en sa pince mordante ?
Chantons donques l'Esté, et montons au coupeau
Du nymphal Helicon par un sentier nouveau ;
Cherchons autre chemin, celuy ne me peut plaire,
Qui suit, en imitant, les traces du vulgaire.

Nouveau cygne emplumé je veux voler bien haut,
Et veux comme l'Esté avoir l'estomac chaud
Des ardeurs d'Apollon, courant par la carriere
Des Muses, et jetter une obscure poussiere
Aux yeux de mes suivans, qui vaincus voudroient bien
Courir avecques moy sur le mont Cynthien,
D'où je veux rapporter tout enflé la victoire, (a)
Afin qu'autre ne puisse avoir part à ma gloire,
Ny au laurier sacré en tout temps verdissant,
Que je veux marier au fresne (1) fleurissant.

L'amoureuse Nature estoit un jour fachée
De se voir sans rien faire auprés du Temps couchée.
« Il y a (ce disoit) tant de siecles passez
Que du Temps mon mary les membres sont cassez,
Froids, perclus, impotens, et gisent en ma couche
Comme masse de plomb ou quelque vieille souche
Qui, sans se remuer, gist le long d'un sentier,
Aprés qu'elle a senti le fer du charpentier.
» J'ay beau passer ma main tres-delicate et blanche
Ores dessus son ventre, ores dessus sa hanche,
J'ay beau fourcher ma jambe et chatouiller sa chair,
Il demeure immobile aussi froid qu'un rocher,
Descharné, deshallé, sans puissance ny force,
N'ayant plus rien de vif sinon un peu d'escorce.
En lieu de me respondre il ronfle, et si ne puis
En tirer seulement un baiser en trois nuicts.
» Las! il n'estoit pas tel quand pour sa chere espouse
Il me prit chez mon pere; il n'aimoit autre chouse
Que l'amoureux plaisir, duquel les mariez
Se trouvent bras à bras à leurs femmes liez.

a. Var. :

Aux yeux de mes suivans qui voudroient comme moy
Grimper sur Helicon, où des Muses je boy
L'eau qui me fait tout seul enfler de la victoire,

1. Allusion au nom de Robertet, seigneur du *Fresne*.

» Tousjours il m'accolloit d'une longue embrassée,
Tousjours ma bouche estoit à la sienne pressée,
Et fusmes si gaillards, que ce grand univers
Fut peuplé tout soudain de nos enfans divers ;
Car tout cela qui vit et qui habite au monde,
Est yssu du plaisir de nostre amour feconde.

» Maintenant il est vieil et je ne le suis pas !
Je sens encor en moy les gracieux appas
Dont Amour, mon enfant, chatouille la pensée,
Et sa flame en mon cœur n'est encor effacée.

» Bref, j'ay deliberé de me donner plaisir ;
Auprés de mon mary je ne veux plus gesir.

» La foy de mariage est pour les hommes faite,
Grossiers, mal-avisez et de race imparfaite,
Assujettis aux lois ; et non pas pour les Dieux
Qui pleins de liberté habitent dans les cieux.
Quant à moy je suis franche et, Déesse, j'estime
Autant un fils bastard comme un fils legitime. »

Ainsi disoit Nature, et de ce pas alla
Voir le Soleil couchant, auquel ainsi parla :

« Soleil, de ce grand tout l'âme, l'œil et la vie,
Je suis de ta beauté si doucement ravie,
Qu'ici tu me verras en larmes consommer,
S'il ne te plaist guarir mon mal, qui vient d'aymer.

» Et bien que ce soit honte aux femmes d'oser dire
Et premieres conter leur amoureux martyre,
Et qu'elles ne devroient aux hommes confesser
Qu'Amour tant seulement les ait voulu blesser ;
Si est-ce qu'en aimant en une place haute,
De confesser son mal il n'y a point de faute ;
Car plus le lieu qu'on aime est honorable et haut
Et tant plus le tourment est violent et chault ; (a)
D'autant que la grandeur qui nostre âme maistrise,
Dérobe en commandant nous et nostre franchise.

a. Var. :

Plus l'excuse est louable et petit le defaut ;

De là vient la douleur qui porte avecques soy
Le feu qui se decele et qui n'a point de loy.

» Te voyant l'autre jour chez mon pere à la table,
Sans barbe et chevelu, de visage accointable,
Jeune, doux et courtois, tu me gaignas le cœur.
Depuis je n'ay vescu qu'en peine et qu'en langueur,
Souspirante pour toy et pour ton beau visage,
Qui m'a dedans l'esprit imprimé ton image.
Je ne fais que gemir, et pense nuict et jour
Le moyen de guarir mes pleurs et mon amour.

» Aux charmes pour l'oster j'ay mis ma fantasie,
Mais mon âme qui vit de trop d'amour saisie,
Refuse tout confort; mon extréme secours
Est d'avoir sans tarder à ta grace recours,
Et t'embrasser tout nud, pendant que la nuict brune
Conduira par le ciel les chevaux de la Lune. »

Le Soleil qui se vit de telle dame aimé,
Fut de pareille amour tout soudain allumé.
Un magnanime cœur volontiers ne s'excuse,
Et quand il est aimé d'aimer il ne refuse.
Encore qu'elle fust un peu vieille à la voir,
Si est-ce que sa grace avoit peu l'esmouvoir,
Et luy avoit jetté le soulphre dans les veines,
Qui ja de son amour s'allumoient toutes pleines,
Fumantes du desir hautain et genereux
De venir promptement au combat amoureux.

Les Heures, qui estoient du Soleil chambrieres,
Appresterent la couche, et ne tarderent gueres,
Parfumerent les draps, et de mille couleurs
Jetterent par dessus des bouquets et des fleurs;
Puis faisant en la chambre arriver le Silence,
Coucherent les amans remplis d'impatience.

De quatre embrassemens que Nature receut
D'un amy si ardant, feconde elle conceut
Quatre enfans en un coup; l'un fut hermaphrodite
(Le Printemps est son nom) de puissance petite,
Entre masle et femelle, inconstant, incertain,
Variable en effect du soir au lendemain.

L'Esté fut masle entier, ardant, roux et colere,
Estincelant et chaud, ressemblant à son pere,
Guerrier, prompt et hardi, tousjours en action,
Vigoureux, genereux, plein de perfection,
Ennemi de repos. L'Autonne fut femelle,
Qui n'eut rien de vertu ni de puissance en elle.
 L'Hyver fut masle aussy, monstrueux et hideux,
Negeux, tourbillonneux, pluvieux et venteux,
Perruqué de glaçons, herissé de froidure,
Qui fit peur en naissant à sa mere Nature.
 Aussi tost que l'Aurore eut quitté le sejour
De son vieillard Tithon pour allumer le jour,
Le Soleil s'éveilla, et réveilla s'amie,
Qui d'aise languissoit en ses bras endormie.
 En se baisant l'un l'autre ils saillent hors du lit;
Mais si tost que le ciel de flames se rougit,
Le Soleil s'en-alla, et pendit en escharpe
Son carquois d'un costé, et de l'autre sa harpe;
Il ceingnit son baudrier de gemmes somptueux,
Il affubla son chef de rayons tortueux,
Il prit sa dague d'or ardente de lumiere,
Et à pied s'en alloit commencer sa carriere.
 Quand sa chere maistresse ayant au cœur pitié
Que son amy faisoit si long voyage à pié,
Luy donna pour present un char d'excellent œuvre,
Que le boiteux Vulcan industrieux manœuvre
Forgea de sa main propre, et souvent au fourneau
Le mit et le frappa de maint coup de marteau,
Haletant et suant sur le dos de l'enclume
Avant qu'il fust poli; puis selon la coustume
Des anciens parens, courtois le luy donna,
Quand le Temps son mary pour femme l'emmena.
 Le timon estoit d'or, et les roues dorées
Estoient de maint ruby richement honorées,
Qui deçà qui delà flamboyoient à l'entour,
Et remplis de clairté faisoient un autre jour.
 Le Soleil non ingrat luy donne en recompense
D'un chariot si beau la Déesse Jouvence,

A fin qu'elle fust belle à jamais, et à fin
Que sa forte vigueur par l'âge ne print fin,
Et que jamais son front ne ridast de vieillesse,
Ayant pour compagnie avec soy la Jeunesse.

Tous deux au departir se baisent doucement,
S'entredisant adieu d'un long embrassement.

Luy bien aise d'avoir telle dame trouvée,
Et d'estre bien payé de sa douce corvée,
Gallope aprés l'Aurore. Elle, s'en va trouver
Son mary qui se laisse en paresse couver.

O combien luy desplaist ce vieillard que le somme
Sur les plumes d'un lit si froidement assomme,
Languissant de vieillesse en un lit ocieux
En son palais à part bien loin des autres Dieux !
Pourtant luy saute au col, l'embrasse et le rebaise,
Et d'une fine ruse en le flattant l'appaise.
Toute espouse amoureuse avecques un tel art
Sçait doucement tromper son mary ja vieillard,
Jaloux et soupçonneux, aprés qu'elle retourne
Du lit où son amy avec son cœur sejourne !
Amour ingenieux trouve mille moyens
D'abuser les jaloux et de sauver les siens.

En ce-pendant l'Esté qui bon fils obtempere
Au Soleil, est nourry chez le Soleil son pere ;
Il devint en un mois grand, corpulent et fort,
Et ja de son menton le poil doré luy sort.
Les hommes avec l'âge en accroissance viennent ;
Les Dieux tout en un coup à leur âge parviennent,
Car ils sont immortels ; les hommes d'icy bas
Aprés mille travaux sont subjects au trespas. (a)

Aussi tost qu'il fut grand, ayant l'âge où commence
A s'enfler dans les reins l'amoureuse semence,
Cerés en fut esprise, et brulant d'amitié
Vint voir son amoureux, lequel en eut pitié ;

a. Var. :

Des Dieux enfans bastards, croissent pour le trespas.

Et comme elle sentoit une amour la plus plus forte,
La premiere commence et dist en ceste sorte :
 « Je ne vien pas icy, tant pour me secourir
Du mal de trop aimer dont tu me fais mourir,
Que pour garder ce monde et luy donner puissance,
Vertu, force et pouvoir, lequel n'est qu'en enfance,
Debile, sans effect et sans maturité,
Par faute de sentir nostre divinité.
Depuis que le Printemps, ceste garse virile,
Aime la terre en vain, la terre est inutile,
Qui ne porte que fleurs, et l'humeur qui l'époint
Languit tousjours en séve, et ne se meurist point.
Dequoy servent les fleurs si les fruits ne meurissent?
Dequoy servent les blez si les grains ne jaunissent?
Toute chose a sa fin et tend à quelque but.
Le destin l'a voulu, lors que le monde fut
En ordre comme il est. Telle est la convenance
De Nature et de Dieu par fatale ordonnance.
 » Et pource, s'il te plaist pour espouse m'avoir,
Pleine de ta vertu, je feray mon devoir
De meurir les amours de la terre infeconde,
Et de rendre parfait l'imparfait de ce monde.
 » A toy, fils du Soleil, est la perfection,
Tu soustiens et nourris la generation ;
Car rien sans ta vertu au monde ne peut estre,
Comme estant des saisons le seigneur et le maistre. »
 Ainsi disoit Cerés, et l'Esté tout soudain
De sa vive chaleur luy eschaufa le sein,
La prit pour son espouse, et la prenant à l'heure
La Terre se vestit d'une forme meilleure,
Enceinte de ce Dieu, lequel en peu de jours
Du beau Printemps et d'elle accomplit les amours.

 Je te salue, Esté, le prince de l'année,
Fils du Soleil, qui t'a toute force donnée,
Pere alme, nourricier, donne-blé, donne-vin,
Masle, parfait, entier, tout grand et tout divin,
Perruqué de rayons, qui sers de longue guide

Au Soleil, qui matin tient ses chevaux en bride,
Souhaité des humains, tout couronné d'espis,
Qui figures les ans des hommes accomplis,
Qui forges les esclairs, la foudre et le tonnerre,
Marinier, voyageur, courrier, homme de guerre.
    Escarte loin de moy tout mal et tout meschef,
Eslongne toute peste et fiévre loin du chef
Du docte Robertet, lequel point ne refuse
De se laisser ravir doucement à la Muse;
Augmente-luy ses ans, sa force et sa valeur,
Et conserve sa vie en ta vive chaleur.
(1564.)

Hymne V.

DE L'AUTONNE.

A CLAUDE DE L'AUBESPINE,
Secretaire d'Estat.

Le jour que je fu né, Apollon, qui preside
Aux Muses, me servit en ce monde de guide,
M'anima d'un esprit subtil et vigoureux,
Et me fit de science et d'honneur amoureux.
    En lieu des grands tresors et des richesses vaines,
Qui aveuglent les yeux des personnes humaines,
Me donna pour partage une fureur d'esprit,
Et l'art de bien coucher ma verve par escrit.
    Il me haussa le cœur, haussa la fantasie,
M'inspirant dedans l'âme un don de poësie,
Que Dieu n'a concedé qu'à l'esprit agité
Des poignans aiguillons de sa Divinité.
    Quand l'homme en est touché, il devient un prophete,

Il predit toute chose avant qu'elle soit faite,
Il cognoist la nature et les secrets des cieux,
Et d'un esprit bouillant s'éleve entre les Dieux.
  Il cognoist la vertu des herbes et des pierres,
Il enferme les vents, il charme les tonnerres;
Sciences que le peuple admire, et ne sçait pas
Que Dieu les va donnant aux hommes d'icy bas,
Quand ils ont de l'humain les âmes separées,
Et qu'à telle fureur elles sont preparées
Par oraison, par jeusne, et penitence aussi,
Dont aujourd'huy le monde a bien peu de souci.
  Car Dieu ne communique aux hommes ses mysteres,
S'ils ne sont vertueux, devots et solitaires,
Eslongnez des tyrans, et des peuples qui ont
La malice en la main et l'impudence au front,
Brulez d'ambition et tourmentez d'envie,
Qui leur sert de bourreau tout le temps de leur vie.
  Je n'avois pas quinze ans que les monts et les bois
Et les eaux me plaisoient plus que la cour des Rois,
Et les noires forests espaisses de ramées,
Et du bec des oiseaux les roches entamées;
Une valée, un antre en horreur obscurci,
Un desert effroyable estoit tout mon souci;
A fin de voir au soir les Nymphes et les Fées
Danser dessous la lune en cotte par les prées
(Fantastique d'esprit), et de voir les Sylvains
Estre boucs par les pieds et hommes par les mains,
Et porter sur le front des cornes en la sorte
Qu'un petit aignelet de quatre mois les porte.
  J'allois aprés la dance, et craintif je pressois
Mes pas dedans le trac des Nymphes, et pensois
Que pour mettre mon pied en leur trace poudreuse
J'aurois incontinent l'âme plus genereuse;
Ainsi que l'Ascrean qui gravement sonna
Quand l'une des neuf Sœurs du laurier luy donna.
  Or je ne fu trompé de ma jeune entreprise;
Car la gentille Euterpe ayant ma dextre prise,
Pour m'oster le mortel par neuf fois me lava.

De l'eau d'une fontaine où peu de monde va,
Me charma par neuf fois, puis d'une bouche enflée
(Ayant dessus mon chef son haleine souflée)
Me herissa le poil de crainte et de fureur,
Et me remplit le cœur d'ingenieuse erreur,
En me disant ainsi : « Puis que tu veux nous suivre,
Heureux aprés la mort nous te ferons revivre
Par longue renommée, et ton los ennobli
Accablé du tombeau n'ira point en oubli.
 » Tu seras du vulgaire appellé frenetique,
Insensé, furieux, farouche, fantastique,
Maussade, mal-plaisant; car le peuple mesdit
De celuy qui de mœurs aux siennes contredit.
 » Mais courage, Ronsard, les plus doctes poëtes,
Les sibylles, devins, augures et prophetes,
Huez, siflez, moquez des peuples ont esté;
Et toutefois, Ronsard, ils disoient verité.
 » N'espere d'amasser de grands biens en ce monde.
Une forest, un pré, une montagne, une onde
Sera ton heritage, et seras plus heureux
Que ceux qui vont cachant tant de tresors chez eux.
Tu n'auras point de peur qu'un Roy de sa tempeste
Te vienne en moins d'un jour escarbouiller la teste,
Ou confisquer tes biens; mais tout paisible et coy
Tu vivras dans les bois pour la Muse et pour toy. »
 Ainsi disoit la Nymphe, et de là je vins estre
Disciple de Daurat, qui long temps fut mon maistre,
M'apprit la poësie, et me monstra comment
On doit feindre et cacher les fables proprement,
Et à bien déguiser la verité des choses
D'un fabuleux manteau dont elles sont encloses.
J'appris en son escole à immortaliser
Les hommes que je veux celebrer et priser,
Leur donnant de mes biens, ainsi que je te donne
Pour present immortel l'hymne de cest Autonne.
 Or si tost que l'Autonne eut l'âge de pouvoir
Gouster le plaisant mal qu'Amour fait recevoir,
Et que ja ses tetins messagers de jeunesse,

Comme pommes s'enfloient d'une ronde allegresse;
Elle n'avoit souci d'amour ny du plaisir
Qui vient le tendre cœur d'une fille saisir,
Quand sur l'âge premiere elle se voit aimée,
Et quand Amour la tient doucement allumée.
 Ses plaisirs seulement n'estoient qu'à regarder,
Qu'à baiser sa nourrice et à la mignarder,
Qu'à vestir proprement des robes decoupées,
Qu'à faire de l'enfant, qu'à coifer des poupées,
Et tousjours souspiroit quand on ne l'allaitoit,
Et quand son nourricier au col ne la portoit.
Ses actes toutefois donnoient bien tesmoignage
Qu'elle seroit un jour de tres-mauvais courage;
Car tousjours rechignoit, groumeloit et tansoit,
Et rien que tromperie en son cœur ne pensoit.
 Un jour que sa nourrice estoit seule amusée
A tourner au soleil les plis de sa fusée
(Et qu'ores de la dent, et qu'ores de la main
Egaloit le filet pendu prés de son sein,
Pinçant des premiers doigts la filace souillée
De la gluante humeur de sa lévre mouillée;
Puis en pirouëtant, allongeant et virant,
Et en accourcissant, reserrant et tirant
Du fuzeau bien enflé les courses vagabondes,
Arrengeoit les filets et les mettoit par ondes),
Elle vit que l'Autonne estoit seule à repos,
Adoncque elle l'appelle, et luy dist tels propos :
 « Ma fille, dés le jour que tu fus enfantée,
Par ta mere tu fus en mon antre apportée
De nuit, à celle fin que ton corps fust nourry
Et traité sans le sceu de son fascheux mary;
Pource je te diray tes parens et ton estre.
 » Enfle-toy le courage, et ne pense pas estre
Fille d'un laboureur, qui de coultres trenchans
Fend la terre et la seme, et engrosse les champs,
Et rapporte au logis les deux mains empoulées;
Ny fille d'un pasteur qui au fond des valées
Fait paistre son troupeau par les pastis herbeux,

Qui tient un larigot (¹) et fleute au cry des bœufs;
Tu es bien d'autre sang plus genereux issue,
Et de parens plus grands et plus nobles conceue.
 » N'as-tu ouy parler, au soir en escoutant
Prés du feu mon mary en ses bras te portant,
D'une grande Déesse heureusement feconde,
A qui le ciel donna la charge de ce monde?
Par qui tout est nourri, par qui tout est produit,
Par qui nous recueillons et la fleur et le fruit?
Qui est tout, qui fait tout, qui a toute puissance?
 » De ses reins, mon enfant, tu as pris ta naissance,
Et de ce grand flambeau que tu vois luire aux cieux,
Qui sçait tout, qui oit tout, qui voit tout de ses yeux,
Pere alme, nourricier de toute la machine,
Vive la soustenant par sa vertu divine.
De ces deux tu nasquis; et pour mieux le sçavoir,
Il est temps, mon enfant, que tu les ailles voir,
Il est temps de laisser tes jeux et ta simplesse,
Martes, chevaux de bois; ce qui sied en jeunesse
Ne sied quand on est grand, et chaque âge en venant
Apporte avecque soy ce qui est convenant.
Et pource il ne faut plus comme un poupelin pendre
Au col de mon mary, mais bien te faut apprendre
A danser, à baller, à friser tes cheveux,
Les allonger en onde, et les serrer en nœuds,
A dextrement mouvoir l'appast de ton œillade,
A faire d'un sou-ris tout un peuple malade,
A sçavoir conseiller ta face à ton mirouer,
A parler finement et finement jouer,
A sçavoir finement inventer mille excuses,
A donner une baye, à trouver mille ruses,
A pratiquer d'amour l'amertume et le doux,
Et par telle finesse acquerir un espoux.
 » Or si tost que l'Aurore à la vermeille bouche

---

1. Un larigot est une espèce de flûte. Ce mot a évidemment la même origine que le mot *larynx*, le gosier. On dit *boire à tire larigot*, c'est-à-dire *comme un joueur de flûte*.

Aura du vieil Tithon abandonné la couche,
Il faudra t'éveiller, à fin d'aller trouver
Non guere loin d'icy ton pere à son lever.
 » Or pour mieux achever ta soudaine entreprise,
Il faut prier un Vent, à fin qu'il te conduise.
La caverne où l'Autan demeure n'est pas loin ;
Pource va le prier qu'il en prenne le soin. »
 Ainsi dit la nourrice, et l'Autonne sur l'heure
S'en-alla dedans l'antre où le monstre demeure.
 Elle trouva le Vent tout pantois et lassé
D'avoir la mer d'Afrique et ses sablons passé,
Et ja pour s'endormir avoit plié ses ailes
Depuis le bas des flancs jusqu'au haut des aisselles ;
Tout ainsi qu'un faucon laisse fourcher en croix
Les siennes sur le dos quand il se perche au bois.
 Ce Vent humide et chaud gisoit à la renverse
Estendu sur le dos d'une longue traverse,
Au beau milieu de l'antre (horrible chose à voir).
Maints fleuves du menton comme d'un entonnoir
Luy coulent à ses pieds, et sa teste chenue
Estoit de tous costez couverte d'une nue,
Qui de-çà qui de-là sur le dos luy rendoit
Des vapeurs qu'en volant par le monde espandoit.
 Son antre s'estuvoit d'une chaleur croupie,
Moite, lasche, pesante, ocieuse, assoupie,
Ainsi qu'on voit sortir de la gueule d'un four
Une lente chaleur qui estuve le jour.
 Là sur un peu de paille à terre estoit couchée
Une lice aboyant jusqu'aux os desseichée ;
Les voisins d'alentour (qui paistre là souloient)
La vieille Maladie en son nom l'appelloient.
Elle avoit un grand rang de tetaces tirées
Longues comme boyaux, par le bout deschirées,
Que d'un muffle affamé une engeance de maux
Luy suçoient tout ainsi que petits animaux,
Qu'elle (qui doucement sur sa race se veautre)
De son col retourné lechoit l'un aprés l'autre,
Pour leur former le corps en autant de façons

Qu'on voit dedans la mer de sortes de poissons,
De sablons sur la rade, et de fleurs au rivage
Quand le jeune Printemps découvre son visage.
 Là, comme petits loups, les caterres couvoit,
Et là la fiévre quarte et tierce se trouvoit,
Enflures, flux de sang, langueurs, hydropisies,
La toux ronge-poumon, jaunisse, pleuresies,
Lenteurs, pestes, charbons, tournoymens de cerveau,
Et rongnes dont l'ardeur fait allumer la peau.
 Ceste vilaine, sale, orde progeniture,
Bien qu'elle soit d'un part, n'est pas d'une nature;
L'une croist en un jour, l'autre en demande trois,
L'une en demande sept, et l'autre veut un mois,
L'autre est vieille en une heure, et l'autre ne peut croistre.
 Or si tost qu'ils sont grands, pour eux-mesme se paistre
La mere oste leur voix et leurs langues, à fin
D'aller sans dire mot loger chez le plus fin.
Adonq' à l'impourveu les terres ils assaillent,
Et les pauvres mortels tourmentent et travaillent;
Lors peu sert l'oraison, la force, et la valeur,
Et l'art forcé du mal, qui fait place au malheur.
 Si tost que ceste Autonne eut traversé la porte
De l'antre, elle parla au Vent en telle sorte :
 « O maistre de la mer, que la terre en ses bras
Presse de tous costez, Vent qui viens de là bas
Où l'autre Ourse incogneue aux hommes de ce monde,
D'astres plus grands et beaux que les nostres abonde;
O Vent qui traversant par un air chaleureux,
Et par la gent brulée, attires caterreux
De grand's esponges d'eau, dont largement tu baignes
De ton gosier venteux les monts et les campaignes,
Porte-moy, je te prie, au palais du Soleil;
Et si par ton moyen je suis à son réveil,
Je te jure en tes mains une ferme alliance;
Tu seras mon amy, et si quelque puissance
Le Soleil me départ, tu l'auras comme moy,
Et l'Autonne jamais ne se verra sans toy. »
 Ainsi dist ceste hommace, et le Vent qui la charge,

L'emporta parmy l'air sur son espaule large.
　C'estoit au mesme poinct que l'estoile du jour
Avoit déja chassé les astres d'alentour
Des pastures du ciel, et les contant par nombre,
Pour la crainte du chaud les alloit mettre à l'ombre.
　Ja la Lune argentée alloit voir son ami,
Son bel Endymion sur le mont endormi;
Et ja la belle Aurore au visage de roses,
Les barrieres du ciel par tout avoit décloses;
Et déja le Soleil son front avoit huilé
De fard, à celle fin qu'il ne fust point hallé,
Et assis dans son char, déja tenoit la bride
De ses coursiers tirez hors de l'estable vuide,
Quand tout à l'impourveu l'Autonne arriva là.
　Adoncques le Soleil retif se recula
Arriere de sa fille, et tournant son visage
(De peur de ne la voir) fit un autre voyage.
　Les grands monstres du ciel lesquels virent muer
Le Soleil de couleur, la cuiderent tuer,
La poursuivant par tout de telle violance,
Qu'elle s'alla cacher au creux de la Balance,
Et sans le Scorpion qui affreux et hideux
De ses pieds allongez se mit au devant d'eux,
Ils l'eussent fait mourir, bouillonnans de colere
De voir ainsi tourner le Soleil en arriere.
　Aprés avoir esté en crainte quelque temps,
Elle alla visiter son frere le Printemps
Dans son palais fleury, que la nymphe Jeunesse
A basti de sa main, ouvrage de Déesse.
Ce palais est assis au beau milieu d'un pré
De roses et de lis et d'œillets diapré,
Qui ne craignent jamais ny chaleur ny froidure;
Car en tout temps ce pré foisonne de verdure.
　Les pins et les sapins y voisinent les cieux,
Et le cedre embasmé d'un flair delicieux;
Les rossignols logez dans les bois y jargonnent,
Par les jardins carrez les fontaines resonnent,
Qui arrousent le pied des pommeux orangers,

Et des myrtes sacrez qui nous sont estrangers.

 Volupté, gentillesse, amour et gaillardise,
Et Venus qui le cœur des grands Princes attise,
Sejourne en ce palais, où ses cygnes mignons
Volent tout à l'entour avecques ses pigeons.
Tout rit en ce verger; car tout ce qui ameine
Tristesse et desplaisir, jamais ne s'y promeine.

 A l'heure que l'Autonne au palais arriva,
Cherchant de tous costez, son frere n'y trouva.
Il estoit allé voir l'industrieux Zephyre,
Qui tendoit ses filets, et tendus se retire
Au beau milieu du ret, à fin d'enveloper
Flore, quand il la peut en ses nœuds attraper.

 Ainsi qu'en nos jardins on voit embesongnée
Dés la poincte du jour la ventreuse araignée,
Qui quinze ou vingt filets (comme pour fondement
De son ret commencé) attache proprement,
Puis tournant à l'entour d'une addresse subtile,
Tantost haut, tantost bas des jambes elle file,
Et fait de l'un à l'autre un ouvrage gentil,
De travers, de biais, nouant tousjours le fil,
Puis se plante au milieu de sa toile tendue
Pour attraper le ver ou la mouche attendue.

 Ainsi faisoit Zephyre. Or l'Autonne qui vit
Sans garde le palais, à son frere ravit
Ses bouquets et ses fleurs, et comme une larronne
(Aprés l'avoir pillé) s'en fit une couronne.

 De là se fit porter au palais de l'Esté,
Que Cerés festoyoit en pleine majesté.
Triptoleme faisoit (pour le doux benefice
Du beau froment donné) à Cerés sacrifice,
Où la blonde Déesse en appareil estoit
Avecques son mary l'Esté qu'elle traitoit,
Et tenoit en dansant au milieu de la feste,
Du pavot en la main, des espics sur la teste.

 Cependant ceste garce entra dans le chasteau;
Dedans la basse-court elle vit maint rateau,
Mainte fourche, maint van, mainte grosse javelle,

Mainte gerbe, toison de la moisson nouvelle,
Boisseaux, poches, bissacs, de grands monceaux de blé
En l'aire çà et là l'un sur l'autre assemblé.
Les uns battoient le grain dessus la terre dure,
Les autres au grenier le portoient par mesure,
Et, sous les tourbillons, les bourriers qui voloient
Pour le jouet du vent, parmy l'air s'en-alloient.
 Elle entra dans la salle, et au croc vit pendantes
(Faites comme en tortis) de grand's flames ardantes
Dont l'Esté s'affubloit pour mieux se bragarder,
Quand son pere venoit de prés le regarder.
Elle prit finement deux rayons de son frere
Pour en parer son chef, puis alla voir sa mere.
 Le palais magnifique où Nature habitoit,
Sur piliers phrygiens élevé se portoit;
Les voûtes estoient d'or, d'or estoit la closture,
Et d'argent affiné la haute couverture.
Là cent portes estoient toutes faites d'aymant;
En-contre les parois reluit maint diamant,
Maint rubi, maint saphyr, que le boiteux manœuvre
A luy-mesme attachez, ingenieux chef-d'œuvre.
 Là sont d'âge pareils cent jeunes jouvenceaux,
Beaux, vermeils, crespelus, aux mentons damoiseaux,
Aux coudes retroussez, et cent Nymphes vermeilles
Toutes d'âge, de face et de beautez pareilles,
Qui ont l'un aprés l'autre, et en toute saison
La charge et le souci d'une telle maison.
Ils portent en la main de grand's cruches profondes :
L'une verse à longs flots la semence des ondes,
L'autre coule le plomb, l'autre espuise du sein
Des antres de Pluton les rivieres d'estain,
L'autre les ruisseaux d'or, l'autre affine le cuivre,
L'autre le vif-argent qui veut tousjours se suivre,
L'autre cherche le soulphre, et l'autre est diligent
De fouiller les conduits du fer et de l'argent.
 Là sont dedans des pots sur des tables, encloses
Avec leurs escriteaux, les semences des choses,
Que ces jeunes garçons gardent à celle fin

Que ce grand univers ne prenne jamais fin,
Les semans tous les ans d'un mutuel office,
Afin qu'en vieillissant le monde rajeunisse ;
Que l'air ait ses oiseaux et la mer ses poissons,
Et la terre ses fleurs de diverses façons.
 Si tost que la Nature eut apperceu sa fille :
« Fuy (dit-elle) d'ici, tu perdras ma famille,
Fuy-t'en de ma maison, tu seras en tes ans
La perte et le malheur de mes autres enfans.
Tu perdras tout cela que la bonne froidure
De l'Hyver germera ; tout ce que la verdure
Du Printemps produira, et tout ce qui croistra
De meur et de parfait quand l'Esté paroistra.
Tu feras escouler les cheveux des bocages,
Chauves seront les bois, sans herbes les rivages,
Par ta main, Phthinopore (1), et dessus les humains
Maligne respandras mille maux de tes mains. »
 L'Autonne en larmoyant s'en-estoit en-allée,
Quand elle ouït un bruit au fond d'une vallée,
Et s'approchant de prés elle vit un grand Roy
Que deux tigres portoient en magnifique arroy.
Ses yeux estinceloient tout ainsi que chandelles,
Ses cheveux luy pendoient plus bas que les aisselles,
Sa face estoit de vierge, et avoit sur le front
Deux petits cornichons comme les chévreaux ont ;
Ses lévres n'estoient point de barbe crespelées,
Son corps estoit bouffi, ses cuisses potelées,
Jeunesse et Volupté luy servoient de voisins,
Et tenoit en sa main deux grapes de raisins.
 Devant ce Roy dansoient les folles Edonides,
Les unes talonnoient des pantheres sans brides,
Les autres respandoient leurs cheveux sur le dos,
Les autres dans la main branloient des javelots
Herissez de lierre et de fueilles de vigne ;
L'une dessous un van sans cadence trepigne.
Silene est sur son asne, et comme trop donté

---

1. Φθινοπωρὶς, qui gâte les fruits.

De vin, laisse tomber sa teste d'un costé.
Les satyres cornus, les sylvains pieds-de-chévre
Font un bruit d'instrumens, l'un qui enfle sa lévre
Fait sonner un haut-bois, et l'autre tout autour
De la brigade fait resonner un tabour.
 Si tost que Bacchus vit Autonne la pucelle,
Venus luy fit descendre au cœur une estincelle
Par les yeux envoyée, et tout soudainement
Il devint amoureux, et si ne sceut comment.
 Il sent dedans ses os une peste qui erre
De moüelle en moüelle, et luy fait telle guerre,
Qu'avec un grand souspir, gemissant, est contraint
De confesser qu'Amour l'a vivement attaint.
Il a l'âme pendue aux beaux yeux de la belle,
En ses cheveux se lie et ne pense qu'en elle,
Il se brusle luy-mesme, et fust mort de souci
Si pour la courtiser ne luy eust dit ainsi :
 « Je confesse qu'Amour de sa gentille flame
Autrefois m'a brulé pour une jeune dame,
Que le traistre Thesé laissa dessus le bord
Seule entre les rochers, la proye de la Mort;
Mais comme j'ay pour toy, telle amoureuse playe
Je n'eus oncques pour elle, et tant plus je m'essaye
De l'oster, et tant plus je sens ceste poison
Faire mon appetit maistre de la raison ;
Et pource pren pitié de mon ame embrasée,
Et vien dedans mon char pour ma tendre espousée,
Vien enlacer mon col ; ce n'est un petit heur
Quand une femme acquiert un Dieu pour serviteur.
 » Helas je te suppli' par ceste belle bouche,
Par ces yeux dont l'esclair jusqu'en l'âme me touche,
Par ces cheveux crespez qui me pressent le cœur,
N'entretien d'un espoir longuement ma langueur ;
Reçoy-moy pour mary, au reste prens en gage
Mon amour comme en dot d'un si beau mariage ;
Car ton corps, qui mon cœur a chassé de son lieu,
Est digne de monter au lict d'un plus grand Dieu.
 » Je ne suis pas un Dieu forestier ny champestre ;

Je suis ce grand Bacchus des satyres le maistre,
Qui ay cent mille autels, qui ay cent mille noms,
Tant craint et reveré par tant de nations.
 » Dontant dessous mon joug la cruauté des lynces,
Triomphant j'ay vaincu les Indes et leurs Princes ;
J'ay fait mourir Lycurgue, et Penthé j'ay tué,
Les mariniers Tyrrheins en dauphins j'ay mué,
Et en chauves-souris tourné les Minaïdes
Qui avoient mesprisé mes festes Thebaïdes.
Jupiter est mon pere, et quand je monte aux cieux,
J'ai mon trône eslevé entre les plus hauts Dieux. »
 Ainsi disoit Bacchus, et tout soudain l'Autonne
A ce Prince amoureux pour espouse se donne.
En son char il la monte en grave majesté,
Et depuis l'un sans l'autre ils n'ont jamais esté,
Tant peuvent en amour deux courages ensemble
Quand une affection pareille les assemble,
Non crainte de parens qui l'amitié destruit,
Et devant que fleurir fait avorter le fruit.

 Je te salue, Autonne, et ton mary qui porte
Le nom d'avoir passé par une double porte,
Maistresse du vaisseau que l'Abondance tient,
Par qui en sa beauté Pomone se maintient !
Chasse je te suppli' toute peste maline,
Fiévres, rheumes, langueurs du chef de l'Aubespine,
Conserve sa famille, et remplis à foison
De pommes et de fruits, et de vins sa maison.
 O bonne et grande part des saisons de l'année,
Autonne de tous biens richement couronnée,
Des humains le grenier, le celier, la planté,
Qui as part au Printemps, qui as part à l'Esté !
Donne que l'Aubespine en sa vieillesse arrive
Plein d'un esprit gaillard, plein d'une force vive,
Et que jamais Fortune, ennemie de ceux
Qui se font excellens pour n'estre paresseux
A bien servir les Roys, d'inconstance subite
Ne se monstre vers luy fascheuse ny despite ;

Mais qu'il jouysse en paix des biens qu'il s'est acquis,
Soit jeune en cheveux noirs, soit vieil en cheveux gris,
Afin qu'en sa maison en repos il les use,
Puis qu'il est si courtois aux enfans de la Muse.
 Autonne, c'est assez, je veux me souvenir
De ton frere l'Hyver qui doit bien tost venir;
Je m'en vais le chanter, car je l'estime digne
Ainsy que je t'ai fait, de luy donner un hymne. (a)
(1564.)

HYMNE VI.

DE L'HYVER.

A MONSIEUR BOURDIN,

Seigneur de Villennes, procureur general.

Je ne veux couronner mes cheveux ny mon front
D'un laurier qui croistra sur la pente d'un mont; (b)
Je veux l'aller chercher au plus haut d'une roche
Difficile à grimper, où personne n'approche;
Je veux avec travail brusquement y monter,
M'esgratignant les mains avant que l'apporter,
Pour les montrer au peuple, et avant que je chante (c)

a. Var. :
Autant ou plus que toy de l'honorer d'un hymne.

b. Var. :
Je ne veux sur mon front la couronne attacher
D'un laurier de jardins trop facile à chercher;

c. Var. :
Afin qu'environné de maint peuple, je chante

Quelle proprieté se trouve en telle plante.
 Peuple, ce verd laurier pour qui j'ay combatu
(Diray-je en le monstrant) est de grande vertu!
Si quelqu'un le regarde, ou le masche, ou le pose
Pour couronne à son chef, tout soudain il compose,
Et les Muses qui sont noble race du ciel,
Arrosent sa parolle et sa bouche de miel.
Il est soudain aimé des seigneurs et des princes,
Il marche venerable au milieu des provinces,
Il est de tous costez d'un peuple environné, (a)
Il a le front de gloire et d'honneur couronné,
Et au trait de ses yeux et au port de sa face
Ses ennemis ont peur et sont froids comme glace;
Il est sans passion, et son cœur, mesuré
Au compas de constance, est du tout asseuré; (b)
Car soit qu'il vist tomber ceste grande machine,
Il ne verra son cœur trembler en sa poitrine,
Philosophe hardi constant de toutes pars,
Armé de sa vertu comme de grands rempars.
 Ces jeunes apprentis desloyaux à leur maistre,
Ne peuvent du laurier l'excellence cognoistre;
Mais les gentils esprits, des Muses le bonheur,
Cognoissent bien la plante et luy font grand honneur.
Quand je la porte és mains, au front, ou soubs la robe,
Si quelqu'un par finesse une fueille en dérobe,
La fueille le decelle, et ne veut que le prix
Des fronts doctes et beaux soit emblé ny surpris.
Le laurier le desdaigne, et bien qu'ils le tourmentent,
Jamais de ses rameaux la bonne odeur ne sentent,

a. Var. :

Il rend par son bel art son païs estonné,

b. Var. :

Il est sans passion, sans crainte ny douleur,
Plus grand que le destin, fortune et le malheur;

Comme chose forcée, et qui ne vient à gré
A l'arbre de Parnasse, à Phebus consacré.
 Il veut qu'on le recherche avec travail et peine
Sur un roc dont la cyme est fascheuse et hautaine ;
Comme j'ay cestuy-cy, que je plante au jardin
(Pour tousjours y fleurir) de mon docte Bourdin.
 Toute philosophie est en deux divisée,
L'une est aiguë, et vive, et prompte, et advisée,
Qui sans paresse ou peur, d'un vol audacieux
Abandonne la terre et se promeine aux cieux.
 Hardis furent les cœurs qui les premiers monterent
Au ciel, et d'un grand soin les astres affronterent ;
Là, sans avoir frayeur des cloistres enflamez
Du monde où tant de corps divers sont enfermez,
Par leur vive vertu s'ouvrirent une entrée,
Et veirent jusqu'au sein la nature sacrée ;
Ils espierent Dieu, puis ils furent après
Si fiers, que de conter aux hommes ses secrets,
Et d'un esprit vainqueur eurent la cognoissance
De ce qui n'est point né, de ce qui prend naissance,
Et en pillant le ciel, comme un riche butin,
Mirent dessous leurs pieds Fortune et le Destin.
 L'autre Philosophie habite sous la nue,
A qui tant seulement ceste terre est cognue
Sans se loger au ciel ; le cœur qui luy defaut
Ne luy laisse entreprendre un voyage si haut.
Elle a pour son sujet les negoces civiles,
L'equité, la justice et le repos des villes ;
Et au chant de sa lyre, a fait sortir des bois
Les hommes forestiers pour leur bailler des lois.
Elle sçait la vertu des herbes et des plantes,
Elle va dessous terre aux crevaces beantes
Tirer l'argent et l'or, et chercher de sa main
Le fer qui doit rougir en nostre sang humain.
 Puis à fin que le peuple ignorant ne mesprise
La verité cognue après l'avoir apprise,
D'un voile bien subtil (comme les peintres font
Aux tableaux animez) luy couvre tout le front,

Et laisse seulement tout au travers du voile
Paroistre ses rayons comme une belle estoille,
A fin que le vulgaire ait desir de chercher
La couverte beauté dont il n'ose approcher.
 Tel j'ay tracé cest hymne, imitant l'exemplaire
Des fables d'Hesiode et de celles d'Homere.

 Le jour que la Nature accoucha de l'Hyver,
On vit de tous costez tous les Vents arriver
Les parrains de l'enfant, et le ciel pesle-mesle
Enfarina les champs de neiges et de gresle.
Il n'estoit pas encore és prisons du berceau,
Que Mercure le prend, et le mist en la peau
D'un mouton bien frizé, puis de roide volée
A son dos l'emporta sur la voûte estoilée,
Et comme pour risée il le vint presenter
Au milieu de la salle aux pieds de Jupiter.
 Jupiter se sourit de la hideuse mine
Du garçon qui rampant à quatre pieds chemine
A l'entour de ses pieds, comme un petit mastin
Qui sent venir sa mere et cherche le tetin.
Les tourbillons venteux rouloient dessus sa face,
Il avoit les cheveux roidis à fils de glace,
Renversez, boursouflez, et sur le dos portoit
Une humide toison qui tousjours degoutoit ;
Il estoit rechigné, hargneux et solitaire ;
Et pource Jupiter de tous les Dieux le pere,
Prevoyant qu'il seroit quelque monstre odieux,
Comme il fist à Vulcan le renversa des cieux.
 Alors le pauvre Hyver à teste renversée
Ayant les bras espars d'une cheute eslancée,
Roua dés le matin jusqu'au soleil couchant,
Tousjours pirouettant, tournoyant et bronchant ;
A la fin en glissant par le travers des nues,
S'arresta renversé sur les rives chenues
De Strymon, hostelier de ce vent qui nous fait
En baloyant le ciel le jour serein et net.
 La Thrace ce-pendant s'estimoit bien-heureuse

D'estre de cest enfant la nourrice amoureuse,
Que soudain elle emplit de force et de vigueur,
Et d'un tel nourrisson avoit plaisir au cœur.
   Or le Vent qui sçavoit que par une risée
La face de l'Hyver fut au ciel mesprisée,
Et pource, comme frere, il le vint irriter
D'entreprendre la guerre encontre Jupiter.
   « Et quoy! disoit Borée à l'Hyver magnanime,
Veux-tu souffrir qu'on face au ciel si peu d'estime
De toy jeune guerrier? et que tu sois fraudé
De l'honneur que ta mere a pour toy demandé?
Regarde de quel sang tu as pris ta naissance?
Quels sont tes alliez, et quelle est ta puissance?
Combien tu as de mains, de jambes et de bras
Pour renverser du ciel ce Jupiter à bas?
   » Il se vante d'avoir une maison ferrée,
Au grand plancher d'airain d'eternelle durée,
Et que seul, quand il veut, les Dieux peut surmonter,
Et qu'eux tous assemblez ne le sçauroient donter.
   » Mais ce qui plus me fasche, et m'espoinçonne d'ire,
C'est qu'il avance au ciel je ne sçay quel Satyre,
Un Mercure larron, un Manœuvre boiteux, (a)
Un Alcide gourmand, dont le ciel est honteux.
   » Il aime l'estranger et ses parens recule,
Et se vante d'avoir je ne sçay quel Hercule, (1)
Dont la forte massue en guerroyant abat
Tout cela que la Mort luy presente au combat.
S'il a le fort Hercule autheur de son trophée,
Tu auras en ton camp l'ingenieux Typhée, (2)
Qui a cent yeux, cent bras, cent mains, et cent cerveaux,

a. Var. :

. . . . un *Mavors rioteux*,

1. Il entend par Hercule le soleil qui dissipe les nuées.
Voyez Macrobe. (Note de 1564.)
2. Par Typhée, il entend le vent qui imprime les nues
de cent mille façons, selon qu'il les agite. (Note de 1564.)

Excellent à trouver mille desseins nouveaux;
Luy seul vaut son Alcide et toute son armée.
Courage! la vertu n'est pas une fumée
Qui deçà qui delà s'évanouit en vain,
Elle veut l'action du cœur et de la main.
Mande-luy promptement qu'il te face partage;
Luy suffise le ciel, sans ravir davantage.

» Tout ce qui pend en l'air sous l'aire du croissant,
Tout ce qui monte en haut, et le ciel va paissant,
Dont la Nature change et s'altere et se mue,
Soit maintenant en vent, soit maintenant en nue,
Neiges, glaces, frimas, sont proprement à toy,
Et les plaines de l'Air te confessent leur Roy.

» Courage, compagnon, jouis de ta contrée;
Quant à moy, je suis fils de l'Aurore et d'Astrée;
Et ne veux endurer que ce tort te soit fait :
Le magnanime cœur se cognoist à l'effet. »

Ainsi disoit ce Vent plein d'une âme dépite,
Envoyant ses courriers, l'un devers Amphitrite,
L'autre vers les estangs, rivieres, et ruisseaux.

Ces postes en volant plus roidement qu'oiseaux,
Hucherent d'un grand cry les cent freres Dactyles,
Curetes, Corybans, aux armes bien-habiles;
L'un courut aux enfers, des ombres possesseurs,
Appeller le grand Chien, la Gorgonne, et ses Sœurs,
Et l'autre fit venir les ventreuses Harpyes
Qui sur le bord de Styx sommeilloient accroupies;
Pegase y vint aussi, le cheval emplumé,
Portant dessur le dos un chevalier armé.

L'autre sonna Triton aux longs cheveux humides,
Proté', Glauque, Portonne, et les vieilles Phorcydes
Au regard renfrongné, qui branloient en la main
En lieu d'une quenouille un javelot d'airain.

Les autres vont au creux de la terre ensoulphrée,
Appeller Encelade, et le fort Briarée,
Gyge, Cotte, Porphyre (1), et ces Titans qui font

---

1. Par ces noms, il entend les vents. (Note de 1564.)

En soulevant les champs d'une plaine un grand mont,
Et crevassant la terre obscure de fumée,
Dégorgent jusqu'au ciel une haleine enflamée.
 Ces courageux guerriers plus vistes qu'un esclair
S'allerent tous camper au beau milieu de l'air
Sous l'espais d'une nue, en remparts asseurée,
Comme une grand' cité bien forte et bien murée,
Et gaignerent le fort, alors que le Soleil
Tournant les pieds vers nous se penchoit au sommeil.
 Les Astres qui faisoient au ciel la sentinelle,
Advertirent les Dieux de l'estrange nouvelle,
Et du train et du cry des chevaux hennissans,
Du nombre des piétons sous le fer gemissans (*a*)
Des divers estendars, du cliquetis des armes,
Et d'un peuple incognu de barbares gendarmes,
Dont les boucliers flamboient comme ces roux cheveux
Des cometes, qui sont envenimez de feux
Qui deçà qui delà leurs grands rayons espandent,
Et de l'air en glissant à front baissé descendent
Sur le mast d'un navire, ou sur une cité
Que Dieu veut chastier pour sa meschanceté.
 Jupiter tout soudain fit apprester sa bande,
Et veut qu'un seul Alcide à ses troupes commande,
Que Mercure le suive, et que le jeune Mars
Face de bande en bande arranger les soldars.
 Si tost que le Soleil sortit hors de sa couche,
L'Hyver d'un grand courage attaque l'escarmouche,
Et fit marcher devant comme chevaux legers
Les tourbillons poudreux, pour sonder les dangers.
 Briare estoit armé d'une vieille ferraille,
En lieu d'un morion s'afubloit d'une escaille
De dragon effroyable, et de sa bouche issoit
Un brasier enfumé qui le jour noircissoit.
Cent bras se remuoient de ses espaules dures.

a. Var. :

Des soudars sous le fer jeunement bondissans,

La peur, l'horreur, l'effroy, les meurtres, les injures
Marchoient devant sa face, et de tous les costez
Rendoit ses ennemis ou peureux ou dontez.
    Sous le pied des soldars la terre trembla toute,
La mer en tressaillit, l'enfer estoit en doute,
Et ne sçavoit lequel seroit victorieux
Ou le camp de l'Hyver, ou bien celuy des Dieux. (¹)
    Hercule à l'aborder, se mit à l'avant garde,
Et de cent yeux ardens ses ennemis regarde ;
Il les presse, il les tue, et les abat dessous
Sa pesante massue effroyable de clous ;
Ses bandes toutefois n'avoient l'âme asseurée,
Et craignoient tellement les mains de Briarée,
Que la glaçante peur coulante par les os,
Tourna honteusement à la fuite leur dos.
    L'Hyver d'autre costé faisoit un grand carnage,
Et sans perdre ny cœur, ny force, ny courage,
Comme un foudre emporté dessus l'aile du vent,
Alloit le fer au poing la Victoire suivant ;
Et n'eust esté le Jour qui par une rancune
Abysmâ la lumiere és ondes de Neptune
(Envieux sur l'Hyver), il eust eu ce bon-heur
De donner à son camp la victoire et l'honneur.
    Ce-pendant Jupiter qui des siens se desfie,
Ramasse son armée et son camp fortifie,
Il appelle la Nuict, et luy dit tel propos :
    « Nuict, fille de la Terre, et mere du Repos,
S'il te souvient du bien que je te fis à l'heure
Que Phanete voulut desrober ta demeure,
Et qu'il n'eut pour le tout sinon une moitié ;
Nuict, sois-moy secourable et pren de moy pitié.
Il faut qu'en ma faveur tu sois noire et troublée,
Que ton char soit tardif, ta langueur redoublée,
A fin que mon Mercure ait loisir d'espier
L'Hyver, et prisonnier pieds et mains le lier.
    » Nuict, repos des mortels, si tu me veux complaire,

---

1. Il prend ici les Dieux pour les astres. (Note de 1564.)

Tu auras un present qu'autrefois je fis faire
Ainsi qu'un beau jouet, à sept voûtes, tout rond,
Voûtes qui en tournant d'elles-mesmes s'en vont
En biaiz haut et bas à l'entour d'une pomme,
Et si jamais le temps leur course ne consomme. (¹)
» Un Cyclope (²) apparoist au milieu du jouet,
Qui tient haut eslevé en sa dextre un fouet,
En la gauche une bride, et au dessous du ventre
(Chose horrible à conter) il a les pieds d'un cancre.
Un coq dessus son front chante pour l'éveiller
Quand il veut au matin sous l'onde sommeiller;
Il a les cheveux d'or, et sa face enflamée
Reluit comme une flame en un chaume allumée
Qu'un laboureur attize, et fait de peu à peu
Sortir d'une estincelle un grand brasier de feu.
» Or tu auras en don (si tu me fais service)
Ce present ennobly d'excellent artifice.
Va-t'en chercher le Somme, et luy dy de par moy,
Qu'il ameine Morphée et le Silence coy,
Et qu'il face endormir cest Hyver qui conspire
De renverser le ciel, mes Dieux et mon empire. (³)
Mercure te suivra pour le surprendre, afin
De mettre sans combat ceste querelle à fin. »
Ainsi dit Jupiter, et la Nuict est allée
En son antre vestir sa grand' robe estoillée,
Que la Terre fila et ourdit de ses mains
Pour couvrir les soucis et les yeux des humains.
Amour y fut pourtrait, et ce doux exercice

---

1. Il entend la sphere du ciel. Pareille invention est dedans les Argonautes d'Apolloïne. (Note de 1564.)
2. Il entend le soleil. (Note de 1564.)
3. Il exprime ces vers d'Ovide, parlant de la violence des vents :

> . . . . Vix nunc absistitur illis,
> Cum sua quisque regat diverso flamina tractu,
> Quin laniant mundum, tanta est discordia fratrum.

(Note de 1564.)

Qui garde que le monde orphelin ne perisse;
Puis appella le Somme, et luy a dit ainsi :
  « Somme, mon cher enfant, le sorcier du souci,
Jupiter te commande aller dedans l'armée
De l'Hyver, et serrer sa paupiere enfermée
D'une chaisne de miel, et de prendre avec toy
Pour compagnons Morphée, et le Silence coy;
Va donq siller les yeux de l'Hyver, qui conspire
De renverser le ciel, les Dieux et leur empire. »
  A-tant se teut la Nuict, et le Sommeil adonq
Se vestit d'un manteau comme un grand reistre long, (a)
Prit des souliers de feutre, et puise en la riviere
De Styx une vapeur qui endort la paupiere.
  Il couronna son chef d'un pavot endormy,
Puis rampa doucement au camp de l'ennemy,
Traçant de l'air venteux la region humide,
Faisant marcher devant le Silence pour guide.
  Adonques le Sommeil caut et malicieux
S'alla comme un oiseau planter devant les yeux
De l'Hyver qui veilloit, tournant en sa pensée
Le moyen d'achever la guerre commencée. ([1])
Aprés que le Sommeil, sur sa teste penché,
L'eut long-temps assoupy, comme un traict décoché
Coula dedans ses yeux, et doucement assemble
D'un dormir englué ses paupieres ensemble,
Fit chanceler sa teste, et si bien il entra
Des yeux en l'estomac, qu'au cœur le penetra,
Et luy fit en ronflant (tant le dormir le touche)
Verser le doux sommeil du nez et de la bouche.
  Mercure, ce-pendant, finement l'enchaina,
Et au grand Jupiter prisonnier l'amena.

a. Var. :

Couvrit son chef d'un voile autant large que long,.

  1. Par le sommeil et les longues nuits les hommes trompent l'hyver. (Note de 1564.)

Jupiter qui le vit reduit sous sa puissance,
D'un severe sourcil le menace et le tance,
Et si fort contre luy le courroux l'embrasa,
Que sans sa sœur Junon, qui son ire appaisa,
Eust foudroyé l'Hyver ; mais elle qui le prie,
Embrassant ses genoux, modera sa furie.
 « O Jupiter, des Dieux et des peres le Roy,
Fay (ce disoit Junon) quelque chose pour moy !
Je suis, Saturnien, ta sœur et ton espouse,
Et au ciel comme toy je commande et dispouse.
Helas ! pere benin, qui justement defens
Par ta loy de tuer, pardonne à tes enfans ;
Je sçay que tu pourrois de l'esclat d'un tonnerre
Ensoulfrez et brulez les renverser par terre ;
Mais il vaut mieux ruer les foudres de ta main
Sur le haut des rochers, que sur le genre humain.
Et pource je te pri' change de fantasie,
Laisse-les moy gaigner par douce courtoisie ;
Il n'est rien si cruel, que le cœur feminin
Ne rende par douceur gracieux et benin. »
 Ainsi disoit Junon, et Jupin de sa teste,
Ayant flechy son ire, accorda la requeste.
 Incontinent, Iris, qui des fleuves te pais,
Tu fis sçavoir aux camps le traité de la paix ;
Tu deslias l'Hyver, et de prompte allegresse
L'invitas au festin de Junon ta maistresse.
 Si tost que l'appareil du festin fut dressé,
Hebé la jeune Nymphe au coude retroussé,
Mit de l'eau dans l'esguiere, et la prit en la destre,
Et le bassin doré en l'autre main senestre ;
Contre un pilier marbrin son dos elle appuya,
Lava les mains des Dieux, et puis les essuya
D'un linge bien filé, bien plié, que Minerve
Pour un riche tresor avoit mis en reserve,
Et jamais de son coffre elle ne l'aveignoit
Sinon quand Jupiter l'Ocean bien-veignoit.
 Aussi tost que les Dieux furent assis à table
(Chacun tenant son rang et sa place honorable)

Voicy les demy-Dieux, qui du haut jusqu'au bas
La nape grande et large ont couverte de plas
Entaillez en burin, où s'enlevoient bossées
Des Dieux et des Titans les victoires passées,
Et comme Jupiter aux enfers foudroya
Le gean qui le ciel de cent bras guerroya.
 Apollon fit venir les Muses en la dance;
La belle Calliope alloit à la cadance
Sur toutes la premiere, et dessus le troupeau
Paroissoit comme un pin sur le haut d'un coupeau.
 Tantost elle chantoit, tantost d'une gambade
Elle faisoit rouer sa ronde vertugade;
Pan le Dieu boccager de sa flute sonna;
Le haut palais doré mugissant resonna
Sous la voix des haubois, et ce-pendant la coupe
Alloit de main en main en rond parmy la troupe.
 Aprés que le desir de manger fut donté,
Et l'appetit de boire en beuvant fut osté,
Chacun pour escouter ferma la bouche close,
Et alors Jupiter commença telle chose :
 « Il n'est rien de plus sainct que la saincte amitié :
Et pource, comme pere, ayant au cœur pitié
Des guerres qui estoient en nostre sang trempées,
J'ay brisé les harnois et cassé les espées,
Aimant trop mieux porter, sans titre de guerrier,
L'olivier sur le front qu'un chapeau de laurier.
C'est la raison pourquoy, Hyver, je te delivre,
Afin qu'en amitié le monde puisse vivre.
 » Va-t'en là bas en terre, et commande trois mois;
Je te donne pouvoir de renverser les bois,
D'esbranler les rochers, d'arrester les rivieres,
Et sous un frein glacé les brider prisonnieres,
Et de la grande mer les humides sillons
Tourner ores de vents, ores de tourbillons.
 » Je te fay le seigneur des pluyes et des nues,
Des neiges, des frimats et des gresles menues,
Et des vents que du ciel pour jamais je banis;
Et si veux, quand Venus ira voir Adonis,

Que tu la traites bien, pour voir aprés Cybelle
Se germer de leur veue, et s'en faire plus belle. (¹)
Et bref mon cher enfant, je te veux faire avoir
Là bas autant d'honneur, qu'au ciel j'ay de pouvoir. »
 Ainsi dit Jupiter, et l'Hyver qui l'accorde,
Jura d'entretenir ceste heureuse concorde ;
Il prit congé des Dieux, et vivement de là,
Ayant rompu son camp, en terre devala.

Je te salue, Hyver, le bon fils de Nature !
Chasse de mon Bourdin toute estrange avanture ;
Ne gaste point ses champs, ses vignes, ny ses blez,
Qu'ils viennent au grenier d'usure redoublez,
Et que ses gras troupeaux au temps de la gelée
Ne sentent en son parc ny taq ny clavelée ;
Son corps ne soit jamais de rheumes tourmenté,
Et conserve sa vie en parfaite santé.
(1564.)

Hymne VII.

DE L'OR.

A JEAN DORAT,

Son precepteur.

Je ferois un grand tort à mes vers et à moy,
Si, en parlant de l'Or, je ne parlois de toy
Qui as le nom doré, mon Dorat ; car cest hymne
De qui les vers sont d'Or, d'un autre homme n'est digne

---

1. Par Venus, Adonis et Cybele, il entend le blé, l'humeur generante et la terre. (Note de 1564.)

Que de toy, dont le nom, la Muse et le parler
Semblent l'Or que ton fleuve Orence fait couler.

 Comme jadis Homere acquit la renommée
D'yvrongne, pour avoir en ses vers estimée
La vigne, et de Bacchus les dons delicieux ;
Ainsi j'auroy le bruit d'estre avaricieux,
D'autant que je celebre en mes vers la Richesse.

 Or le peuple dira ce qu'il voudra, si est-ce
Qu'Homere ne fut pas yvrongne, pour avoir
Celebré par ses vers de Bacchus le pouvoir ;
Ny moy avare aussi, bien qu'icy je m'efforce
De celebrer de l'Or l'excellence et la force.
Hé, bons Dieux ! qui voudroit penser tant seulement
Que vingt ou trente escus logeassent longuement
En la bourse d'un poete ? hé qui est le barbare
Qui oseroit songer qu'Apollon fust avare ?
Oseroit bien quelqu'un si grand' faute penser,
Si à tort ne vouloit les Muses offenser,
Qui jamais par leurs vers ne se sont souciées
D'espargner de l'argent pour estre mariées ?
Tellement que tousjours la dure pauvreté
Les contraint par les bois de garder chasteté.
Pour ceste occasion Calliope regarde
Celuy d'un mauvais œil, qui trop chichement garde
Quelque tresor moisi dans un coffre rouillé :
Son cœur, comme son Or est de vice souillé,
Et tousjours, quoy qu'il die, ou qu'il chante, ou qu'il
Des saintes Muses perd la faveur et la grace ; [face,
Car il ne pense rien que l'Or dont il est plein,
Comme un chien bien que saoul, ne pense qu'en du pain.

 Ceux qui ont en nostre art acquis le tesmoignage
D'estre les mieux disans ont vescu sans l'usage
De l'Or ambitieux, et ne furent tentez
De ses esblouyssons, mais se sont contentez
(Si c'est contentement) d'une noble misere
Riche de pauvreté. Tesmoin en est Homere,
De qui, comme un ruisseau d'âge en âge vivant,
La Muse va tousjours les poetes abreuvant.

Toutesfois j'aime mieux suivre son éloquence,
Imitant ses beaux vers, qu'avoir son indigence,
Qui, pauvre, d'huis en huis ses poëmes chantoit
Pour un morceau de pain qu'un riche luy jettoit.
 Donc pour ce coup, Dorat, je diray la louange
De ce noble metal, en qui mesme se change
Jupiter, et qui veut ses pourtraits honorez
Et ses temples divins en estre tous dorez,
Comme honorant celuy qui le rend honorable;
Car sans l'Or son pourtrait seroit peu venerable.
Il peut estre qu'un autre aprés moy surviendra,
Qui chanter par despit la pauvreté voudra.
Quiconque soit celuy, la chante sans envie !
Il se peut asseurer qu'à luy ny qu'à sa vie,
Ny qu'à ses actions un homme de bon cœur
Ne portera jamais ny haine ny rancœur.
 O bien-heureux metal, par qui heureux nous sommes,
Le sang, les nerfs, la force et la vie des hommes !
Celuy qui te desdaigne et ne t'a point acquis,
Semble un mort qui chemine entre les hommes vifs.
Pour cela justement le comique Menandre
Osa devant le peuple Epicharme reprendre
De ce qu'il asseuroit que les astres des cieux,
Les vents, la mer, le feu, estoient seulement Dieux ;
Où luy tout au contraire asseuroit la richesse
(Tant elle a de puissance) estre seule Déesse.
 « Si quelqu'un, disoit-il, la loge en sa maison,
Il aura tout soudain toute chose à foison,
Champs, prez, vin, bois, valets, tesmoins, amis, justice,
Et chacun sera prest à luy faire service. »
 La richesse sans plus nous trouve des amis.
Celuy qu'elle cherit, à luy seul est permis
De s'asseoir prés des Roys, et son ennemy n'ose
Contre sa dignité gronder en nulle chose.
Pourquoy nous courbons-nous devant les grands seigneurs?
Pourquoy leur faisons-nous du genouil tant d'honneurs,
Sinon pour leur richesse ? est-il pas vray-semblable
Si un Roy devenoit un pauvre miserable,

Qu'on ne voudroit pour luy en la guerre mourir?
Et pourquoy le sert-on, sinon pour acquerir
Des biens en le servant? mais dites, pourquoy est-ce
Qu'un poete, un orateur, un philosophe adresse
Ses livres aux grands Roys? pourquoy tant d'artizans
Offrent-ils leurs labeurs aux Princes courtizans,
Sinon pour avoir d'eux quelque largesse honneste?
C'est l'Or qui met aux Roys la couronne en la teste,
Qui leur donne puissance et les fait commander.
   Mais vien-çà, mon Dorat, je te veux demander,
Platon eust-il fait cas du tyran de Sicile,
Le fust-il allé voir, se fust-il fait servile
Aux plaisirs de ce Roy, sans l'espoir qu'il avoit
D'en tirer du profit? nenny; car on ne voit
Philosophe icy bas, tant soit-il honorable,
Tant soit de longs poils blancs son menton venerable,
Tant soit son gros sourcil gravement renfrongné,
Que d'un riche present bien tost ne soit gaigné,
Et qu'il ne parle bas, et défronce sa ride.
   Cognoissant bien cela, l'avare Simonide
Disoit : « Je voy tousjours quelque pauvre sçavant
Philosophe barbu se promener devant
La maison d'un seigneur, qui son argent emporte ;
Mais je ne voy jamais les seigneurs à sa porte. »
   Pour-Dieu, n'allegue icy les forces de vertu !
Tu le perdrois contant ; mais vien-çà, pourrois-tu
Devenir bien sçavant si les livres te faillent?
Ce ne sont pas, Dorat, les Muses qui les baillent,
C'est le precieux Or ; il les faut acheter.
Sans argent un libraire en voudroit-il prester?
Certes je croy que non ; ou bien s'il te les preste,
Dans trois jours au plus tard il en voudra la dette.
   Mais sçaurois-tu bien faire à cheval ton devoir
Si tu n'as de l'argent pour un cheval avoir?
Pourrois-tu bien aller à la guerre sans armes?
La guerre se fait-elle au monde sans gendarmes,
Sans soudars ou sans fer? ne faut-il soudoyer
Tant de gens, si tu veux les faire guerroyer?

Celuy qui ne veut point de la soulde, desire
Avoir plus grande chose à laquelle il aspire,
Ou pension, ou l'ordre, ou à plus haut honneur ;
Mais tout, ô gentil Or, se fait en ta faveur !
   Sçauroit-on devenir expert en la peinture,
Expert en la musique ou en l'architecture,
Si l'argent nous defaut pour avoir des outils ?
Voirroit-on en tant d'arts tant de maistres subtils,
S'ils n'avoient par argent payé l'apprentissage
Des mestiers achetez? ô bon Dieu, que l'usage
De ce metal est grand! ô qu'il est precieux!
L'homme ne vit pas tant de l'air tiré des cieux,
De pain, de vin, de feu, comme il se laisse vivre
De cent mille plaisirs que cest Or luy delivre.
Sans luy chacun languit en paresseux sejour;
Sans luy l'homme ne peut ny pratiquer l'amour,
Ny prodiguer festins, ny demener la dance,
Ny au son des haubois marcher à la cadance ;
Sans luy l'on ne sçauroit en pays estranger,
Ny mesmes au sien propre, une heure voyager;
Sans luy, comme en songeant, un homme se pourchasse
Le plaisir des oiseaux, le plaisir de la chasse,
Le plaisir des chevaux ; car c'est luy qui conduit
Et qui gouverne seul des hommes le deduit.
   Qui plus est, on ne peut apparoistre louable
Sans luy, ny faire à Dieu un œuvre charitable.
Si l'argent nous défaut, nostre indigente main
Ne sçauroit rien donner aux pauvres morts de fain.
Qui veut faire un bel acte, il faut la bourse pleine;
Car rien d'expedient (comme dit Demosthene)
Ne se peut commencer ny achever sans luy,
D'autant que l'âge d'Or regne encore aujourd'huy.
Si Venus l'apperçoit, elle devient charmée ;
On ne voit porte au monde, et fust-elle fermée
De cent clefs, qui ne s'ouvre au devant de cest Or.
Il nous donne la grace, et si nous donne encor
Sçavoir, honneur, beauté, parentez, mariages,
Et seul il nous transforme en cent mille visages.

Il fait l'ignorant sage, et par luy le lourdaut
Est tenu pour accort, et s'esleve plus haut
En honneur qu'un sçavant ou qu'un vertueux, pource
Que la pauvre vertu n'a jamais bonne bourse.
Combien voit-on de gens qui seroient estimez
Sots, niais et badins, s'ils n'estoient bien armez
De madame Richesse, escu de leur sottise,
Qui fait que le vulgaire ainsi que Dieux les prise ?
Ah! que maint grand seigneur seroit estimé sot
Sans Richesse, qui fait qu'on n'ose dire mot,
Et qui nous tient la voix en la bouche arrestée !

Et bref, la Richesse est la corne d'Amalthée,
Qui tout donne à foison ; c'est le joyau d'honneur,
C'est la perle de prix, c'est le souv'rain bonheur ;
Quiconque l'a chez soy, est heureux et louable ;
Quiconque ne l'a point, est vraiment miserable.

Plus la terre aujourd'huy ne produit de son gré
Le miel pour nourrir l'homme, et du chesne sacré
(Lors que nous avons faim) les glands ne nous secou-
Plus de vin ny de laict les rivieres ne courent. [rent ;
Il faut à coups de soc et de coultres trenchans
Deux ou trois fois l'année importuner les champs ;
Il faut planter, enter, provigner à la ligne
Sur le sommet des monts la despenseuse vigne.
Tout couste de l'argent ; il faut acheter bœufs,
Pelles, serpes, rateaux, ou bien si tu ne peux
En fournir ta maison, il faut que ta main aille
Supplier ton voisin qu'à manger il te baille ;
Car de bien peu nous sert le grec et le latin,
Quand la faim nous assaut l'estomac au matin.

Au reste, la Nature ainsi qu'une autre beste
N'a point l'homme habillé du pied jusqu'à la teste.
On voit chevaux, lions, ours, brebis et taureaux,
Chiens, chats, sangliers et cerfs vestus de grosses peaux
Qui defendent leurs corps de chaud et de froidure ;
Mais d'une simple peau nous a couverts Nature.
Pource il faut de l'argent à couvrir nostre corps,
Qui de lui-mesme est tendre et douillet par dehors,

Auquel le chaud, le froid et le vent est contraire.
Hé qui n'a de l'argent, comment le peut-on faire?
Il faut trembler de froid, il faut mourir de chaut,
Sans jamais avoir rien de tout ce qu'il nous faut.
 Le pauvre seulement ce metal ne souhaite;
Le grave historien, l'orateur, le poëte
Brulent tous aprés luy ; le legiste le veut ;
Sans luy plus qu'un malade un medecin se deut;
Par luy le marinier se donne à la Fortune,
Et desprise les vents et les flots de Neptune
En une fraisle nef, et si ose passer
Charybde sans frayeur, pour de l'Or amasser.
 Le theologien plein de saincteté grande,
Avec ses oraisons la richesse demande;
Le constant philosophe et ceux qui ont souci
Des mouvements du ciel, la demandent aussi;
Chacun la veut avoir, chacun l'estime et prise;
Pource entre les vertus Aristote l'a mise,
Non pas comme vertu; mais comme l'instrument
Par lequel la vertu se monstre clairement,
Qui manque est de soy-mesme, et jamais ne se monstre
En lumiere, si l'Or pour guide ne rencontre.
C'est luy qui satisfait à nos necessitez,
C'est luy qui remedie à nos adversitez,
Et qui nous adoucit Fortune tant soit dure,
Et qui de nostre corps soigneusement a cure.
Car à la verité nos freres et nos sœurs
Ne sont pas nos amis si fideles et seurs,
Que l'Or nous est amy, quand quelque maladie,
Ou de fiévre, ou de peste, estonne nostre vie.
 Bien souvent un parent, ou par inimitié,
Ou par crainte du mal, ou par grande pitié
N'ose aller secourir ny sa sœur, ny son frere,
Et sans aide le laisse au lict en sa misere.
Mais l'Or sert de parent, qui envoye soudain
Chercher le medecin, lequel, tenté du gain,
Secourt le patient, le panse et le console,
Et par drogues retient son âme qui s'envole.

[Qu'on ne me vante donc ce gayac estranger
Par dessus ce metal, qui sauve du danger
Roys, princes et seigneurs, soit que bouilly le boivent,
Soit qu'autrement par luy douce santé reçoivent.]
L'Or n'est pas seulement de nostre corps soigneux,
Il l'est de nostre esprit; qui tant soit chagrineux,
Despit, triste, pensif, rêveur, melancolique,
Est tout soudain guary d'une douce musique,
Ou de livres nouveaux divinement escrits
Que l'Or nous donne à fin d'alleger nos esprits.

 O gentil Or, par tout tes forces tu descœuvres
Plus claires que le jour! tu es utile aux œuvres
Soit de guerre ou de paix; par toy les saintes lois
Fleurissent és citez, par toy les grands bourgeois,
Les palais, les marchez, pompeusement fleurissent,
Et par toy jusqu'au ciel les temples se bastissent.
L'avare laboureur, l'artizan, les marchans
Changent en ton metal l'usure de leurs champs;
Car trop plus que Cerés tu luy sembles utile
Pour luy, pour sa maison, pour marier sa fille,
A qui ja les tetins à demi-pleins de laict
Demandent à leur pere un mary nouvellet.

 Mais aussi tost que Mars anime les batailles,
Tu r'accoustres les forts, tu flanques les murailles,
Tu fonds artillerie, et fais de toutes parts
Cavaliers, gabions, terrasses et remparts,
Herses, machecouliz; car l'humaine prouesse
En vain se defendroit sans toy, dame Richesse.
Aussi les anciens admirans ta vertu,
Ont le mouton d'Hellés de fin Or revestu;
Ils ont en ta faveur les pommes honorées
De Venus et d'Atlas faites toutes dorées;
D'Or ils ont fait les Dieux, d'Or leurs temples aussi,
Tant aux hommes tu es et aux Dieux en souci.

 On dit que Jupiter, pour vanter sa puissance,
Monstroit un jour sa foudre, et Mars monstroit sa lance,
Saturne sa grand' faulx, Neptune son trident,
Appollon son bel arc, Amour son traict ardent,

Bacchus son beau vignoble, et Cerés ses campaignes,
Flore ses belles fleurs, le Dieu Pan ses montaignes,
Hercule sa massue, et bref les autres Dieux
L'un sur l'autre vantoient leurs biens à qui mieux mieux ;
Toutefois ils donnoient par une voix commune
L'honneur de ce debat au grand Prince Neptune,
Quand la Terre leur mere, espointe de douleur
Qu'un autre par-sur elle emportoit cet honneur,
Ouvrit son large sein, et au travers des fentes
De sa peau, leur monstra les mines d'or luisantes,
Qui rayonnent ainsi que l'esclair du soleil
Reluisant au matin, lors que son beau réveil
N'est point environné de l'espais d'un nuage,
Ou comme l'on voit luire au soir le beau visage
De Vesper la Cyprine, allumant les beaux crins
De son chef bien lavé dedans les flots marins.

 Incontinent les Dieux estonnez confesserent
Qu'elle estoit la plus riche, et flattans la presserent
De leur donner un peu de cela radieux
Que son ventre cachoit, pour en orner les cieux.
Ils ne le nommoient point ; car ainsi qu'il est ores,
L'Or, pour n'estre cogneu, ne se nommoit encores.
Ce que la Terre fit, et prodigue honora
De son Or ses enfans, et leurs cieux en dora.

 Adonques Jupiter en fit jaunir son throne,
Son sceptre, sa couronne, et Junon la matrone
Ainsi que son espoux son beau throne en forma,
Et dedans ses patins par rayons l'enferma.
Le Soleil en crespa sa chevelure blonde,
Et en dora son char qui donne jour au monde.
Mercure en fit orner sa verge, qui n'estoit
Auparavant que d'if ; et Phebus qui portoit
L'arc de bois et la harpe, en fit soudain reluire
Les deux bouts de son arc et les flancs de sa lyre.
Amour en fit son trait, et Pallas qui n'a point
La Richesse en grand soin, en eut le cœur espoint,
Si bien qu'elle en dora le groin de sa Gorgonne,
Et tout le corselet qui son corps environne.

Mars en fit engraver sa hache et son boucler,
Les Graces en ont fait leur demi-ceint boucler,
Et pour l'honneur de luy Venus la Cytherée
Tousjours depuis s'est faite appeller la Dorée ;
Et mesme la Justice à l'œil si renfrongné
Non plus que Jupiter ne l'a pas dédaigné ;
Mais soudain cognoissant de cest Or l'excellence
En fit broder sa robbe, et faire sa balance.
 Si donques tous les Dieux se sont voulus dorer
De ce noble metal, faut-il pas l'honorer,
Priser, aimer, louer? faut-il pas qu'on le nomme
L'ornement des grands Dieux, et le confort de l'homme?
Quant à moy, je ne puis m'engarder de crier
Aprés ce beau metal, et ainsi le prier :
 « O le sacré bon-heur de nostre race humaine,
Qu'à bon droit on t'appelle en tous lieux chasse-peine,
Donne-vie, oste-soin! puisse en toute saison
Estre pleine de toy ma bourse et ma maison.
Où tu loges, jamais n'arrive malencontre ;
Avienne que tousjours, tousjours je te r'encontre,
Soit de nuict, soit de jour, et que tous mes haineux
Ne te puissent jamais emprisonner chez eux
Comme un hoste forcé ; mais puisses-tu sans cesse
Venir loger chez moy, qui hautement confesse
Qu'un homme ne sçauroit sans ton precieux don
Rien tenter de hardy, d'utile ny de bon! »
 J'entr'oy déja quelqu'un qui sot me viendra dire
Que de la Pauvreté je ne devois mesdire,
Et que si j'entendois quelle commodité
Elle a, je l'eusse dite une felicité ;
Car c'est le don de Dieu, et jamais Dieu ne donne
Une chose aux mortels si la chose n'est bonne ;
Mais par faute d'avoir quelquefois pratiqué
L'heur qui d'elle provient, à tort m'en suis moqué.
Quiconque soit celuy qui se fera partie
Contre moy, je respons qu'assez je l'ay sentie ;
Mais que c'est la raison, qui ne veut point celer
La verité, qui fait mes vers ainsi parler.

Celuy qui la louera pour estre un don celeste,
Il faudra que de mesme il loue aussi la peste,
La famine, la mort, qui sont presens des Dieux,
Et toutefois ce sont presens tres-odieux,
Et dignes que chacun les evite et les fuye
Comme les vrais bourreaux de nostre humaine vie.
 Tu me diras encor qu'on ne doit amasser
Avec tel soin le bien qu'on voit si tost passer,
Et que plustost que vent, que songe ou que fumée
La richesse du monde en rien est consommée.
 Et vien-çà mon amy, puis qu'il nous faut jouer
La farce des humains, vaut-il pas mieux louer [comte,
(Qui peut) l'habit d'un Roy, d'un grand prince ou d'un
Que l'habit d'un coquin duquel on ne fait compte ?
Le bien ne se perd pas si tost comme tu dis;
Les royaumes fondez par les Roys de jadis
Sont venus à leurs fils, qui seuls de race en race
Ont tousjours obtenu de leurs peres la place.
Ja mille ans sont passez que les Roys des François
Gouvernent sans changer la France sous leurs lois,
Et tousjours sont accreuz de puissance en puissance.
Nostre Prince Henry donne assez cognoissance
Que les biens temporels long temps demeurent seurs,
Qui vit le plus grand Roy de ses predecesseurs,
Lequel par ses combats autres regnes appreste
Qui doivent couronner de ses enfans la teste.
 Tu me diras aprés, que les plus gens de bien
Des vieux siecles passez philosophoient sans bien,
Et que les plus vaillans capitaines des guerres
Vivoient sans acquerir ny richesses ny terres.
 Ta raison auroit lieu, si l'on ne voyoit qu'eux
Avoir esté jadis vaillans et belliqueux;
Mais puis que tant de Roys ont fait leur gloire espandre
Par leurs combats au monde, un Pyrrhe, un Alexandre,
Un Cesar, un Octave, il nous faut confesser
Que la noble vertu ne se veut adresser
Aux pauvres seulement, et que seuls ils n'ont d'elle
Pris la possession, mais plutost qu'elle appelle

Les Roys à son secours, d'autant qu'ils ont pouvoir
Par leur riche grandeur de la faire valoir;
Car voir un pauvre adroit est un cas d'aventure,
Et le grand Prince l'est volontiers de nature.
 Quelqu'un aprés cecy me viendra dire encor
Comme par moquerie : « Hé, mais qu'est-ce que l'Or,
Pour en faire un tel cas, qu'un sablon que l'on treuve
Aux rives de la mer, ou sur le bord d'un fleuve?
Il ne chet pas du ciel, il faut avec grand soin
A qui le veut avoir l'aller chercher bien loin. »
 Ô trop enflé des mots de la philosophie,
Ne sçais-tu pas que l'Or entretient nostre vie?
Et que par son moyen au monde nous avons
Pain, vin, chair et poisson, par lesquels nous vivons?
Pource ne me dy plus que l'Or est chose vaine,
Puis que seul il nourrist toute la race humaine.
 Tu me dirois encor : « Qui sçauroit le plaisir
De manger la salade, on n'auroit plus desir
D'amasser tant de biens, pour les laisser en proye
D'un indigne heritier, qui sautera de joye
Gaillard aprés ta mort, qui de mille festins,
Masques, cartes et dez, musique et baladins
En trois ou quatre mois rendra ta bourse vuide. »
Ah! quiconques sois-tu, escoute Simonide
Qui dit : « J'aimerois mieux que le ciel m'eust permis
En mourant enrichir mes propres ennemis,
Que vif me voir reduit à si pauvre misere
De honteux emprunter un liard à mon frere. »
Escoute Theognis qui se plaint en ses vers
Qu'on ne peut trouver mal dedans tout l'univers
Si grand que pauvreté, et qu'on la doit grand erre
Fuir par feu, par mer, par rochers et par terre!
 Quant à moy, mon Dorat, j'aimerois cent fois mieux
Trouver un grand lion au regard furieux,
Que de la rencontrer; car d'un lion la gueule
Se paistroit en deux coups de ma chair toute seule,
Où ceste pauvreté avec ses palles dents
M'engloutiroit tout vif, ma femme et mes enfans.

Tu diras que Richesse attraine avecques elle
Tousjours pour sa compagne, envie, haine, querelle,
Procez, noises, debats, affaires et soucy,
Peine, tourment, soupçon, et la sottise aussi ;
Car volontiers sottise est le propre heritage
De celuy qui sans peine est riche dés jeune âge.
Tu diras qu'elle rend les hommes glorieux,
Superbes, desdaigneux, tyrans, seditieux,
Et qui plus est, paillards, gourmands et pleins de vice,
D'autant que la Richesse est de tous maux nourrice,
Et qu'au rebours on voit la simple Pauvreté
Estre mere des arts, et de tranquillité.
 Vrayment je m'esbahis comme impudent tu oses
Babiller sans rougir de si frivoles choses !
Il faut donques aussi que Princes et Seigneurs,
Empereurs, Papes, Roys, Monarques, Gouverneurs,
Soient plus malins, d'autant qu'ils ont plus de richesse ?
Hé ! ne sçais-tu pas bien que Raison est maistresse ?
Et que si l'homme riche a dans luy seulement
Tant soit peu de raison, que tres-soigneusement
Il se gardera bien de commettre une offense,
Craignant de perdre honneur, dignitez et chevance ?
Où le pauvre au contraire, ayant senty la faim,
Dessus le bien d'autruy tousjours mettra la main,
Et deviendra brigand, affronteur, homicide ;
Car certes il n'est rien que le pauvre ne cuide
Luy estre fait licite ; il a l'œil impudent,
Le ventre large et creux, palle et dure la dent,
L'estomac affamé ; et, tout rouillé d'envie,
Tousjours mesdit de ceux dont heureuse est la vie,
Et jamais à son gré ne voit rien de parfait ;
Bref, il n'y a peché qui par luy ne soit fait,
Et mesmement alors que la faim l'espoinçonne,
Et toute invention de mal faire luy donne.
 C'est abus de penser qu'une compagne peur
Aille tousjours frappant d'un riche homme le cœur,
Comme celuy qui porte en sa bougette pleine
(Ainsi que le Castor) la cause de sa peine ;

Ronsard. — V.

Où le pauvre au contraire exempt de tout effroy
A naturellement une asseurance en soy ;
Car luy sans craindre rien, ayant sa panetiere
Sur l'espaule en escharpe, une nuit toute entiere,
Voire deux, voire trois en un bois dormira,
Et de peur des brigands son cœur ne fremira,
D'autant que son malheur de rien craindre l'engarde,
Et le defend trop mieux que cent archers de garde.
 Or s'il estoit ainsi, les Roys seroient craintifs,
Ce qu'on voit estre faux ; car dés qu'ils sont petits,
Ils sont déja hardis et bien adroits aux armes,
Comme nourris en guerre au milieu des alarmes ;
Qui plus est, les seigneurs ne vont jamais tous seuls,
Ils ont tousjours des gens derriere et devant eux
Armez de teste en pied, pour se mettre en defense
Si quelqu'un vouloit faire à leur personne offense.
Quand la nuict est venue, ils se font bien traiter,
Où le pauvre s'en-va sur l'herbe se jetter ;
Quel plaisir peut-il prendre à dormir contre terre,
S'il n'a plaisir de prendre une fiévre, un caterre,
Une goutte, une toux, ou bien quelque autre mal
Pour le mener languir au lict d'un hospital ?
 L'homme est vrayment maudit qui la Pauvreté loue ;
Jamais pour sa parente un Prince ne l'avoue ;
Jamais prés des grands Roys on ne la voit asseoir.
Elle est mere d'erreur et de tout desespoir,
Et d'un meschant lien nos esprits elle lie ;
Escoute Theognis qui contre elle s'escrie :
 « Ha ! lasche Pauvreté, pourquoy me presses-tu
Les espaules si fort que tu m'as abatu ?
Pourquoy me rends-tu fat au peuple qui m'avise ?
Pourquoy, vieille, fais-tu que chacun me desprise ?
Tu m'enseignes le mal que je fais maugré moy ;
Qui pis est, je ne puis, comme esclave de toy,
Exercer la vertu, ny faire œuvre louable,
Quand j'aurois de Minos le sçavoir venerable ;
Et quand les Dieux m'auroient toutes choses appris,
Encor tousjours seroy-je aux hommes à mespris,

Et vivrois sans honneur, d'autant que tu me presses
De ton fardeau l'espaule, et jamais ne me laisses !
Va-t'en, vilaine, ailleurs, puis que l'honneur te fuit,
Et que tousjours la honte et le malheur te suit ! »
 Ainsi dit Theognis, auquel certes j'accorde
Que l'on ne voit harpye en ce monde si orde
Que ceste Pauvreté ; or d'elle c'est trop dit :
Quiconque la louera soit pouilleux et maudit !
 Jusqu'à ces vers icy nous avons estimée
La Richesse, et avons la Pauvreté blasmée ;
Il est temps d'accuser ceux-là qui ne font rien
Sinon vendre leur rente, et gourmander leur bien.
Je m'esbahis, Dorat, comment la terre endure
Soustenir ces gourmans qui luy font telle injure
Que de gaster ses dons par leurs meschantes mains,
Nourrissans maquereaux, desbauchez et putains,
Naquets, flateurs, menteurs, et n'ont autre liesse
Que d'engloutir en vain leur chetive richesse
Par leur pere laissée, et ne font en nul lieu
Conte de leurs parens, ny des pauvres de Dieu.
Leurs biens semblent aux fruits qui croissent és montagnes,
Ou dedans le desert des steriles campagnes,
Des hommes non cueillis ; seulement les corbeaux
Les mangent dessus l'arbre, et en font leurs morceaux.
 Ne crains-tu point, gourmand, qu'aprés telle boubance
Ta main ne soit reduite en si grande indigence
Que d'aller à la fin, tout honteux, requerir
Un liard à ceux-là que tu soulois nourrir,
Lesquels à ton besoin ne te voudront entendre ?
 Ah, ce n'est pas ainsi qu'on doit les biens despendre
Que Dieu preste aux humains ; creez ils ne sont pas
Pour servir aux putains ny aux flateurs d'apas,
Qui, comme des corbeaux, ton heritage mangent,
Et tant que ton bien dure, autre table ne changent.
Ils sont faits pour nourrir les pauvres escoliers,
Les pauvres orphelins, les pauvres prisonniers,
Les pauvres estrangers, les pauvres souffreteuses
Qui n'osent mendier, tant elles sont honteuses.

Voilà pourquoy le bien nous est donné des cieux,
Et non pour le despendre en banquets vicieux.
 Que veux-tu tant manger? sçais-tu pas que ton ventre
Est ingrat de tes dons? et quelque bien qui entre
Dans son gouffre, jamais ne se saoule contant,
Et qu'un quart d'heure aprés il en demande autant? (¹)
Ayant d'un grand brasier la semblable nature,
Lequel plus on le saoule, et plus veut de pasture.
 Il vaut trop mieux donner à maint pauvre indigent
Qui t'en sçaura bon gré, ou vivres, ou argent,
Ou quelque autre bien-fait; car de telle despense
Tu en auras au monde ou au ciel recompense,
Non de vouloir chez-toy les flateurs rencontrer,
Qui te feront un jour ainsi qu'eux belistrer.
 Mais tout ainsi, Dorat, que je trouve execrables
Les gourmands, tout ainsi je trouve miserables
Ceux qui par mille soins amoncellent un Or,
Puis languissent de faim auprés de leur tresor,
Qui comme un prisonnier dans un coffre le gardent,
Ou comme un don sacré au temple le regardent.
 Vieil avaricieux, je te pri' respons-moy!
Penses-tu estre heureux pour enfermer chez toy
Tous les vins de Bourgongne, ou les bleds de Champagne,
Ou toutes les toisons d'Auvergne ou de Bretaigne,
Quand tu n'as qu'une robe, et quand tu meurs de faim
Et de soif au milieu de ton vin et ton pain?
Quand tu n'oses hanter un homme venerable
De peur de l'inviter quelquefois à ta table?
Non, la Richesse, non, ne se mesure pas
Aux escus amassez l'un sur l'autre à grands tas,
Mais au contentement; celuy qui se contente
Vit tres-riche, et n'eust-il qu'une moyenne rente.
Que te servent, dy-moy, tant de riches joyaux,
Tant de bagues, tant d'Or, d'habits et de vaisseaux

---

1. La même pensée se retrouve dans des vers faits par l'auteur à son lit de mort. Voyez sa Vie, dans le dernier volume.

Si tu n'en uses point? autant vaudroit des pierres
Dedans ton cabinet, ou des mottes de terres ;
Tu sembles à Priam, lequel ayant pouvoir
Sur un throne doré hautement de s'asseoir,
Se couchoit contre terre, et parfumoit sa teste
Et tout son estomac d'un fumier deshonneste.
   Tu es bien malheureux de te donner ennuy,
Et d'espargner ton bien pour enrichir autruy.
Tu ressembles encor au vieil pere d'Ulysse,
Lequel n'ayant chez luy qu'une pauvre nourrisse
Pour faire son mesnage, au village habitoit,
Et loin de ses amis chichement se traittoit,
Pendant que Penelope et sa bande consomme
En danses et festins les biens de ce bon homme.
   Tu souffres en vivant presques un pareil mal
Que souffre dans l'enfer le malheureux Tantal'
Qui meurt de soif en l'onde, et affamé ne touche
Jamais le fruict qui pend à l'entour de sa bouche ;
Car alors qu'il le veut de ses lévres toucher,
Tousjours quelque malheur le garde d'approcher :
Ou l'onde se recule, ou le vent qui remue
Les pommes loin de luy, les emporte en la nue,
Ainsi voulant manger, jamais ne mange rien ;
Mais le vent parmy l'air ne desrobe ton bien :
Tu le vens au marché, et aux prochaines halles
Aux yeux de tous venans au plus offrant l'estalles ;
Afin d'en rapporter de l'argent à plein poing
Pour te laisser mourir de faim à ton besoing.
   Comme l'homme hydropic, jusques à tant qu'il creve,
Jamais hors des ruisseaux ses lévres il ne leve ;
Aussi jamais ta main ne cesse d'acquerir
Des biens, jusques à tant qu'il te faille mourir.
   Encores si Charon de l'autre bord de l'onde,
Espris de ton argent, te repassoit au monde,
L'argent te serviroit, et faudroit amasser
De l'Or, pour luy donner à fin de repasser.
Mais puis que pour l'argent jamais il ne repasse
Ceux qui sont une fois entrez dedans sa nasse,

Soient laboureurs ou Roys, il faut vivre du bien
Que Dieu t'a departy, ce pendant qu'il est tien;
Car aprés ton decez, las! ta Richesse vaine
Ne te servira plus qu'à te ronger de peine
Par un cruel remors de t'avoir refusé
Ton bien propre à toy-mesme, et de t'estre abusé,
Larron de ton bon-heur, qui n'eus onques l'envie
De prendre avant ta mort un plaisir en ta vie.
　Je te salue, heureux, et plus qu'heureux metal,
Qui nourris les humains, et les sauves de mal!
Celuy qui dignement voudra chanter ta grace,
Ta vertu, tes honneurs, il faudra qu'il se face
Argentier, general, ou tresorier d'un Roy,
Ayant tousjours les doigts jaunes de ton aloy,
Et non pas escolier qui de ta grand' puissance
(Pour te voir rarement) a peu d'experience! (a)
(1560.)

Hymne VIII.

DE BACCHUS.

A JEAN BRINON, CONSEILLER EN PARLEMENT.

VERS HEROIQUES.

Que sçauroy-je mieux faire en ce temps de vendan-
　　Aprés avoir chanté d'un verre les louanges, [ges,
Sinon chanter Bacchus et ses festes, à fin
De celebrer le Dieu des verres et du vin,

a. Var. (1584) :

. . . . *qui n'a point cognoissance*
(*Pour te voir rarement*) *combien peut ta puissance!*

Qui changea le premier (ô change heureux!) l'usage
De l'onde Acheloée en un meilleur bruvage?
  Mais quoy? je suis confus; car je ne sçay comment,
Ne moins de quel pays je dois premierement
Chanter d'où est ce Dieu. Sa race est en querelle;
Thebes dit qu'il teta le laict de sa mammelle,
Et Nyse dit qu'il est de son ventre sorty.
Pere, lequel des deux en ta race a menty?
  Selon le vieil proverbe, et trop sotte et trop lourde
Thebe' a tousjours esté pour trouver une bourde,
Et sien ne t'avou'roit si son fils tu n'estois;
Mais Nyse est menteresse et les peuples Indois.
  Il est vray, quand Junon de despit enragée
De voir ta mere grosse, eut sa forme changée
En la vieille Beroe, et que par son moyen
Le plus gracieux feu du grand Saturnien
Fit ta mere avorter, et que parmy la foudre,
Non encores formé, tu sortis noir de poudre
Hors du ventre brulé, que ton pere marry
A Nyse t'envoya pour y estre nourry
Des mains d'Hippe et d'Inon, et de la vieille Athame,
Non le jour qu'avorta ta mere par la flame;
Car soudain que Semele en brulant te lâcha
De membres non parfait, ton pere te cacha
Dedans sa cuisse ouverte, à fin que là tu prisses
Ta forme, et que tes mois comme au ventre accomplisses.
Puis si tost que sa cuisse eut parfait justement
Le terme où s'accomplit un vray enfantement,
Il vint en Arabie, et comme une accouchée
Qui sent avec douleur une longue trenchée,
Rompit pour t'enfanter le bien-germeux lien
De sa cuisse feconde au bord Sagarien.
  L'Arabie pour lors n'estoit encore heureuse,
Et Sagar n'avoit point encores odoreuse
Sa rive comme il a, Jupiter, quand tu fis
(Afin de parfumer les couches de ton fils)
Produire de ton sang en la terre le bâme,
Et la casse et l'encens, la myrrhe et le calame.

Puis si tost qu'il fut né, tu luy cousis la peau
D'un petit cerf au dos, et mis dans un berceau
Tu le baillas de nuict aux Nymphes Sagriennes,
Pour le porter nourrir és grottes Nyséennes.
Et pource qu'au berceau il y fut amené,
Nyse se vante à tort que chez elle il est né.

   Incontinent Junon s'alluma de colere
D'avoir veu son mary estre devenu mere,
Et soudain envoya pour espier l'enfant
L'oiseau qui va de nuict; l'oiseau adonques fend
Le ciel vague, et si bien parfit son entreprise
Qu'il l'entr'ouït vagir dedans l'antre de Nyse.
Comme il estoit leger, au ciel s'en revola,
Et rapporte à Junon que l'enfant estoit là.

   Junon n'attendit point, tant elle fut irée,
Que sa charrette à paons par le ciel fust tirée,
Ains faisant le plongeon, se laissa toute aller
A l'abandon du vent, qui la guidoit par l'air
Tousjours baissant le front sur la terre Indienne.
Béante à ses talons la suivoit une chienne,
Qu'exprés elle amenoit, à fin de se vanger
Et faire ce bastard à sa chienne manger.

   Mais Inon qui previt de Junon la cautelle,
Pour tromper la Déesse, Athamante elle appelle,
Et luy conta comment Junon venoit chercher
L'enfançon pour le faire en pieces détrancher.

   Athamante soudain le tapit contre terre,
Et couvrit le berceau de fueilles de lierre,
De crainte que Junon en cherchant ne le vist,
Et devorer tout vif à son chien ne le fist,
Ou de peur qu'autrement ne luy fist quelque offense.
Depuis ceste heure-là, Bacchus pour recompense
Sur tout arbre, à bon droit, a pour le sien eslu
(Comme l'ayant sauvé) le lierre fueillu.

   Lors Junon qui se vit fraudée de sa queste,
Une horrible fureur envoya dans la teste
De la nourrice Inon, qui si fort la poursuit,
Qu'au plus haut d'un escueil mourable la conduit;

Et là, tenant son fils Melicert, l'insensée,
Pour guarir sa fureur, en la mer s'est lancée.
Evan, Iach, Evoé, tu n'as gueres esté
Depuis qu'elle mourut dans le bers allaité.
Soudain tu devins grand et donnas cognoissance
En peu d'ans de quel Dieu tu avois prins naissance.
Et certes je ne puis m'esmerveiller assez
De ceux qui t'ont fait peindre és vieux siecles passez
Gras, douillet, potelé, la face effeminée,
Et de barbe ne t'ont la bouche couronnée ;
Car tu devins barbu, et soudain tu fus fait
D'un jeune enfant qui tette un jouvenceau parfait.
   Mais plus je m'esbahis de la gorge innocente
Du bouc qui tes autels à ta feste ensanglante ;
Car sans ce bouc cornu tu n'eusses point trouvé
Le vin par qui tu as tout le monde abreuvé.
Tu avisas un jour par l'espais d'un bocage
Un grand bouc qui broutoit la lambrunche sauvage,
Et tout soudain qu'il eut de la vigne brouté,
Tu le vis chanceller tout yvre d'un costé.
A l'heure tu pensas qu'une force divine
Estoit en ceste plante, et bechant sa racine,
Soigneusement tu fis ses sauvages raisins
En l'an suivant aprés addoucir en bons vins.
   Aprés ayant pitié de nostre race humaine
Qui pour lors estanchoit sa soif en la fontaine,
Tu voulus tournoyer toute la terre, à fin
D'enseigner aux humains l'usage de ton vin.
   Tu montas sur un char que deux lynces farouches
Trainoient d'un col felon, maschantes en leurs bouches
Un frein d'or écumeux ; leur regard estoit feu
Pareil aux yeux de ceux qui de nuict ont trop beu ;
Un manteau Tyrien s'écouloit sur tes hanches,
Un chapelet de lis meslez de roses franches,
Et de fueilles de vigne et de lierre espars,
Voltigeant, ombrageoit ton chef de toutes pars.
Devant ton char pompeux marchoient l'Ire et la Crainte,
Les peu-sobres Propos et la Colere teinte

D'un vermillon flambant, le Vice et la Vertu,
Le Somme et le Discord d'un corselet vestu.

 Son asne talonnoit le bon vieillard Silène
Portant le van mystiq (¹) sus une lance pleine
De pampre, et publioit d'une tremblante voix
De son jeune enfançon les festes et les loix.

 A son cri sauteloient le troupeau des Menades,
Des Pans et des Sylvains, des Lenes, des Thyades,
Et menans un grand bruit de cors et de tabours,
Faisoient trembler d'effroy les villes et les bourgs
Par où le char passoit. Leurs tresses secouées
A l'abandon du vent erroient entre-nouées
De longs serpens privez, et leur main brandissoit
Un dard qu'un sep de vigne à l'entour tapissoit.

 Que tu prenois, Bacchus, en ton cœur de liesse
De voir sauter de nuit une hurlante presse,
Qui couverte de peaux sous les antres balloient,
Quand les trois ans passez tes festes appelloient?
Et quel plaisir de voir les vierges Lydiennes,
Ou celles de Phrygie ou les Meoniennes
Par les prez Asians carollant à l'entour
Du bord Meandrien contre-imiter son tour?
Elles en ton honneur d'une boucle azurée
Graffoient sur les genoux leur cotte figurée,
Et trepignant en rond, ainsi que petits fans
En ballant sauteloient. De tous costez les vents,
Amoureux de leur sein, par soüeves remises
S'entonnoient doucement és plis de leurs chemises;
Tout le ciel respondant sous le bruit enroué
Des balleurs qui chantoient Evan, Iach, Evoé.

 Bien que chantre tu sois devallé sous la terre
Avec l'habit d'Hercule, à fin d'y aller querre
Euripide ou Eschyl, les vâtes (²) ont esté

---

1. Le van qui sépare le grain de la balle était le symbole des mystères de Bacchus, qui nettoyaient l'âme de ses souillures. D'où il est surnommé Licnite, de λίκνος, van.
2. Les poètes : *vates*.

Tousjours à tort ingrats envers ta Majesté,
Lesquels jadis ont feint, quand les geans doublerent
Les monts contre les Dieux, que vif te démembrerent
T'enfuyant du combat, et que ta sœur Pallas
Te ramassa le cœur qui tremblotoit à bas.
 Mais ils en ont menty ; car quand tu vis la race
Des geans qui gaignoient par armes au ciel place,
Les Dieux tournans le dos, valeureux tu t'armas
Des dents d'un grand lion, en qui tu te formas,
Et d'un coup de machoire, au milieu de la guerre,
Tu culbutas du ciel Mime et Gyge par terre,
Et sur le haut d'Olympe en trophée tu mis
Les corselets sanglans de ces deux ennemis.
 Pere, un chacun te nomme Esrafiot, Triete,
Nysean, Indien, Thebain, Bassar, Phanete,
Bref, en cent mille lieux mille noms tu reçois ;
Mais je te nomme à droit, Bacchus le Vendomois!
 Car lors que tu courois vagabond par le monde,
Tu vins camper ton ost au bord gauche de l'onde
De mon Loir, qui pour lors de ses costaux voisins
Ne voyoit remirer en ses eaux les raisins ;
Mais, Pere, tout soudain que la terre nouvelle
Sentit tes pieds divins qui marchoient dessus elle
(Miracle!) tout soudain fertile elle produit
La vigne herissée en fueilles et en fruit ;
Là ta main provigna une haute coutiere,
Qui de ton nom Denys eut nom la Denysiere.
 Pere, où me traines-tu? que veux-tu plus de moy?
Et quoy? n'ay-je pas, Pere, assez chanté de toy?
Evoé, je forcene, ah! je sens ma poitrine
Chaude de gros bouillons de ta fureur divine!
Ah! Bassar, je te voy, et tes yeux rougissans,
Et flottans sur ton col tes cheveux blondissans ! ([1])
J'ay perdu, cuisse-né ([2]), mon vagabond courage ;
Il suit ton saint orgie, emporté de ta rage ;

1. Le reste est tiré de Marulle, liv. I, hymne vi.
2. Né de la cuisse de Jupiter.

Je sens mon cœur trembler, tant il est agité
Des poignans aiguillons de ta divinité !
Donnez-moy d'une part ces cors et ces clochettes,
Ces tabours d'autre part, de l'autre ces sonnettes !
Qu'un beguin serpentin me serre les cheveux
Herissez de lierre et de vigne aux longs nœuds,
Et que l'esprit d'Eole en soufflant les tourmante
Comme la fueille esparse és chesnes d'Erymante !
 Il me semble en esprit que de pieds mal-certains,
Sans mesure et sans art matassinant des mains,
Dansent autour de moy les folles Edonides,
Par les deserts neigeux des rivages Hebrides,
Hurlant en voix aiguë, et par force joignants
Leurs chefs escervelez sous les thyrses poignants.
Et moy vague d'esprit, soufflant à grosse haleine,
Conduit de trop de vin, je cours parmi la plaine
A jambe chancelante, allant, chantre, devant
Ton orgie sacré qui mes pas va suivant.
Orgie, ton mystere aux peuples admirable,
Caché secret au fond d'un panier venerable
Que porte une Menade, et sur lequel en vain
Un homme lay mettroit, pour le prendre, la main,
Avant qu'il fust lavé par sept ou neuf soirées
Es sources de Parnasse aux neuf Muses sacrées.
Ja la terre fremit sous les pieds furieux,
Ja la nue poudreuse oste le jour aux yeux,
Tant les champs sont foulez des troupeaux des Evantes
Qui vont jusques au ciel les poudres élevantes.
 A leur fol arriver les oiseaux parmy l'air,
D'un tel bruit estonnez, cessent de plus voler,
Se cachant par les bois, et les feres (¹) troublées
De peur se vont tapir au profond des vallées,
Et les fleuves peureux, du bruit esmerveillez,
Appellent sous les eaux leurs peuples escaillez.
 La Jeunesse et l'Amour et les Graces te suivent ;
Sans ta douce fureur les voluptez ne vivent ;

---

1. Les bestes feroces : *feræ*.

Le jeu, la bonne chere et la danse te suit;
Quelque part où tu sois, le desplaisir s'enfuit,
Le chagrin et l'ennuy, plus soudain que la nue
Ne fuit du vent Boré la contraire venue.
  Que diray plus de toy? d'un nœud impatient
Tu vas hommes et Dieux sous ton thyrse liant.
Alme pere, Denys, tu es beaucoup à craindre,
Qui contrains un chacun, et nul te peut contraindre.
  O cuisse-né Bacchus, Mystiq, Hymenéan,
Carpime, Evaste, Agnien, Manique, Lenéan,
Evie, Evolien, Baladin, Solitere,
Vangeur, Satyre, Roy, germe des Dieux et pere,
Martial, Nomian, Cornu, Vieillard, Enfant,
Pean, Nyctelian! (¹) Gange vit triomphant
Ton char enorgueilli de ta dextre fameuse,
Qui avoit tout conquis jusqu'à la mer gemmeuse;
Les geans terre-nez ont senti ton pouvoir;
Tu fis une mort dure à Penthé' recevoir
Par les mains de sa mere, et transformas la taille
Des avares nochers en poissonneuse escaille,
D'hommes faits des dauphins; et as encores fait
A Lycurgue ennemy confesser son mesfait.
  Rechanteray-je encor ces trois filles Thebaines,
Qui mesprisans tes loix, virent leurs toiles pleines
De pampre survenu, et fuyantes de nuit
Aux coins de leurs maisons, jettans un petit bruit
Se virent tout soudain de leurs corps dénuées,
Et en chauves-souris estrangement muées?
Il vaut mieux les chanter que chanter le peché
Du Satyre, qui vit tout son dos escorché,
Et le deu chastiment du Prince de Mysie,
Et la punition du meschant Acrisie,
Qui se vit, bien que tard, assez recompensé,
Aux despens de son sang, de t'avoir offensé.
  Toy grand, toy sainct, toy Dieu, tu flechis les rivieres;

1. Ce sont tous les surnoms que les anciens donnoient à Bacchus.

Tu appaises les mers quand plus elles sont fieres ;
Tu fis rouler le vin de maint rocher crevé,
Et par toy le doux miel és chesnes fut trouvé.
La musique te doit ; les peuples et les villes
Te doivent leurs remparts et leurs regles civiles ;
La liberté te doit, qui aime mieux s'offrir
A la mort, que se voir sous un tyran souffrir.
La verité te doit, et te doivent encore
Toutes religions dont les Dieux on adore.
 Tu rens l'homme vaillant, tu adjoins au conseil
De celuy qui te croit un pouvoir nompareil.
Par toy les devineurs, troublez en leurs poitrines,
Fremissent sous le joug de tes fureurs divines ;
Tu fais germer la terre, et de vives couleurs
Tu bigarres les prez, orgueillis de leurs fleurs ;
Tu desdaignes l'enfer, tu restaures le monde
De ta longue jeunesse ; et la machine ronde
Tu poises justement et moderes le bal,
(Toy ballant le premier) de ce grand animal. (a)
 Par toy, Pere, chargez de ta douce ambrosie
Nous elevons au ciel l'humaine fantasie,
Portez dedans ton char ; et d'hommes vicieux,
Purgez de ta liqueur osons monter aux cieux,
Et du grand Jupiter nous asseoir à la table.
 Je te salue, ô Roy ! le Lychnite admirable
Des hommes et des Dieux, je te salue encor
En faveur de Brinon, qui d'une tasse d'or,
Pleine de malvoisie, en sa maison t'appelle
Avec ton vieil Silene et ta mere Semele !

(1560.)

a. Var. (1584) :

. . . . *tu restaures le monde*
De ta longue jeunesse et de ta tresse blonde,
Tousjours un sans estre un, qui te fais et desfais,
Qui meurs de jour en jour et si ne meurs jamais.

HYMNE IX.

DE LA MORT. (1)

A LOUYS DES MASURES,
Poëte françois.

VERS HEROIQUES. (2)

Masures, desormais on ne peut inventer
Un argument nouveau qui soit bon à chanter,
Ou haut sur la trompette, ou bas dessus la lyre;
Aux anciens la Muse a tout permis de dire,

1. Ronsard, dans l'origine, avoit dédié à Paschal son hymne de la Mort qu'il ne voulut inscrire du nom de Paschal en la seconde impression pour quelque occasion d'inimitié survenue entre eux. Il l'offrit donc à Jehan de Morel, qui le refusa, ne voulant estre honoré des despouilles d'autruy; ce que voyant il le presenta à mademoiselle Camille de Morel, qui luy respondit en ceste sorte :

A UN GRAND POETE.
Vous nous offrez la mort à autres destinée;
Ce n'estoit pas pour nous que l'aviez ordonnée,
C'estoit pour un qui bien vraiment la meritoit.
Vous luy donnastes lors que vray amy estoit;
N'estant plus vray ami la Mort vous luy ostez
Et à nous vos amis la Mort vous presentez.
Si de vous vos amis ont la Mort pour offrande
Et qu'à vos ennemis la Mort on redemande,
Il vaudroit beaucoup mieux estre vostre ennemi,
Pour esviter la Mort, que d'estre vostre ami.

(Bibl. Imp., Manuscrits. 843 de Dupuy.)

C'est par suite de ce double refus que Ronsard dédia son hymne à Des Mazures.

2. Le Commentaire qui accompagne cet hymne dans l'édition de 1623 est de Nicolas Richelet, Parisien,

Tellement qu'il ne reste à nous autres derniers
Sinon le desespoir d'ensuivre les premiers,
Et béant aprés eux recognoistre leur trace
Faicte au chemin frayé qui conduit sur Parnasse;
Lesquels jadis guidez de leur mere Vertu,
Ont tellement du pied ce grand chemin battu,
Qu'on ne voit aujourd'huy sur la docte poussiere
D'Helicon, que les pas d'Hesiode et d'Homere,
D'Arate, de Nicandre, et de mille autres Grecs
Des vieux siecles passez, qui beurent à longs traits
Toute l'eau jusqu'au fond des filles de Memoire,
N'en laissans une goute aux derniers pour en boire;
Qui maintenant confus à foule à foule vont
Chercher encor de l'eau dessus le double mont;
Mais ils montent en vain; car plus ils y sejournent,
Et plus mourans de soif au logis s'en retournent.
  Moy donc, Masures cher, qui de long temps sçay bien
Qu'au sommet de Parnasse on ne trouve plus rien
Pour estancher la soif d'une gorge alterée,
Je m'en vois descouvrir quelque source sacrée
D'un ruisseau non touché, qui murmurant s'enfuit
Dedans un beau verger loin de gens et de bruit;
Source que le soleil n'aura jamais cognue,
Que les oiseaux du ciel de leur bouche cornue
N'auront jamais souillée, et où les pastoureaux
N'auront jamais conduit les pieds de leurs taureaux.
Je boiray tout mon saoul de ceste onde pucelle,
Et puis je chanteray quelque chanson nouvelle,
Dont les accords seront peut-estre si tres-dous,
Que les siecles voudront les redire aprés nous;
Et, suivant ce conseil, à nul des vieux antiques,
Larron, je ne devray mes chansons poétiques;
Car il me plaist pour toy de faire icy ramer
Mes propres avirons dessus ma propre mer,
Et de voler au ciel par une voye estrange,
Te chantant de la Mort la non-dite louange.
  C'est une grand' Déesse, et qui merite bien
Mes vers, puis qu'elle fait aux hommes tant de bien,

Quand elle ne feroit que nous oster des peines,
Et hors de tant de maux dont nos vies sont pleines,
Sans nous rejoindre à Dieu le souverain Seigneur,
Encore elle nous fait trop de bien et d'honneur,
Et la devons nommer nostre mere amiable.
　Où est l'homme çà-bas, s'il n'est bien miserable
Et lourd d'entendement, qui ne vueille estre hors
De l'humaine prison de ce terrestre corps?
　Ainsi qu'un prisonnier qui jour et nuict endure
Les manicles aux mains, aux pieds la chaisne dure,
Se doit bien réjouir à l'heure qu'il se voit
Delivré de prison; ainsi l'homme se doit
Réjouir grandement, quand la Mort luy deslie
Le lien qui serroit sa miserable vie,
Pour vivre en liberté; car on ne sçauroit voir
Rien de né qui ne soit par naturel devoir
Esclave de labeur; non seulement nous hommes
Qui vrais enfans de peine et de miseres sommes,
Mais le soleil, la lune et les astres des cieux
Font avecques travail leur tour laborieux;
La mer avec travail deux fois le jour chemine;
La terre tout ainsi qu'une femme en gesine,
Qui avecque douleur met au jour ses enfans,
Ses fruits avec travail nous produit tous les ans;
Ainsi Dieu l'a voulu, afin que seul il vive
Affranchi du labeur qui la race chetive
Des humains va rongeant de soucis langoureux.
　Pource, l'homme est bien sot, ainçois bien malheureux
Qui a peur de mourir, et mesmement à l'heure
Qu'il ne peut resister que soudain il ne meure.
　Se mocqueroit-on pas de quelque combatant,
Qui dans le camp entré s'iroit espouvantant
Ayant, sans coup ruer, le cœur plus froid que glace,
Voyant tant seulement de l'ennemy la face?
Puis que l'on est contraint sur la mer voyager,
Est-ce pas le meilleur, aprés maint grand danger,
Retourner en sa terre et revoir son rivage?
Puis qu'on est resolu d'accomplir un voyage

Est-ce pas le meilleur de bien tost mettre à fin,
Pour regaigner l'hostel, la longueur du chemin?
De ce chemin mondain qui est dur et penible,
Espineux, raboteux, et fascheux au possible,
Maintenant large et long, et maintenant estroit,
Où celuy de la Mort est un chemin tout droit,
Si certain à tenir, que ceux qui ne voient goutte
Sans fourvoyer d'un pas n'en faillent point la route?
   Si les hommes pensoient à part eux quelquefois
Qu'il nous faut tous mourir, et que mesmes les Rois
Ne peuvent éviter de la Mort la puissance,
Ils prendroient en leurs cœurs un peu de patience.
Sommes-nous plus divins qu'Achille ny qu'Ajax,
Qu'Alexandre ou Cesar, qui ne se sçeurent pas
Deffendre de la mort, bien qu'ils eussent en guerre
Reduite sous leurs mains presque toute la terre?
Beaucoup ne sçachans point qu'ils sont enfans de Dieu,
Pleurent avant partir, et s'attristent, au lieu
De chanter hautement le Pean de victoire,
Et pensent que la Mort soit quelque beste noire
Qui les viendra manger, et que dix mille vers
Rongeront de leurs corps les os tous descouvers,
Et leur test qui doit estre en un coin solitaire
L'effroyable ornement d'un nombreux cimetiere.
Chetif, apres la mort le corps ne sent plus rien;
En vain tu es peureux, il ne sent mal ny bien,
Non plus qu'il faisoit lors que le germe à ton pere
N'avoit enflé de toy le ventre de ta mere.
   Telephe ne sent plus la playe qu'il receut
D'Achille, quand Bacchus en tombant le deceut;
Et des coups de Pâris plus ne se sent Achille,
Plus Hector ne sent rien ny son frere Troïle.
C'est le tout que l'esprit, qui sent apres la Mort,
Selon que le bon œuvre ou le vice le mord;
C'est le tout que de l'âme! il faut avoir soin d'elle,
D'autant que Dieu l'a faite à jamais immortelle;
Il faut trembler de peur que par faicts vicieux
Nous ne la bannissions de sa maison, les cieux,

Pour endurer aprés un exil tres-moleste,
Absente du regard de son Père celeste;
Et ne faut de ce corps avoir si grand ennuy,
Qui n'est que son valet et son mortel estuy,
Brutal, impatient, de nature maline,
Et qui tousjours repugne à la raison divine.
Pource il nous faut garder de n'estre surmontez
Des traistres hameçons des fausses voluptez, [d'heure
Qui nous plaisent si peu, qu'en moins d'un seul quart-
Rien, fors le repentir, d'elles ne nous demeure.
  Ne nous faisons donc pas de Circé les pourceaux,
De peur que les plaisirs et les delices faux
Ne nous gardent de voir d'Ithaque la fumée, (a)
Du ciel, nostre demeure à l'âme accoustumée,
Où tous nous faut aller, non chargez du fardeau
D'orgueil, qui nous feroit perir nostre bateau
Ains que venir au port, mais chargez d'esperance,
Pauvreté, nudité, tourment, et patience,
Comme estans vrais enfans et disciples de Christ,
Qui vivant nous bailla ce chemin par escrit,
Et marqua de son sang ceste voye tres-sainte,
Mourant tout le premier pour nous oster la crainte.
  O que d'estre ja morts nous seroit un grand bien,
Si nous considerions que nous ne sommes rien
Qu'une terre animée, et qu'une vivante ombre,
Le sujet de douleur, de misere et d'encombre,
Voire et que nous passons en miserables maux
Le reste (ô creve-cœur!) de tous les animaux!
Non pour autre raison Homere nous égale
A la fueille d'Hyver qui des arbres devale,
Tant nous sommes chetifs et pauvres journaliers,
Recevant sans repos maux sur maux à milliers,

a. Var. (1584) :

Il ne faut pas humer de Circé les vaisseaux,
De peur que transformez en tigres ou pourceaux
Nous ne puissions revoir d'Ithaque la fumée,

Comme faits d'une masse impuissante et debile.
 Pource je m'esbahis des paroles d'Achille,
Qui dit dans les enfers, qu'il aimeroit trop mieux
Estre un pauvre valet, et jouir de nos cieux,
Que d'estre Roy des morts. Certes il faut bien dire
Que contre Agamemnon avoit perdu son ire,
Et que de Briséis plus ne se souvenoit,
Et que plus son Patrocle au cœur ne luy venoit,
Qui tant et tant de fois luy donnerent envie
De mourir de despit pendant qu'il fut en vie.
 Ou bien s'il eust ouy l'un des Sages, qui dit
Que l'homme n'est sinon, durant le temps qu'il vit,
Qu'une mutation qui n'a constance aucune,
Qu'une proye du temps, qu'un jouet de Fortune;
Il n'eust voulu çà-haut renaistre par deux fois,
Non pour estre valet, mais le plus grand des Roys.
 Masures, on dira que toute chose humaine
Se peut bien recouvrer, terres, rentes, domaine,
Maisons, femmes, honneurs, mais que par nul effort
On ne peut recouvrer l'âme quand elle sort,
Et qu'il n'est rien si beau que de voir la lumiere
De ce commun soleil, qui n'est seulement chere
Aux hommes sains et forts, mais aux vieux chargez d'ans,
Perclus, estropiats, catharreux, impotans.
 Tu diras que tousjours tu vois ces platoniques,
Ces philosophes pleins de propos magnifiques,
Dire bien de la mort; mais quand ils sont ja vieux,
Et que le flot mortel leur nage dans les yeux,
Et que leur pied tremblant est desja sur la tombe,
Que la parole grave et severe leur tombe,
Et commencent en vain à gemir et pleurer,
Et voudroient, s'ils pouvoient, leur trespas differer.
 Tu me diras encor que tu trembles de crainte
D'un batelier Charon, qui passe par contrainte
Les âmes outre l'eau d'un torrent effroyant,
Et que tu crains le chien à trois voix aboyant,
Et les eaux de Tantale et le roc de Sisyphe,
Et des cruelles Sœurs l'abominable griffe,

Et tout cela qu'ont feint les poëtes là-bas
Nous attendre aux enfers aprés nostre trépas.
 Quiconque dis cecy, ha! pour Dieu te souvienne
Que ton âme n'est pas payenne, mais chrestienne,
Et que nostre grand Maistre en la croix estendu
Et mourant, de la Mort l'aiguillon a perdu,
Et d'elle maintenant n'a fait qu'un beau passage
A retourner au ciel, pour nous donner courage
De porter nostre croix, fardeau leger et doux,
Et de mourir pour luy comme il est mort pour nous;
Sans craindre, comme enfans, la nacelle infernale,
Le rocher d'Ixion et les eaux de Tantale,
Et Charon, et le chien Cerbere à trois abois,
Desquels le sang de Christ t'affranchit en la croix,
Pourveu qu'en ton vivant tu luy vueilles complaire,
Faisant ses mandemens qui sont aisez à faire;
Car son joug est plaisant, gracieux et leger,
Qui le dos nous soulage en lieu de le charger.
 S'il y avoit au monde un estat de durée,
Si quelque chose estoit en la terre asseurée,
Ce seroit un plaisir de vivre longuement;
Mais puis qu'on n'y voit rien qui ordinairement
Ne se change et rechange, et d'inconstance abonde,
Ce n'est pas grand plaisir que de vivre en ce monde;
Nous le cognoissons bien, qui tousjours lamentons,
Et pleurons aussi tost que du ventre sortons,
Comme presagians par naturel augure
De ce logis mondain la misere future.
Non pour autre raison les Thraces gemissoient
Pleurans piteusement, quand les enfans naissoient;
Et quand la Mort mettoit quelqu'un d'eux en la biere,
L'estimoient bien-heureux, comme franc de misere.
 Jamais un seul plaisir en vivant nous n'avons;
Quand nous sommes enfans, debiles nous vivons
Marchans à quatre pieds; et quand le second âge
Nous vient encottonner de barbe le visage,
Lors la mer des ennuis se desborde sur nous,
Qui de nostre raison démanche à tous les coups

Le gouvernail, vaincu de l'onde renversée;
En diverses façons troublant nostre pensée.
　L'un veut suivre la guerre et tenir ne s'y peut,
L'autre la marchandise, et tout soudain il veut
Devenir marinier, puis aprés se veut faire
De quelque autre mestier au marinier contraire;
Cestui-cy veut l'honneur, cestui-là le sçavoir,
Cestuy aime les champs, cestui-là se fait voir
Le premier au palais, et sue à toute peine
Pour avoir la faveur du peuple, qui est vaine;
Mais ils ont beau courir; car vieillesse les suit,
Laquelle en moins d'un jour envieuse destruit
La jeunesse, et contraint que leur vigueur s'en-aille
Se consommant en l'air ainsi qu'un feu de paille.
Ils n'apparoissent plus cela qu'ils ont esté,
Non plus qu'une fleurette aprés le chaud esté;
Adonc la Mort se sied dessus leur blanche teste,
Qui demande sa debte et la veut avoir preste;
Où bien si quelques jours, pour leur faire plaisir,
Les souffre dans le lict languir tout à loisir,
Si est-ce que soudain aprés l'usure grande
D'yeux, de bras, ou de pieds, sa debte redemande,
Et veut avec l'usure avoir le principal;
Ainsi pour vivre trop, leur vient mal dessus mal.
　Pource à bon droit, disoit le comique Menandre :
« Que tousjours Jupiter en jeunesse veut prendre
Ceux qu'il aime le plus, et ceux qu'il n'aime pas
Les laisse en cheveux blancs long-temps vivre çà-bas. »
Aussi ce grand saint Paul jadis desiroit estre
Deslié de son corps pour vivre avec son Maistre,
Et ja luy tardoit trop qu'il n'en sortoit dehors
Pour vivre avecque Christ, le premice des morts.
　On dit que les humains avoient au premier âge
Des Dieux receu la vie en eternel partage,
Et ne mouroient jamais; toutefois pleins d'ennuy
Et de soucis vivoient comme ils font aujourd'huy;
Leur langue à Jupiter accusa Promethée
De la flame du feu qu'il luy avoit ostée;

Et adonques ce Dieu, pour les recompenser
De tel accusement, ne peut jamais penser
Plus grand don que la mort, et leur en fit largesse
Pour un divin present, comme d'une Déesse.
  Aussi grands que la terre il luy fit les deux bras
Armez d'une grand' faulx, et les pieds par à bas
Luy calfeutra de laine, à fin qu'âme vivante
Ne peust ouyr le bruit de sa trace suivante.
Il ne luy fit point d'yeux, d'oreilles, ny de cœur,
Pour n'estre pitoyable en voyant la langueur
Des hommes, et pour estre à leur triste priere
Tousjours sourde, arrogante, inexorable et fiere ;
Pource elle est toute seule entre les immortels,
Qui ne veut point avoir de temples ny d'autels,
Et qui ne se flechit d'oraison ny d'offrande.
  Par exprés mandement le grand Dieu luy commande
Tuer premier les bons, et de les envoyer
Incontinent au ciel, pour le digne loyer
De n'avoir point commis encontre luy d'offense ;
Puis à la race humaine il fit une deffense
De jamais n'outrager les hommes endormis,
Soit de nuict soit de jour, fussent leurs ennemis ;
D'autant que le Sommeil est le frere de celle
Qui l'âme reconduit à la vie eternelle,
Où plus elle n'endure avec son Dieu là haut
Ny peine, ny soucy, ny froidure, ny chaud,
Procez, ny maladie ; ains, de tout mal exempte,
De siecle en siecle vit bien-heureuse et contente
Aupres de son facteur ; non plus se renfermant
En quelque corps nouveau, ou bien se transformant
En estoile, ou vagant par l'air dans les nuages,
Ou voletant çà-bas dans les deserts sauvages,
Comme beaucoup ont creu, mais en toute saison
Demeurant dans le ciel, son antique maison,
Pour contempler de Dieu l'eternelle puissance,
Les daimons, les heros, et l'angelique essence,
Les astres, le soleil, et le merveilleux tour
De la voûte du ciel qui nous cerne à l'entour ;

Se contentant de voir dessous elle les nues,
La grande mer flottante, et les terres cognues,
Sans plus y retourner ; car à la verité
Bien peu se sentiroit de ta benignité,
O gracieuse Mort, si pour la fois seconde
Abandonnoit le ciel, et revenoit au monde ;
Aussi dans ton lien tu ne la peux avoir
Qu'un coup, bien que ta main estende son pouvoir
En cent mille façons sur toute chose née ;
Car naissans nous mourons : telle est la destinée
Des corps sujets à toy, qui tiens tout, qui prens tout,
Qui n'as en ton pouvoir certaine fin ne bout.
Et ne fust de Venus l'âme génerative,
Qui tes fautes repare, et rend la forme vive,
Le monde periroit ; mais son germe en refait
Autant de son costé que ton dard en desfait.
Que ta puissance, ô Mort, est grande et admirable !
Rien au monde par toy ne se dit perdurable ;
Mais tout ainsi que l'onde, à val des ruisseaux, fuit
Le pressant coulement de l'autre qui la suit ;
Ainsi le temps se coule, et le present fait place
Au futur importun qui les talons luy trace.
Ce qui fut, se refait ; tout coule comme une eau,
Et rien dessous le ciel ne se voit de nouveau ;
Mais la forme se change en une autre nouvelle,
Et ce changement-là, vivre, au monde s'appelle,
Et mourir, quand la forme en une autre s'en-va ;
Ainsi avec Venus la Nature trouva
Moyen de r'animer par longs et divers changes,
La matiere restant, tout cela que tu manges ;
Mais nostre âme immortelle est tousjours en un lieu,
Au change non sujette, assise aupres de Dieu,
Citoyenne à jamais de la ville éthérée,
Qu'elle avoit si long temps en ce corps desirée.
 Je te salue, heureuse et profitable Mort,
Des extremes douleurs medecin et confort !
Quand mon heure viendra, Déesse, je te prie
Ne me laisse long temps languir en maladie,

Tourmenté dans un lict ; mais puis qu'il faut mourir,
Donne-moy que soudain je te puisse encourir,
Ou pour l'honneur de Dieu, ou pour servir mon Prince,
Navré, poitrine ouverte, au bord de ma province !

(1560.)

HYMNE X.

DE MERCURE. (1)

A CLAUDE BINET,

Beauvoisin, poëte françois.

Encore il me restoit entre tant de malheurs
Que la vieillesse apporte, entre tant de douleurs
Dont la goutte m'assaut pieds, jambes et jointure,
De chanter, ja vieillard, les mestiers de Mercure ;
Je les diray pourtant, encor que mon poil blanc
Esteigne autour du cœur la chaleur de mon sang ;
Car il ne veut souffrir que ma lente vieillesse
M'engourdisse en un lict enervé de paresse,
Afin que mon vieil âge acquiere autant d'honneur
Que mon premier s'acquit de bruit et de bonheur.
 Je diray ses serpens, je diray sa houssine,
Ses ailerons entez dessus sa capeline,
Ses talonniers dorez qui le portent devant
Les plus roides courriers des foudres et du vent,
Quand viste entre deux airs, affublé d'un nuage,
De Jupiter apporte aux hommes le message,
Çà bas volant à fleur sur l'humide et le sec ;
Dieu à qui l'âge antique a doré tout le bec,

1. Imité en partie de Marulle.

Pour monstrer qu'aisément l'eloquente parole
Persuadant l'esprit dedans le cœur s'envole,
Et que rien n'est si fort qu'il ne soit combattu
Par la voix dont le charme est d'extreme vertu,
Et que par le cousteau de la langue emplumée
On fait plus en un jour, qu'en cent ans une armée.
   Je diray lors que Maie Atlantide enfanta
Son petit Mercurin, que tout chaut le porta
Dans une peau de bouc à Jupiter son pere,
Joyeux de voir son germe, et rembrassant la mere,
Luy souvint du plaisir que premier il receut
Quand elle d'un grand Dieu un autre Dieu conceut ;
Puis en vuidant deux fois sa nectareuse coupe,
Tout gaillard appella son aigle, auquel il coupe
Des ailes le fin bout, descourtant son oiseau,
Pour les couldre au bonnet du petit Mercureau ;
Du reste il en ourdit des talonniers qu'il boute
Aux talons de son fils, pour mieux fendre la route
Des cieux; qui comme un paon de beaux yeux sont cou-
Et pour descendre en bas au plus creux des enfers ; [vers,
Courrier, aux Dieux d'enhaut et d'embas aggreable,
Ayant, amy des deux, sous l'enfer effroyable
Un palais comme au ciel, prés celuy de Pluton,
Où se couche au portail l'engeance d'Alecton,
Qui te fait reverance alors que tu ameines
Nos âmes voir de Styx les bourbeuses areines,
Et quand le vieil Charon serviteur de la Mort
En sa gondole assis nous passe à l'autre bort.
Puis rongna de son aigle et le bec et la serre ;
La rongnure en sa main soigneusement il serre,
Qu'il cousit aux dix bords des ongles du garçon
Pour ravir et piller et prendre en la façon
De ces corbeaux de Cour, qui masquez d'impudence
Pillent les biens d'autruy sans nulle conscience ;
C'est pourquoy leurs maisons ne durent pas long temps,
Et leurs fils desbauchez perdent en un printemps
Le labeur mal-acquis de leurs peres, et comme
Le pere a déterré le simple gentil-homme

Par procez embrouillé, les fils en sont vengeurs,
Et des biens paternels gouspilleurs et mangeurs ;
Ou les vendent du tout ; quoy que le meschant face,
Jamais le bien n'arrive à sa troisiesme race,
Soit que Dieu le permette, ou que le flot mondain
Toute chose mortelle engloutisse en son sein ;
Soit que pour conserver toute espece eternelle
La matiere tousjours cherche forme nouvelle.
 Il n'avoit pas trois jours qu'il desroba les bœufs
D'Apollon, qui paissoient sur les replis herbeus
D'Olympe flamboyant, les tirant par la queue,
Afin que de leur pas la trace ne fust veue ;
Puis d'ennemis jurez devindrent bons amis ;
Et lors petit larron, à ce Dieu tu promis
De luy donner ta lyre en voûte contrefaicte
(Ainsi ferme alliance entre vous deux fut faicte),
Et ne l'abandonner soit de jour soit de nuict,
Non plus qu'un bon archer son Prince qu'il conduict.
 Il n'avoit pas huict jours que son pere le meine
Trouver Pan le fluteur sur le mont de Cyllene,
Afin de luy apprendre à sonner un tel son
Que les deux bouts du monde ouyssent sa chanson.
Bon disciple, en deux jours en sceut plus que son maistre.
Jupiter en son cœur se réjouissoit d'estre
Pere d'un tel enfant ; tous deux s'en vont de là
Veoir luiter les Spartains ; tout son corps il huilla
De masle huile d'olif, et dessus sa chair nue
Sema pour l'encrouster une poudre menue.
Contre le plus puissant ce garçon s'ahurta,
De bras forts et nerveux à bas le culbuta,
Luy faisant imprimer le sablon de l'eschine,
Comme un pin que le vent abat de la racine.
Puis ils allerent veoir les foires et marchez,
Pour sçavoir le trafic, et les mestiers cachez
Des marchants, pour le gain, artifices, pratiques
De toutes sortes d'arts qu'on apprend aux boutiques.
Il devint en un jour sçavant en tel mestier,
Maquignon, revendeur, affronteur, couratier,

Subtil et cauteleux, comme un Dieu de souplesse
Appris dés le berceau au trafic de finesse.
 Aprés d'un alquemiste il alla voir fumer
Les fourneaux qui iont l'homme et son bien consommer,
Marotte des plus fins, une sotte esperance
Qui trompe les plus cauts d'une vaine apparence;
Il cognut le salpestre et tous les vegetaux,
Antimoine, arsenic, vitriol, et metaux,
Tines, cuves, bassins, et creusets et coupelle,
Et l'argent prompt et vif qui de son nom s'appelle,
Vases, coffres, et pots bien vernis et plombez,
Fiolles aux longs cols contre elles recourbez,
Meubles d'un alquemiste abusé de sottise,
Qui soy-mesme deçoit par sa folle entreprise;
Puis au ciel s'en retourne à fin d'accompagner
Le Soleil, et de loin sa course n'esloigner.
 C'est toy qui de ta verge endors les yeux de l'homme,
Les desbouches aprés et rebouches du somme,
Et luy fais, sommeillant du soir jusqu'au matin,
Loin ravy de soy-mesme apprendre son destin.
 C'est toy, Prince, qui rends nos esprits tres-habiles
A trouver une yssue aux choses difficiles,
Ambassadeur, agent, qui ne crains les dangers,
Soit de terre ou de mer, ou de Roys estrangers,
Tousjours en action, sans repos ny sans tréves,
Pourveu que ton labeur entrepris tu achéves.
C'est toy qui des mortels aiguisant les cerveaux,
Les pousses à trouver mille mestiers nouveaux,
A comprendre du ciel la divine science,
Et les autres cognus par longue experience.
La peine, la sueur tousjours marche devant;
L'homme par le labeur meditant et révant
Et se rongeant soy-mesme, en repensant invente
Toutes choses; ainsi que Jupiter enfante
Pallas de son cerveau, il enfante du sien,
Et se fait seul autheur de son mal et son bien.
 Courrier, je te salue, et tes vertus cognues,
Seigneur des carrefours, des places et des rues,

Tres-bon entre les bons, et qui mauvais effais
Verses quand tu es joint avecques les mauvais,
Alquemiste, marchand, couratier, et le Prince
De ceux qui ont les mains sujettes à la pince,
Bazané, fantastic, retiré, songe-creux,
Aux pieds tousjours au guet, aux poulces dangereux.
Tu es de Jupiter l'esprit et l'interprete,
Des songes conjecteur, Ariole (¹) et prophete,
Dont la vive vertu passe et coule partout
Les membres du grand corps fini sans avoir bout.
 Est-il rien en ce monde où Mercure ne passe
Volant au ciel là haut et sous la terre basse?
Tu es des charlatans le Seigneur, et de ceux
Qui les peuples béans amusent autour d'eux,
Vendeurs de theriaque, et de ceux qui aux places
Jouants des gobelets font tours de passe-passes,
Et de ceux qui jugeants és lignes de la main,
D'un babil affronteur vont mendiant leur pain.
 Ce fut toy, bon fluteur, qui du haut d'une roche
Endormis et tuas de sa serpette croche
Le pasteur de Junon, qui sa vache gardoit,
Et de cent yeux veillant paistre la regardoit;
Qui depuis sur le Nil, de temples decorée,
De vœux, d'encens, d'autels, fut Déesse honorée
Auprés de son Osire, où, de son front cornu
La terre regardant, se lechoit le pied nu,
Comme elle qui l'Egypte endoctrina d'adresse
D'embrasser le labeur et fuïr la paresse,
Les terres cultiver d'un art laborieux :
Pour profiter à tous les hommes se font Dieux.
 Ce fut toy qui premier effondras la tortue,
Faisant de chaque tripe une corde menue
Qui sonnoit sous le poulce, et le dedans osté,
De son doz escaillé tu fis ton luth voûté
Large, creux et ventru, où comprimé s'entonne
L'air qui sortant dehors par les cordes resonne.

1. Du latin *Ariolus* ou *Hariolus*, devin.

Ce fut toy qui guidas les accords et la main
D'Amphion architecte, autheur du mur Thebain,
Quand les rochers dansans sautoient aprés sa trace
Suivant le son qui reste encores en leur race,
Et les fit arrenger d'eux-mesmes sur le mur :
La musique adoucit un cœur tant soit-il dur.
 Ce fut toy qui de nuict abandonnant sa ville
Conduis le vieil Priam en la tente d'Achille,
Prince insolent et fier, pour racheter Hector,
Son fils, par la rançon des larmes et de l'or;
Puis trompant l'ost des Grecs, ramenas sans outrage
Le bon pere revoir son loyal heritage;
Tant peut l'affection d'un bon pere grison
Perdant son fils aisné soustien de sa maison.
 C'est toy qui donnes crainte aux villes enfermées,
Et qui volant de nuict sur le haut des armées,
Apportes de ton pere une menace aux Rois
Qui forcent la justice et corrompent les lois,
Trop acharnez au sang, trop ardans aux batailles
Pour gaigner d'un chasteau quelques froides murailles.
Une comete rousse en feux prodigieux
Suit tes talons de prés, espouventail des yeux,
Qui ses cheveux rebours en un trousseau retrousse,
Signe que Jupiter au peuple se courrouce.
 Donne-moy que je puisse à mon aise dormir
Les longues nuicts d'Hyver, et pouvoir affermir
Mes jambes et mes bras debiles par la goutte.
Enten-moy de ton ciel et ma priere escoute,
Et pour recompenser celuy qui t'a chanté,
Donne-luy bon esprit, richesses et santé.
 Binet, soin d'Apollon, dont la vive eloquence
Flate mon mal d'espoir, mon procez d'asseurance,
Au lieu de tes beaux vers, du trafic de nostre art,
Des honneurs de Mercure icy je te fay part;
Voilà quel est le fruit de nostre marchandise,
Qui au seul prix d'honneur se vend, s'eschange et prise.

        (Édit. posth.)

PARAPHRASE SUR LE *TE DEUM*.

A MONSIEUR DE VALENCE,
Pour chanter en son Eglise.

O Seigneur Dieu, nous te louons,
Et pour Seigneur nous t'avouons ;
Toute la terre te revere
Et te confesse eternel Pere.

Toutes les puissances des cieux,
Tous les Archanges glorieux,
Cherubins, Seraphins, te prient,
Et sans cesse d'une voix crient :

« Le Seigneur des armes est saint,
Le Seigneur des armes est craint ;
Le ciel et la terre est remplie
Du los de sa gloire accomplie. »

Les saincts Apostres honorez,
Les Martyrs de blanc decorez,
La troupe de tant de Prophetes
Chantent tes louanges parfaites.

L'Eglise est par tout confessant
Toy, Pere, grand Dieu tout-puissant,
De qui la Majesté immense
N'est que vertu, gloire et puissance.

Et ton Fils de gloire tout plein,
Venerable, unique et certain,
Et le Sainct Esprit qui console
Les cœurs humains de ta parolle.

Christ est Roy de gloire en tout lieu,
Christ est l'eternel fils de Dieu
Qui pour oster l'homme de peine,
A pris chair d'une Vierge humaine.

Il a vaincu par son effort
L'aiguillon de la fiere Mort,
Ouvrant la maison eternelle
A toute âme qui est fidelle.

Il est à la dextre monté
De Dieu prés de sa Majesté,
Et là sa ferme place il fonde
Jusqu'à tant qu'il juge le monde.

O Christ eternel et tout bon,
Fay à tes serviteurs pardon,
Que tu as par ta mort amere
Rachetez de rançon si chere.

Fay-nous enroller, s'il te plaist,
Au nombre du troupeau qui est
De tes esleuz, pour avoir place
En paradis devant ta face.

Las! sauve ton peuple, ô Seigneur,
Et le beny de ton bon-heur,
Regis et soustien en tout âge
Ceux qui sont de ton heritage.

Nous te benissons tous les jours,
Et de siecle en siecle tousjours,
Pour mieux celebrer ta memoire,
Nous chantons ton nom et ta gloire.

O Seigneur Dieu, sans t'offenser,
Ce jour icy puisse passer,
Et par ta saincte grace accorde
A nos pechez misericorde.

Seigneur tout benin et tout dous,
Respan ta pitié dessur nous,
Ainsi qu'en ta douce clemence
Avons tousjours nostre esperance.

En toy, Seigneur, nous esperons,
T'aimons, prions et adorons;
Car ceux en qui ta grace abonde,
N'iront confus en l'autre monde.

(1567.)

HYMNE XII.

DES PERES DE FAMILLE.

A SAINCT BLAISE. (1)

Sur le chant *Te rogamus audi nos.* (2)

Sainct Blaise, qui vis aux cieux
Comme un ange precieux,
Si de la terre où nous sommes,
Tu entens la voix des hommes,
Recevant les vœux de tous,
Je te prie, escoute-nous.

1. Le Commentaire de Nicolas Richelet, Parisien, dans l'édition de 1623, est dédié à M. Lormier, conseiller de la Cour des aides. Il a paru pour la première fois à Paris : Buon, 1618, in-8°.
2. C'est un hymne rustique de bons laboureurs et villageois, qui prient sainct Blaise, en chomant le jour de sa feste, et faisans leurs processions, d'avoir soin de leurs petites familles, leur procurer tout ce qui leur est nécessaire en leur petit mesnage, etc.

Ce jourd'huy que nous faisons
A ton autel oraisons
Et processions sacrées
Pour nous, nos bleds et nos prées,
Chantant ton hymne à genous :
Je te prie, escoute-nous.

Chasse loin de nostre chef
Toute peste et tout meschef
Que l'air corrompu nous verse,
Quand la main de Dieu diverse
Respand sur nous son courrous :
Je te prie, escoute-nous.

Garde nos petits troupeaux,
Laines entieres et peaux,
De la ronce dentelée,
De tac et de clavelée,
De morfonture (¹) et de tous :
Je te prie, escoute-nous.

Que tousjours accompagnez
Soient de mastins rechignez,
Le jour allant en pasture,
Et la nuict en leur closture,
De peur de la dent des loups :
Je te prie, escoute-nous.

Si le loup de sang ardent
Prend un mouton en sa dent,
Quand du bois il sort en queste,
Huans tous aprés la beste,
Que soudain il soit recous :
Je te prie, escoute-nous.

1. *Ne quid a frigore laborent.* (Varron.)

Garde qu'en allant aux champs,
Les larrons qui sont meschans,
Ne desrobent fils ne mere;
Garde-les de la vipere
Et d'aspics au ventre rous :
Je te prie, escoute-nous.

Que ny sorciers ny poison
N'endommagent leur toison
Par parole ou par breuvage;
Qu'ils passent l'esté sans rage,
Que l'autonne leur soit dous :
Je te prie, escoute-nous.

Garde-nous de trop d'ardeurs
Et d'excessives froideurs;
Donne-nous la bonne année,
Force bleds, force vinée,
Sans fiévre, rongne, ne clous :
Je te prie, escoute-nous.

Garde nos petits vergers
Et nos jardins potagers,
Nos maisons et nos familles,
Enfans, et femmes, et filles,
Et leur donne bons espous :
Je te prie, escoute-nous.

Garde poulles et poussins
De renards et de larcins;
Garde sauves nos avettes;
Qu'ils portent force fleurettes
Tousjours en leurs petits trous :
Je te prie, escoute-nous.

Fay naistre force boutons
Pour engraisser nos moutons,
Et force fueille menue,

Que paist la troupe cornue
De nos chévres et nos boucs :
Je te prie, escoute-nous.

Chasse la guerre bien loing;
Romps les armes dans le poing
Du soldat qui frappe et tue
Celuy qui tient la charrue,
Mangeant son bien en deux coups :
Je te prie, escoute-nous.

Que le plaideur grippe-tout,
Par procés qui sont sans bout,
N'enveloppe le bon homme
Qui chiquanant se consomme,
Puis meurt de faim et de pous :
Je te prie, escoute-nous.

Que l'impudent usurier,
Laissant l'interest premier,
N'assemble point sans mesure
Usure dessus usure,
Pour ravir son petit clous :
Je te prie, escoute-nous.

Garde nos petits ruisseaux
De souillure de pourceaux,
Naiz pour engraisser leur pance;
Pour eux tombe en abondance
Le glan des chesnes secous :
Je te prie, escoute-nous.

Nos genices au printemps
Ne sentent mouches ne tans,
Enflent de laict leurs mammelles;
Que pleines soient nos faiscelles [1]

1. De *fasciculus*. Ce sont de petites nattes de paille sur lesquelles on conserve les fromages.

De fourmages secs et mous :
Je te prie, escoute-nous.

Nos bouviers sans murmurer
Puissent la peine endurer,
Bien repeus à nostre table;
Soient les bœufs dedans l'estable
Tousjours de fourrages saouls :
Je te prie, escoute-nous.

Chasse loin les paresseux;
Donne bon courage à ceux
Qui travaillent, sans blesseure
De congnée, et sans morseure
De chiens enragez et fous :
Je te prie, escoute-nous.

Bref, garde-nous de terreurs,
Et de paniques fureurs,
Et d'illusion estrange,
Et de feu sacré, qui mange
Membres, arteres et poüls :
Je te prie, escoute-nous.

Donne que ceux qui viendront
Prier ton nom, et rendront
A ton autel leurs offrandes,
Jouïssent de leurs demandes,
De tous leurs pechez absous :
Je te prie, escoute-nous.

Sainct Blaise, qui vis aux cieux
Comme un ange precieux,
Si de la terre où nous sommes,
Tu entens la voix des hommes,
Recevant les vœux de tous,
Je te prie, escoute-nous.
                    (Édit. posth.)

HYMNE XIII.

DE SAINCT ROCH.

Sus, serrons-nous les mains, sus, marchons en dansant,
Le luth ne soit muet, le pied soit bondissant
A pas entrecoupez, et pousse dans la nue,
Guidé par le cornet, une poudre menue.
Que les enfans de chœur, que les chantres devant
Nous monstrent le chemin, nous les irons suivant
De l'esprit et des yeux, contrefaisant la dance
Qu'ils nous auront marquée aux lois de leur cadance.
Regardons-les partir en leurs blancs surpelis,
Au chef environné de roses et de lis,
Tondus jusques au front ; mais voyons, je vous prie,
Les freres enrolez en nostre confrairie,
Ayant tous l'estomac de ghirlandes enceinct,
Laisser vuide boutique et venir voir le Sainct,
Afin de luy offrir leurs devotes offrandes,
Pour impetrer de Dieu leurs vœux et leurs demandes.
Les vieillards de bastons leurs jambes appuyez
Sont exempts du chemin, et les corps ennuyez
De longue maladie, et celles que Lucine,
La mere des humains, accompagne en gesine,
Et celles au sang froid, dont le cheveu blanchi
A plus de soixante ans de carriere franchi.
Celles qui par les mains d'un nopcier hymenée
Ont versé sur le col leurs cheveux ceste année,
Ny les hommes dispos, ny les forts jouvenceaux,
Dont le sang chaud et vif s'escoule par ruisseaux
Par les veines du corps, n'auront point de merite,
S'ils ne font le chemin, car la traitte est petite,
Soit que partions au soir quand le jour est coullé,
Soit au matin à jeun, ains qu'avoir avallé

De l'humide et du sec, ou soit à la vesprée
Quand le faucheur lassé retourne de la prée.
 Mon Dieu, que de rochers pierreux et raboteux,
D'antres entrecoupez, dont les sommets venteux
Cachent dessous leurs pieds une vaste campagne
De sablon, que la peur et l'horreur accompagne !
Qui guidera nos pas par ce sablon espés ?
 J'avise un grand lévrier, suivons son train de prés.
Redoublons le marcher, je le vois comme il entre,
C'est le chien du bon Sainct ; dedans le creux d'un antre
J'en voy déja la châsse, et des lampes autour,
Les gardes de ce Sainct, qui bruslent nuict et jour ;
Car l'huile est eternelle esprise dans la meche
Qui garde que ce feu sans humeur ne se seche.
Qui en prend une goute et parmy ses citez
La verse, il chasse au loin toutes adversitez ;
L'air se purge et devient bening et salutaire ;
La ville est sans frayeur, le peuple volontaire
S'esgaye par les champs, et de la peste franc,
Sautelant par le corps sent rajeunir son sang.
 Mais lisons ce tableau et voyons qu'il veut dire,
La legende du Sainct dedans se pourra lire.
Lisez-le, secretain, en-ce-pendant que tous
Suppliront le bon Sainct, courbez sur les genous.

(Édit. posth.)

FIN DES HYMNES.

LE RECUEIL

DES HYMNES

RETRANCHÉS PAR

P. DE RONSARD

Aux dernières éditions de ses Œuvres.

On a indiqué à la fin de chaque hymne la date de l'édition où on l'a retrouvé. Les autres sont restés inédits ou n'ont pas été réunis aux Œuvres de Ronsard avant 1609 ou 1617.

LE RECUEIL

DES HYMNES

RETRANCHÉS PAR

P. DE RONSARD

Aux dernières éditions de ses Œuvres.

HYMNE A SAINT GERVAIS

ET SAINT PROTAIS.

La victorieuse couronne,
Martyrs, qui vos fronts environne,
N'est pas la couronne du pris
Qu'Elide donne pour la course,
Ou pour avoir prés de la source
D'Alphée, esté les mieux appris.

Avoir d'un indonté courage
De Neron mesprisé la rage,
Vous a rendus victorieux,
Quand l'un eut la teste tranchée,
Et l'autre l'eschine hachée
De gros fouëts injurieux.

Ce beau jour qui vostre nom porte,
Chaqu'an me sera saint, de sorte

Que le chef de fleurs relié,
Dansant autour de vos images,
Je leur feray humbles hommages
De ce chant à vous dedié.

Ce jour, l'ouaille audacieuse
Court par la troupe gracieuse
Des loups, et sans berger n'a peur.
Ce jour, les villageois vous nomment,
Et oisifs par les prez vous chomment
Leurs bœufs affranchis du labeur.

Regardez du ciel nos services,
Et advocassez pour nos vices,
Regardez-nous (disent-ils) or,
Dontez le peché qui nous presse,
Et cet an sauvez-nous d'oppresse
Et les autres suivants encor.

Faites que des bleds l'apparence
Ne démente nostre esperance,
Et du raisin ja verdelet
Chassez la nue menassante,
Et la brebis au champ paissante,
Emplissez d'aigneaux et de laict.

(1560.)

HYMNE A LA NUICT.

Nuict, des amours ministre, et ministre fidelle
Des arrests de Venus, et des sainctes loix d'elle,
  Qui secrette accompagnes
L'impatient amy de l'heure accoustumée,
O mignonne des Dieux, mais plus encore aymée
  Des estoiles compagnes.

Nature de tes dons honore l'excellence,
Tu caches les plaisirs dessous muet silence,
    Que l'amour jouissante
Donne, quand ton obscur estroittement assemble
Les amans embrassez, et qu'ils tombent ensemble
    Sous l'ardeur languissante;

Lors que la main tatonne ores la cuisse, et ore
Le tetin pommelu qui ne s'egale encore
    A nul rubis qu'on voye;
Et la langue en errant sur la joue et la face,
Plus d'odeurs et de fleurs, là naissantes, amasse
    Que l'Orient n'envoye.

C'est toy qui les soucis et les gennes mordantes,
Et tout le soin enclos en nos âmes ardantes
    Par ton present arraches.
C'est toy qui rends la vie aux vergiers qui languissent,
Aux jardins la rousée, et aux cieux qui noircissent
    Les estoiles attaches.

Mets, s'il te plaist, Déesse, une fin à ma peine,
Et domte sous mes bras celle qui est tant pleine
    De menasses cruelles,
Afin que de ses yeux (yeux qui captif me tiennent)
Les trop ardens flambeaux plus brusler ne me viennent
    Le fond de mes mouëlles.

                         (1560.)

SUITTE DE L'HYMNE

DE TRES ILLUSTRE PRINCE CHARLES,

Cardinal de Lorraine. (1)

Quand j'achevay de te chanter ton hymne,
Où ta louange entre les Roys insigne,
Dépeinte au vif et de mille couleurs,
Ressemble un pré tout esmaillé de fleurs ;
Je n'esperois de plus mettre en lumiere
Autre vertu que ta vertu premiere,
Comme parfaite en sa perfection ;
Mais je fus loing de mon intention,
Car de rechef en voicy de nouvelles
Qui à l'envy sont encores plus belles.
 Ta vertu semble au champ gras et fertil,
Auquel le grain ne se germe inutil,
Mais en croissant en espic se façonne,
Et cest espic en semence foisonne ;
Ou comme au soir à l'embrunir des cieux
Un astre icy s'apparoist à nos yeux,
Un autre là, puis vers l'Occidentale,
Puis vers la part de l'Ourse boreale
Une autre estoille, et puis une autre auprés,
Et puis une autre, et puis dix mille aprés.
 En ceste sorte, ô Prelat venerable,
Ta vertu propre apparoist innombrable ;
Et tout ainsi qu'autour de la minuit
Toute planette également ne luit,

---

1. Voir plus haut, page 106, l'hymne de la Justice, à qui celui-ci sert de suite.

Mais une seule au milieu de la bande
Reluit plus claire, et plus belle, et plus grande;
Ainsi reluit, et plus clair et plus beau,
Sur tes honneurs cet honneur tout nouveau
Que tu t'acquiers, pour avoir retirée
Çà bas du ciel la paix tant desirée.
Or tu n'as pas ce bien tant desiré
Du haut du ciel seulement retiré,
Pour le laisser au bout de quelque année
Evanouir ainsi qu'une fumée;
Mais seulement tu le gardes, et veux
Qu'il serve à nous et à tous nos neveux,
Pour en jouir, comme une chose acquise
Par toy, Prelat, le plus grand de l'Eglise.
 Si à Cerés jadis on a basty
Des temples saincts pour avoir converty
Le glan en bled, quand la tourbe inciville
Laissa les bois pour habiter la ville;
Si à Bacchus on fit honneurs divins
Pour nous planter seulement des raisins;
Et si Pallas pour estre inventeresse
D'un olivier se fit une Déesse;
France te doit et temples et autels,
Et te doit mettre entre les immortels,
Et te nommer le Guisien Alcide,
Qui de la guerre as esté l'homicide;
Car ce n'est moins de nous donner la paix,
Que voir sous toy nos ennemis deffais.
 Au temps que Mars ses portes eut décloses,
Par ton conseil ton frere a fait des choses
Que nos neveux estimeront plus fort
Que les labeurs d'un Hercule tres-fort.
Il a gardé des places ingardables,
Seul il a pris des places imprenables,
Et d'un haut cœur qui n'a point de pareil,
Osa fausser avec peu d'appareil
L'Alpe chenue, et conduire sa trope
Sur le tombeau qui couvre Parthenope;

Mais ton bien-fait d'entretenir la paix
Passe en grandeur la grandeur de ses faits.
 Il est bien vray que la vieille memoire
A toy tout seul n'en donnera la gloire.
Quelques seigneurs, comme Montmorenci
Et Saint-André, y ont leur part aussi,
Qui nous ont fait pour le public affaire
A leur pouvoir cela qu'ils devoient faire.
 Ainsi qu'on voit quand le ciel veut armer
L'onde et le vent contre un vaisseau de mer,
Chacun craignant la fortune commune;
Un matelot va redressant la hune,
L'autre le mast, l'autre la voile, et font
Tous leur devoir en l'estat où ils sont;
Mais par sur tous le bon pilote sage
Prend le timon, conjecture l'orage,
Juge le ciel, et d'un œil plein de soin
Sçait eviter les vagues de bien loin;
Ores à gauche il tourne son navire,
Ores à dextre en costoyant le vire,
Fait grande voile, ou petite, et par art
Au bord prochain se sauve du hazard.
 Ainsi fis-tu naguere en l'assemblée,
Qui comme une onde estoit toute troublée
D'opinions et de conseils divers,
Qui çà qui là alloient tous de travers.
Seul tu guidois au milieu de la noise
Le gouvernail de la barque françoise,
Et tu gardois comme sage et rusé,
Que ton seigneur ne fust point abusé;
Car s'il falloit demesler par querelle
De longs propos la noise mutuelle
De nos deux Roys, d'où elle procedoit,
A quelle fin dommageable tendoit,
Qui avoit tort ou droit en ceste guerre,
Qui justement demandoit ceste terre,
Ou ceste-là; d'où vindrent leurs ayeux,
Qui fut icy ou là victorieux;

Ou s'il falloit leur remonstrer l'Eglise
En quel estat trop piteux elle est mise;
Ou s'il falloit profondement parler,
Et les raisons douteuses demesler
D'une parole en douceur toute pleine,
C'estoit le fait de Charles de Lorraine;
Tout ce fardeau te pendoit sur le doz;
Et c'est pourquoy (Prelat) ce second loz
A ton premier j'attache de la sorte
Qu'une nacelle au grand batteau, qui porte
Un plus grand faiz et arrive tout plein
D'un or cherché dans un pays lointain.

 Donques, Seigneur, puisque par ta prudence
Tu mets en paix tout le peuple de France,
Par ta bonté mets en repos d'esprit
Celuy qui met les vertus par escrit.

[Il est bien temps comme à ces vieux gensdarmes
Que l'on me fasse exempt de porter armes,
Tout maladif et caduc qui ne puis
Vivre longtemps si libre je ne suis.
Libre je dy, franc de la servitude
De pauvreté ma maistresse trop rude;
Or fay-moy donc comme au cheval guerrier
Qui souloit estre au combat le premier.
S'il devient vieil il ha dedans l'estable
Des grands seigneurs une place honorable,
Et est monstré de tous costés au doy
Pour avoir faict services à son Roy.

Je ne quiers pas les moissons d'Arabie,
De peu de chose on passe cette vie,
Tant seulement ne souffre que le tien
Humble servant soit ressemblable au chien,
Qui jeune et lourd d'une suite folette
Court par la Beauce aprés une alouette
Perdant ses pas; car elle, en secouant
Sa plume au vent, du chien va se jouant
Qui haut, qui bas la suit par le derriere
Et court en vain aprés l'ombre legiere;

Aucunes fois souffre au chien d'approcher,
Puis quand il est tout prés de la toucher
S'enleve au ciel ou va, de motte en motte,
Trompant le chien et sa gueule trop sotte,
Qui va l'oiseau vainement poursuivant
Et pour sa proye il ne prend que du vent.
   Ainsy je suy d'une course trop vaine
Le bien qui fuit, et plus je pense pleine
Ma main de luy et moins elle en jouit
Et dans le vent le bien s'evanouit,
En la façon que les sœurs Beléides
Dans les enfers portent leurs cruches vuides.
   Pardonne-moy si trop hardy je suis,
Si d'un escript importun je poursuis
Quelque avantage; et que vaudroit de faire
Honneur aux Roys qui n'auroit de salaire!
Le grand Pindare et Bacchylide aussy
Au temps passé, Prelat, faisoient ainsy,
Et Simonide, honneur des grands poëtes,
Avoit chez luy, comme l'on dit, deux boetes.
Dans l'une vuide il mettoit seulement
Les grands mercis; en l'autre richement
Il estuyoit ce que les mains royales
Eslargissoient à ses vers liberales.
Quand il vouloit quelque chose acheter,
Dessus sa table il faisoit apporter
Le vaisseau vuide où vainement sonnerent
Les grands mercis que les Roys luy donnerent, (a)
Puis en l'ouvrant ne trouvoit renfermée

---

a. Il manque ici deux rimes masculines. Ronsard y a suppléé, en 1573, par cette variante :

Puis en l'ouvrant ne trouvoit que du vent.
Lors Simonide et pensif et resvant
Se detestoit et les Muses frivoles
Qui le payoient en fumeuses paroles.
Despit adonc les Muses maudissoit...

Qu'une courtoise et gentille fumée.
Lors tout despit les Muses maudissoit
Et le vaisseau contre terre cassoit.
Mais en ouvrant sa boete qui fut pleine
Des biens des Roys, il s'ostoit hors de peine,
Plus courageux au peuple se monstroit
Et en tous lieux le bonheur rencontroit,
Et benissoit la Muse favorable
Qui le rendoit et riche et honorable.
Car sans les biens et les honneurs des Roys
Les Muses sont muettes par les bois,
Et Apollon, sans la lyre dorée,
Ne treuve point son escharpe honorée.
Tout vient de là, tout procede de là.
Par ce moyen si hautement parla
Le grand autheur de la belle Æneide.] (¹)
En tel chemin si tu me sers de guide (*a*)
Tu me feras avecques le bonheur
Plus que devant devenir bon sonneur,
Sans craindre plus ny le temps ny l'envie,
Estant au port le plus seur de la vie.

(1560.)

a. Après ce vers, l'édition de 1578 ajoute pour la rime :

Tu me seras un protecteur Alcide.

1. Ce passage disparaît en 1578; dans l'édition de 1584 et dans les suivantes, la pièce entière est supprimée.

HYMNE DES ASTRES. (¹)

A MELLIN DE S. GELAIS.

C'est trop long temps, Mellin, demeuré sur la terre
Dans l'humaine prison qui l'esprit nous enserre,
Le tenant engourdy d'un sommeil ocieux ;
Il faut le délier et l'envoyer aux cieux.
Il me plaist en vivant de voir sous moy les nues,
Et presser de mes pas les espaules chenues
Du Maure porte-ciel (²) ; il me plaist de courir
Jusques au firmament, et les secrets ouvrir
(S'il m'est autant permis) des Astres admirables,
Et chanter leurs aspects de nos destins coulpables,
Pour t'en faire un present, Mellin enfant du ciel,
Mellin qui pris ton nom de la douceur du miel
Qu'au berceau tu mangeas, quand en lieu de nourrice
L'abeille te repeut de thyn et de melisse.
  Aussi je ferois tort à mes vers et à moy,
Si je les consacrois à un autre qu'à toy,
Qui sçais le cours du ciel, et qui sçais les puissances
Des Astres dont je parle, et de leurs influences.
  Dés le commencement (s'il faut le croire ainsi)
Les Estoiles n'avoient nos destins en souci,
Et n'avoient point encor de tout ce monde large,
Comme ell'ont aujourd'huy, ny le soin ny la charge ;
Sans plus elles flamboient pour un bel ornement,
Esparses, sans vertu, par tout le firmament.

---

1. La ressemblance qui existe entre cet hymne et celui des Estoilles a sans doute engagé l'auteur à supprimer celui-ci, qui est cependant supérieur au premier.
2. Atlas.

Quand le Soleil hurtoit des Indes les barrieres
Sortant de l'Ocean, les Heures ses portieres
Couroient un peu devant son lumineux flambeau
Ramasser par le ciel des Astres le troupeau
Qui demenoit la danse, et les contoient par nombre,
Ainsi que les pasteurs, qui le matin sous l'ombre
D'un chesne, vont contant leurs brebis et leurs bœufs,
Ains que les mener paistre aux rivages herbeux.
 Quand la Lune monstroit sa corne venerable,
Les Heures de rechef ouvroient la grande estable
Où les Astres logeoient en repos tout le jour,
Les remenant baller du ciel tout à l'entour ;
Puis les serroient par compte à l'heure accoustumée
Que le Soleil avoit nostre terre allumée.
 Si est-ce qu'à la fin un estrange mal-heur
(Un mal-heur peut servir) mit leur flâme en valeur.
 La nuit que les geans à toute peine enterent
Pelion dessus Osse, et sur Osse planterent
Le nuageux Olympe, à fin de debouter
Jupiter de son regne, et vaincu le donter ;
Les Astres, dés ce soir, force et puissance prindrent,
Et pour jamais au ciel un lieu ferme retindrent.
Desja ces grands geans en grimpant contre-mont,
D'Olympe sourcilleux avoient gagné le front,
Et ja tenoient le ciel ; et le fils de Saturne
Eussent emprisonné dans la chartre nocturne
De l'abysme d'enfer, où il tient enserrez
Et de mains et de pieds les Titans enferrez,
Sans l'Astre qui depuis eut le surnom de l'Ourse
Qui regardoit pour lors toute seule la course
Des autres qui dansoient et si ne dansoit pas,
Ayant comme ja lasse arresté ses beaux pas
Fermes devers Borée, et voyant la cautelle
Que brassoient les geans, tout soudain elle appelle
La troupe de ses sœurs, et s'en va raconter
En tremblant, l'embuscade au pere Jupiter :
« Armez-vous (dit l'Estoille), armez, vestez vos armes,
Armez-vous, armez-vous ! je ne sçay quels gensdarmes

Ont voulu trois grands monts l'un sur l'autre entasser
Pour conquerir le ciel, et pour vous en chasser. »
Adoncques Jupiter tout en sursaut commande,
Vestu de son ægide, à la celeste bande
D'endosser le harnois, pour garder leur maison,
Et leurs mains de porter des fers en la prison.
 Ja desja s'attaquoit l'escarmouche odieuse,
Quand des astres flambans la troupe radieuse,
Pour esblouir la veue aux geans furieux,
Se vint droicte planter vis-à-vis de leurs yeux;
Et alors Jupiter du traict de sa tempeste
Aux geans aveuglez escarbouilla la teste,
Leur faisant distiller l'humeur de leurs cerveaux
Par les yeux, par la bouche et par les deux naseaux;
Comme un fromage mol, de qui l'humeur s'esgoute
Par les trous d'un panier à terre goute à goute.
 Lors des Astres divins (pour leur peine d'avoir
Envers sa Majesté si bien fait leur devoir)
Arreste la carriere, et tous en telle place
Qu'ils avoient de fortune, et en pareille espace,
D'un lien aimantin leurs plantes attacha,
Et comme de grands cloux dans le ciel les ficha;
Ainsi qu'un maréchal qui hors de la fournaise
Tire des cloux ardans tous rayonnez de braise,
Qu'à grands coups de marteaux il coigne durement
A l'entour d'une roue arrengez proprement.
Puis il leur mit és mains le fil des destinées,
Et leur donna pouvoir sur toutes choses nées;
Et que par leurs aspects fatalité seroit
Tout cela que Nature en ce monde feroit;
Retenant toutesfois la superintendence
A soy, de leurs regards et de leur influence,
Et que quand il voudroit tout ce qu'ils auroient faict
N'auroit authorité ny force ny effait.
 Les Estoilles adonc seules se firent dames
De tous les corps humains, et non pas de nos ames,
Prenant l'occasion à leur service, afin
D'executer çà bas l'arrest de leur destin.

Depuis tous les oiseaux qui volent et qui chantent,
Tous les poissons muets qui les ondes frequentent,
Et tous les animaux, soit des champs, soit des bois,
Soit des monts caverneux, furent serfs de leurs lois ;
Mais l'homme par sur tout eut sa vie sujette
Aux destins, que le ciel par les Astres luy jette ;
L'homme qui le premier comprendre les osa,
Et tels noms qu'il voulut au ciel leur imposa.
   L'un s'adonne à la guerre, et ne vit que de proye,
Et cherche de mourir devant les murs de Troye,
Ayant percé le cœur de la lance d'Hector ;
L'autre devient Tiphys, et veut mener encor
Les heros voir le Phase, et repasser sans crainte
Des rocs Cyaneans l'emboucheure contrainte,
Et sçait prognostiquer deux ou trois jours devant,
Courbé sur le tillac, la tempeste et le vent.
   L'un est né laboureur, et maugré qu'il en aye
Aiguillonne ses bœufs, et fend de mainte playe
Avec le soc aigu l'eschine des guerets,
Pour y semer les dons de la mere Cerés ;
L'autre est né vigneron, et d'une droite ligne
Dessus les monts pierreux plante la noble vigne,
Ou taille les vieux ceps, ou leur béche les pieds,
Ou rend aux eschallats les provins mariez.
   L'un pesche par contrainte (ainsi vous pleut Estoilles)
Et conduisant sur l'eau ses rames et ses voiles,
Traine son reth maillé, et ose bien armer
Son bras pour assommer les monstres de la mer ;
Aucunefois il plonge, et sans reprendre haleine
Espie les tritons jusqu'au fond de l'arene ;
Aucunefois il tend ses friands hameçons,
Et sur le bord desrobe aux fleuves leurs poissons ;
L'autre se fait chasseur, et perd dans son courage
Le soin de ses enfans et de tout son mesnage,
Pour courir par les bois aprés quelque sangler,
Ou pour faire les loups aux dogues estrangler,
Et languit s'il n'attache à sa porte les testes
Et les diverses peaux de mille estranges bestes.

L'un va dessous la terre, et fouille les metaux
D'or, d'argent et de fer, la semence des maux,
Que Nature n'avoit comme tres-sage mere
(Pour nostre grand profit) voulu mettre en lumiere;
Puis devient alchimiste et multiplie en vain
L'or ailé qui si tost luy vole de la main;
L'autre par le mestier sa navette promaine,
Ou peigne les toisons d'une grossiere laine,
Et diriez que d'Arachne il est le nourrisson.
L'un est graveur, orfevre, entailleur et masson,
Trafiqueur, lapidaire et mercier, qui va querre
Des biens, à son peril, en quelque estrange terre.
Aux autres vous donnez des mestiers bien meilleurs,
Et ne les faites pas mareschaux ny tailleurs,
Mais philosophes grands qui par longues estudes
Ont fait un art certain de vos incertitudes;
Ausquels avez donné puissance d'escouter
Vos mysteres divins pour nous les raconter.
 Cestuy-cy cognoist bien des oiseaux le langage,
Et sçait conjecturer des songes le presage;
Il nous dit nostre vie, et d'un propos obscur,
A qui l'en interroge annonce le futur.
Cestuy-là dés naissance est fait sacré poëte,
Et jamais sous ses doigts sa lyre n'est muette,
Qu'il ne chante tousjours d'un vers melodieux
Les hymnes excellens des hommes et des Dieux;
Ainsi que toy, Mellin, orné de tant de graces,
Qui en cet art gentil les mieux-disans surpasses.
 Cestuy-cy plus ardent et d'un cœur plus hautain
Guide une colonie en un pays lointain,
Et n'y a ny torrent ny mont qui le retienne.
Ores il fait razer une ville ancienne,
Ores une nouvelle il bastit de son nom,
Et ne veut amasser tresor que de renom.
Cestuy-là fait le brave, et s'ose faire croire
Que la hauteur du ciel il hurte de sa gloire
Presque adoré du peuple, et ne veut endurer
Qu'un autre à luy se vienne en credit mesurer.

Mais il voit à la fin son audace coupée,
Et meurt pauvre et fuitif comme un autre Pompée.
Cestuy comme un Cesar aprés avoir rué
L'empire sous ses pieds, est à la fin tué
De ses gens, et ne peut fuïr la destinée
Certaine qu'en naissant vous lui avez donnée.
Sans plus vous nous causez nos biens et nos mal-heurs ;
Mais vous causez aussi nos diverses humeurs ;
Vous nous faites ardens, phlegmatiques, coleres,
Rassis, impatiens, courtisans, solitaires,
Tristes, plaisans, gentils, hardis, froids, orgueilleux,
Eloquens, ignorans, simples et cauteleux.
 Que diray plus de vous? par vos bornes marquées
Le Soleil refranchit ses courses revoquées,
Et nous refait les mois, les ans et les saisons,
Selon qu'il entre ou sort de vos belles maisons.
Dessous vostre pouvoir s'asseurent les grand's villes;
Vous nous donnez des temps les signes tres-utiles ;
Et soit que vous couchez, et soit que vous levez,
En diverses façons les signes vous avez
Imprimez sur le front des vents et des oraiges,
Des pluyes, des frimas, des gresles et des neiges,
Et selon les couleurs qui peignent vos flambeaux,
On cognoist si les jours seront ou laids ou beaux.
Vous nous donnez aussi, par vos marques celestes,
Les presages certains des fièvres et des pestes,
Et des maux qui bien tost doivent tomber çà bas,
Les signes de famines et de futurs combas.
Car vous estes de Dieu les sacrez characteres,
Ainçois de ce grand Dieu fideles secretaires,
Par qui sa volonté fait sçavoir aux humains,
Comme s'il nous marquoit un papier de ses mains.
Non seulement par vous ce grand Seigneur et maistre
Donne ses volontez aux hommes à cognoistre,
Mais par l'onde et par l'air et par le feu tres-pront ;
Voire (qui le croira) par les lignes qui sont
Escrites dans nos mains et sur nostre visage,
Desquelles qui pourroit au vray sçavoir l'usage,

Nous verrions imprimez clairement là dedans
Ensemble nos mauvais et nos bons accidens;
Mais faute de pouvoir telles lignes entendre
Qui sont propres à tous, nous ne pouvons comprendre
Ce que Dieu nous escrit, et sans jamais prevoir
Nostre mal-heur futur, tousjours nous laissons choir,
Aprés une misere, en une autre misere.
Mais certes par sus tous en vous reluit plus clere
La volonté de Dieu, d'autant que sa grandeur
Allume de plus prés vostre belle splendeur.
 O que loin de raison celuy follement erre
Qui dit que vous paissez des humeurs de la terre!
Si l'humeur vous paissoit, vous seriez corrompus;
Et pource, Astres divins, vous n'estes point repus,
Vostre feu vous nourrit, ainsi qu'une fontaine,
Qui tant plus va coulant, plus se regorge pleine,
Comme ayant de son eau le surgeon perennel.
Ainsi ayant en vous le surgeon eternel
D'un feu natif, jamais ne vous faut la lumiere
Laquelle luit en vous, comme au Soleil premiere.
 Comment pourroit la terre en son giron fournir
Tousjours assez d'humeur pour vous entretenir,
Quand la moindre de vous en grandeur la surpasse?
Comment iroit l'humeur de ceste terre basse
Jusques à vous là haut, sans se voir dessecher
Des rayons du Soleil, avant que vous toucher?
Fol est encor celuy qui mortels vous pense estre,
Mourir quand nous mourons, et quand nous naissons,
Et que les plus luisans aux Roys sont destinez, [naistre;
Et les moins flamboyans aux pauvres assignez.
Tel soin ne vous tient pas, car aprés nos naissances
Que vous avez versé dessus nous vos puissances,
Plus ne vous chaut de nous, ny de nos faits aussi;
Ains courez en repos delivrez de souci,
Et francs des passions, qui dés le berceau suivent
Les hommes qui çà bas chargez de peine vivent.
 Je vous salue, enfans de la premiere nuit,
Heureux Astres divins, par qui tout se conduit!

Pendant que vous tournez vostre tasche ordonnée
Au ciel, j'accompliray çà bas la destinée
Qu'il vous pleut me verser, bonne ou mauvaise, alors
Que mon âme immortelle entra dedans mon corps!

HYMNE DE LA FRANCE. (1)

Sus, luth doré, des Muses le partage,
Et d'Apollon le commun heritage,
De qui la voix d'accord melodieux
Chante les faits des hommes et des Dieux!
Sus, l'honneur mien, il est temps que tu voises
Donner plaisir aux oreilles Françoises,
Rompant l'obscur du paresseux sejour,
Pour te monstrer aux rayons du beau jour.
Tu peux tirer les forests de leur place,
Fleschir l'enfer, mouvoir les monts de Thrace,
Et retenir le feu qu'il ne saccage
Les verds cheveux d'un violé bocage,
Quand Jupiter menace de son ire
Les hauts sourcils des montaignes d'Epire,
Et que son trait justement despité
Rompt le sommet d'une injuste cité!

---

1. C'est la seconde pièce que Ronsard ait publiée. (La première est l'Epithalame de Charles de Bourbon et de Jeanne d'Albret.) L'édition originale est de Paris, Cavellat, 1549, in-8° de 8 feuillets. Le poète supprima depuis cette pièce, où il n'avoit pas observé l'entrelacement des rimes masculines et féminines. Le premier poëte qui ait observé cette alternance est Guillaume Cretin, qui vivoit sous Charles VIII. Cette règle, négligée pendant un temps, fut reprise par Ronsard en son âge mûr, et n'a plus été abandonnée depuis.

Tousjours le Grec la Grece vantera,
Et l'Espagnol l'Espagne chantera,
L'Italien, les Itales fertiles,
Mais moy, François, la France aux belles villes,
Et son renom, dont le crieur nous sommes,
Ferons voler par les bouches des hommes ;
Où l'equité et la justice aussi,
Gemelles sœurs y fleurissent ainsi
Que deux beaux lis ou deux roses, alors
Que le printemps pousse les fleurs dehors.
 Il ne faut point que l'Arabie heureuse,
Ne par son Nil l'Egypte plantureuse,
Ne l'Inde riche en mercerie estrange,
Face à la tienne esgale sa louange ;
Qui d'un clin d'œil un monde peux armer,
Qui as les bras si longs dessus la mer,
Qui tiens sur toy tant de ports et de villes,
Et où les lois divines et civiles
En long repos tes citoyens nourrissent.
 On ne voit point par les champs qui fleurissent
Errer ensemble un tel nombre d'abeilles,
Baisans les lis et les roses vermeilles ;
Ni par l'esté ne marchent au labeur
Tant de fourmis, animaux qui ont peur
Qu'en leur vieillesse ils n'endurent souffrance,
Comme l'on voit d'hommes par nostre France
Se remuer ; soit quand Bellonne anime
La majesté de leur cœur magnanime,
Ou quand la paix à son rang retournée
Chacun renvoye exercer sa journée.
 Bien que la perle et les pierres exquises
En nostre mer des marchans ne soient quises,
Ne par nos prez on ne voye amassée
L'herbe d'Heleine ou bien la panacée,
Ni le doux miel ne suinte en nos rameaux,
Ni le doux laict ne coule en nos ruisseaux ;
Des fiers lions la semence superbe
En est bien loin, et le serpent par l'herbe,

Tel qu'en l'Afrique, horrible n'espouvante
Le seur pasteur, ne l'amour vehemente
Qui s'enfle au front du poulain n'y est pas
Mixtionnée és amoureux appas.
  Nos champs Jason de ses toreaux ardans
Ne laboura, pour y jetter dedans
D'un grand serpent les machoires terribles;
Ne la moisson de tant de gens horribles
Hors de la terre à force desserrez
S'est herissée en corselets ferrez;
Mais au contraire ils enfantent un blé,
Nous le rendant d'usure redoublé;
Et dont jamais la premiere apparence
Du laboureur n'a trompé l'esperance.
Plus qu'en nul lieu dame Cerés la blonde
Et le donteur des Indes y abonde.
Mille troupeaux frisez de fines laines,
Comme escadrons se campent en nos plaines;
Maint arbrisseau qui porte sur ses branches
D'un or naïf pommes belles et franches,
Y croist aussi, d'une-part verdissant,
De l'autre-part ensemble jaunissant,
Le beau grenad à la joue vermeille,
Et le cytron, delices de Marseille,
Fleurit és champs de la Provence à gré;
Et l'olivier, à Minerve sacré,
Leur fait honneur de ses fruits autonniers;
Et jusqu'au ciel s'y dressent les palmiers.
Le haut sapin, qui par flots estrangers,
Doit aller voir de la mer les dangers,
Y croist aussi; et le buis qui vaut mieux,
Pour y tailler les images des Dieux,
De ces bons Dieux, qui ont tousjours souci
Et de la France et de mes vers aussi.
Auprés de Meun le cheval belliqueur
Brave apparoist, qui d'une ardeur de cœur
Passe à nou Loire, ou folastre aux campagnes,
Ou d'un plein cours vole au haut des montagnes,

Heurte les flancs de la terre qui sonne,
Et au combat luy-mesme se façonne,
Ja se vantant d'obéir à la bride,
Ayant sur luy Carnavalet pour guide.

 Que dirons-nous de la saison, des temps,
Et des tiedeurs du volage printemps?
La cruauté des vents malicieux
N'y regne point, ne les monstres des cieux,
Ny tout cela, qui plein de felonnie,
Tient les sablons d'Afrique ou d'Hyrcanie.

 Tousjours la France heureusement fertile,
Donne à ses fils ce qui leur est utile;
L'or eternel ne defaut point en elle,
Et de l'argent la source est eternelle;
Le fer, l'airain, deux metaux compagnons,
Ce sont les biens de ses riches rognons.
L'un bon à faire ou trompettes tortues,
Ou les portraits des divines statues;
L'autre nous sert pour corriger l'audace
De l'ennemy, qui en vain nous menace,
Lors qu'un bon signe au ciel nous est donné,
Et Jupiter à main gauche a tonné,
Favorisant le François, qu'il estime
Enfant d'Hector, sa race legitime;
Qui de là haut nous a transmis ses loix,
Et a juré de nous donner des Roys,
Qui planteront le lys jusqu'à la rive
Où du soleil le long labeur arrive.

 Icy et là, comme celestes flammes,
Luisent les yeux de nos pudiques femmes,
Qui toute France honorent de leur gloire,
Ores monstrant leurs espaules d'yvoire,
Ores le col d'albastre bien uni,
Ores le sein, où l'honneur fait son ni;
Qui pour donter la cagnarde paresse,
Vont surmontant d'une gentille addresse
Le vieil renom des pucelles d'Asie,
Pour joindre à l'or la soye cramoisie,

Ou pour broder au mestier proprement
D'un nouveau Roy le riche accoustrement.
  Que diray plus des lacs et des fontaines,
Des bois tondus et des forests hautaines?
De ces deux mers qui d'un large et grand tour
Vont presque France emmurant tout autour?
Maint grand vaisseau, qui maint butin ameine,
Parmy nos flots seurement se promeine.
Au dos des monts les grand's forests verdoyent,
Et à leurs pieds les belles eaux ondoyent,
Des Dieux bouquins les bois sont les repaires,
De Pan, de Faune et des Satyres peres,
Et au plus creux des argentines ondes
Menent un bal nos Nymphes vagabondes.
Puisse en mes vers leur faveur apparoistre !
Heureux celuy qui les a peu cognoistre ;
Celuy vrayment l'avarice n'ard point,
Ne l'appetit des honneurs ne le point,
Mais jour et nuict courbé dessus le livre
Aprés sa mort tasche à se faire vivre !
  Qui contera l'exercite des nues,
Grosses de gresle et de pluyes menues
(Lors que la bize horrible les rencontre,
Ou quand le ciel se courrouce alencontre
D'un camp, qui fait injustement la guerre,
Le punissant d'orage et de tonnerre),
Il contera de la France les ports
Et les citez, les villes et les forts,
Droit eslevant un front audacieux,
Et un sourcil qui menace les cieux.
  Dedans l'enclos de nos belles citez
Mille et mille arts y sont exercitez.
Le lent sommeil, ne la morne langueur,
Ne rompent point des jeunes la vigueur ;
Car ains que l'aube ait l'obscur effacé,
De son labeur chacun est ja lassé ;
La poësie et la musique sœurs,
Qui nos ennuis charment de leurs douceurs,

Y ont r'aquis leurs louanges antiques.
L'art non menteur de nos mathematiques
Commande aux cieux; la fiévre fuit devant
L'experte main du medecin sçavant;
Nos imagers ont la gloire en tout lieu,
Pour figurer soit un Prince ou un Dieu,
Si vivement imitans la nature,
Que l'œil ravy se trompe en leur peinture.
Un million de fleuves vagabonds,
Trainans leurs flots delicieux et bons,
Leschent les murs de tant de villes fortes,
Dordongne, Somme, et toy Seine qui portes
Dessus ton dos un plus horrible faix,
Que sur le tien, Neptune, tu ne fais.
Adjoustez-y tant de palais dorez,
Tant de sommets de temples honorez,
Jadis rochers, que la main du maçon
Elaboura d'ouvrage et de façon :
L'art dompte tout, et la perseverance!
Que dirons-nous encor de nostre France?
C'est ceste terre aux deux Pallas adestre,
Et qui nous a de son ventre fait naistre
Tant de vainqueurs de laurier couronnez,
Et tant d'esprits aux Muses adonnez;
C'est celle-là qui a produit icy
Roland, Renaud, et Charlemagne aussi,
Lautrec, Bayard, Trimouille et la Palice,
Et toy Henry, le fleau de la malice,
Roy dont l'honneur sus les autres reluit
Ainsi que l'astre à Venus, qui la nuit
De son beau front tous les autres efface,
Lors qu'il a bien lavé sa belle face
Dans l'Ocean. Maint flambeau qui esclaire
Sort de ses yeux; la nuict en est plus claire!
Roy, qui dois seul par le fer de la lance
Rendre l'Espagne esclave de sa France,
Et qui naguere as l'Anglois abbatu,
Le premier prix de ta jeune vertu!

Je te salue, ô terre plantureuse,
Heureuse en peuple, et en Princes heureuse.
Moy ton poëte, ayant premier osé
Avoir ton los en ryme composé,
Je te supply, qu'à gré te soit ma lyre;
Et si quelqu'un enrage d'en mesdire,
Soit-il prisé du pauvre populaire,
Et ses labeurs ne puissent jamais plaire
A mon Prelat, honneur de ta province,
Ny aux saincts yeux de mon grand Roy, ton Prince.

(1549.)

PRIERE A LA FORTUNE.

A TRES ILLUSTRE ET REVERENDISSIME
CARDINAL DE CHASTILLON.

VERS COMMUNS.

J'ai pour jamais par serment fait un vœu,
De ne sacrer tout cela que j'ay leu,
Ny tout cela qu'encore je doy lire,
Sinon à vous, Monseigneur; car ma lyre,
Comme devant, ne veut plus resonner,
Si vostre nom je ne luy fais sonner.
J'ay beau pincer cent fois le jour sa corde
Au nom d'un autre; elle jamais n'accorde
A mes chansons, et semble en la pinçant,
Qu'en me grondant elle m'aille tançant;
Mais aussi tost que vostre nom j'entonne,
Sans la forcer d'elle-mesme le sonne,
Car elle sçait combien je suis tenu
A vous, Prelat, qui d'un simple incognu

M'avez aimé outre mon esperance.
C'est pour cela qu'au theatre de France
De mieux en mieux tousjours je publiray
Des Chastillons l'honneur que j'escriray
En cent papiers, pour le rendre admirable.
Aussi seroy-je à bon droit miserable,
Si les faveurs que j'ay receu de vous
Je ne chantois aux oreilles de tous,
Et si ma langue aux nations estranges
D'un autre nom annonçoit les louanges
Sinon du vostre, et les faits glorieux
De vostre frere et de tous vos ayeux;
Pour esmouvoir les grands Roys et les princes,
Par vostre exemple, en toutes leurs provinces;
Car desormais vos vertus serviront
D'exemple à ceux qui mes œuvres liront,
D'estre Mecene, et patron des poëtes
En leur pays, comme icy vous le m'estes,
Et pour mouvoir les poëtes aussi
A n'estre ingrats, et d'avoir en souci
Tousjours la gloire et les vertus louables
De ceux ausquels ils seront redevables,
Contre-eschangeant la liberalité
D'une faveur à l'immortalité.
 Or quant à moy, par les Muses je jure
De ne pallir jamais de telle injure,
Que d'estre ingrat de l'honneste faveur
Que de vous seul a receu mon labeur;
Car soit que vif au monde je demeure,
Soit que banny de ce monde je meure,
J'auray tousjours au fond de mon esprit
Le souvenir de vostre nom escrit.
 Mais ce pendant, Monseigneur, que j'amuse
A vous louer la fureur de ma Muse,
Qui ne se plaist d'autre chose, sinon
Qu'à celebrer des Chastillons le nom,
Le temps s'enfuit, le temps qu'on ne rattrape
Quand une fois des mains il nous eschape.

Un jour viendra qu'en termes bien plus hauts
Je chanteray la guerre et les assauts
De vostre frere, et de quelle prudence
Vostre oncle et luy gouvernent nostre France ;
Mais maintenant il vaut trop mieux sonner
Ceste chanson, que tant la fredonner,
Qui vous pourroit par sa longueur desplaire,
Vous ennuyant, ce que je ne veux faire ;
Car vous avez à quoy passer le temps
D'autres plus grands et meilleurs passe-temps
Que cestuy-cy, puis je fais conscience
D'abuser trop de vostre patience.

 Las ! qu'il me fasche, et que j'ay de soucy
De ce qu'il faut que je destourne icy
Mon vers tout court de sa premiere addresse
Pour rencontrer une aveugle Déesse,
Comme est Fortune, en qui ne fut, ny n'est
Veue en ses yeux, ny en ses pieds d'arrest ;
Mais toutefois il faut que je la chante,
Car c'est le but de ma chanson presente.

 O grand' Déesse, ô Fortune, qui tiens
Entre tes mains les hommes et les biens,
Dessus les champs qui conduis les armées
Et sur la mer les galeres ramées ;
Qui t'éjouys de n'avoir point de foy,
Qui d'un potier fais s'il te plaist un Roy,
Et d'un grand Roy fais un maistre d'escole ;
Qui de ton chef heurtes le haut du pole,
Et de tes pieds la terre vas foulant
Dessus un globe incessamment roulant ;
Qui n'eus jamais ny arrest ny demeure,
Qui des humains à toute heure, à toute heure
Es appellée en langages divers,
Mais tout d'un sens, Royne de l'univers ;
Qui seule es bonne et mauvaise nommée,
Seule haïe et seule reclamée,
Seule invoquée et seule qui fais tout,
Seule qui es commencement et bout

De toute chose, à qui chacun réfere
Egalement son bien et sa misere ;
Et bref, qui tout en ce monde accomplis,
Et le fueillet des deux pages remplis !
    Escoute-moy, du monde l'Emperiere,
O grand' Déesse, escoute ma priere,
Arreste-toy, et fay signe du front,
Qu'assez à gré mes prieres te sont.
    Puis que nos Roys espoints de trop de gloire
N'ont autre soin que par une victoire
De quelque ville ou d'un chasteau conquis
Hausser leur bruit par sang d'hommes acquis,
Et puis qu'ils ont de toute leur contrée,
Pour cherir Mars, chassé la belle Astrée,
Et pour la paix ont choisi le discord,
Et pour la vie ils ont choisi la mort,
Dedans leurs cœurs, ayant bien peu de crainte
De Jesus-Christ et de sa loy tres-sainte,
Expressément qui deffend aux humains
Du sang d'autruy ne se souiller les mains,
Ains vivre ensemble en paix et en concorde,
Loin de la guerre et de toute discorde ;
Et puis qu'ils sont obstinez durement
Jusqu'à fuïr tout admonestement ;
S'il ne faut-il qu'en chacune province
Le peuple laisse à prier pour son Prince,
Et pour ceux-là qui sont en dignité
Constituez sous leur authorité ;
Car un Roy seul ne sçauroit tout parfaire.
    Maintenant donc, que sçaurois-je mieux faire,
Voyant mon Roy et ses Princes aux champs,
Vestus de fer et de glaives tranchans,
Environnez d'un monde de gendarmes,
Tous esclatans en flamboyantes armes,
Sinon prier la Fortune, qui peut
Faire vainqueur un Roy quand elle veut,
Voire et n'eust-il qu'une petite bande,
Et cestuy-là qui en meine une grande

Rendre vaincu; d'autant qu'elle a pouvoir
Dessus un camp, plus que n'a le sçavoir,
Ny la vertu. Tesmoin en est l'histoire
De ce grand Roy qui perdit la victoire
Contre les Grecs, bien qu'aux champs il eust mis
Un camp bien grand, contre un peu d'ennemis. (1)
Vien donc, Fortune, et seule favorise
A nostre Roy et à son entreprise.
 Premierement garde sa Majesté :
Encores nulle en Gaule n'a esté
Si grande qu'elle en force ne puissance.
Tu le sçais bien, tu en as cognoissance ;
Car c'est ce Roy qui te tenoit au crin
Quand les François beurent dedans le Rhin,
Et quand sa main t'amenant pour compagne
De sa grandeur effroya l'Allemagne,
Et l'Empereur qui pallissoit d'effroy
Te cognoissant tenir la part du Roy.
 Garde en aprés tous nos Princes, qui tiennent
De sa vertu, comme Princes qui viennent
Du sang de luy, qui n'a point de pareil
En tout ce rond qu'eschauffe le soleil ;
Princes vrayment qui donroyent bien matiere
Sans en mentir d'une Iliade entiere,
Voire de deux, aux François escrivains,
Tant ils ont fait d'actes preux de leurs mains.
 Garde en aprés ce preux seigneur de Guise,
Dont la vertu par armes s'est acquise
Le nom d'heros et du rempart François,
Ainsy qu'Achil' celuy-là des Gregeois.
Mais si l'on veut égaller la prouesse
De ce François à ce Prince de Grece
(Bien que Vulcan luy ait armé le corps,
Et que sa dextre ait enjonché de morts
Par grands monceaux la campagne Troyenne,
Faisant branler sa hache Pelienne),

---

1. Xercès, roi des Perses.

On trouvera que les faits Guisiens
Doivent passer les faits Achilliens,
D'autant qu'Achille et son faict n'est que fable,
Et que le faict de Guise est veritable.
 Garde en aprés ce grand Montmorency,
Qui, par vertu, d'homme s'est fait aussi
Heros divin, ja mesprisant la terre
Fait demi-Dieu par l'honneur de la guerre.
C'est ce seigneur, qui en force et conseil
N'eut, ny n'a point, ny n'aura son pareil,
Bien que la Grece ait vanté Palamede,
Nestor, Ulysse, Ajax et Diomede,
Et les Romains les vaillants Curiens,
Leurs Scipions et leurs grands Fabiens;
Car celuy seul en hauteur les surpasse
D'autant qu'un mont une campagne basse;
Mais tout ainsi que le tonnerre assaut
Plus volontiers quelque sapin bien haut
Qu'un petit fresne, ainsi la Mort assomme
Plustost un grand que quelque petit homme.
Garde-le donc : nous aurions plus d'ennuy
Et plus de dueil pour la perte de luy
Que les Troyens assiegez n'en receurent
Quand de leurs murs Hector ils apperceurent
Qui sanglotoit (estendu sur le bord
De Simoïs) aux longs traits de la mort,
Estant navré par la lance d'Achille.
Un pleur se fit neuf jours parmy la ville,
Où sans cesser de tous costez sonnoient
Les coups de poing que ses gens se donnoient
Sur la poitrine, accablez de tristesse,
Pour le trespas d'Hector leur forteresse,
Qui conseilloit, et des mains achevoit
Tout ce que dit au conseil il avoit,
Ayant autant au combat de vaillance,
Comme au conseil il avoit de prudence.
 Garde en aprés l'admiral Chastillon,
L'autre rempart, et l'autre bastillon

De nos soudars conduits dessous sa charge,
Ainçois gardez comme dessous la targe
Du grand Ajax les Grecs estoient gardez,
Quand par Hector les feux Troyens dardez
(Qui petilloient par une grande aspresse)
Brusloient au port le retour de la Grece ;
Je dy les naus, et les Gregeois dedans
Morts de fumée, et de braziers ardans.
Tu cognoistras cet admiral de France
A voir sans plus le geste de sa lance,
Dont il regit les bandes des soudars,
Les surpassant du front, ainsi que Mars
Passe du dos et de toute la face
Les chevaliers qu'il ameine de Thrace
Pour ruiner quelque Roy vicieux,
Qui par malice a depité les Dieux,
Voulant par force occuper la province
Et les citez de quelque innocent Prince.

 Non, ce n'est pas, ce n'est pas du jourd'huy
Que tu cognois les merveilles de luy ;
Long-temps y a que sa vaillante dextre
A toy s'est faite en cent lieux à cognoistre
Devant Boulongne, où sa jeune vertu,
Ainçois chenue a tousjours combatu
Ses ennemis, et toy-mesme Fortune ;
Car la Vertu ne te fait place aucune.
Tu le cognus, bien jeune d'ans aussi,
Avec son frere, és murs de Landrecy ;
Tu le cognus naguere en Allemagne.
Tu le cognus sur tous en la campagne
De Luxembourg, en âge ressemblant
A Scipion, qui son camp assemblant
Pour saccager et Carthage et Libye,
Fut appellé l'espoir de l'Italie.

 Garde donc bien d'encombrier et de mal
Ce jeune heros, ce vaillant admiral,
Frere d'Odet de qui pend l'esperance
Non de moy seul, mais des muses de France.

Si par ta ruse il a quelque mechef,
Je t'envoyray tout d'un coup sur le chef,
Comme Archiloq, mille ïambes, pour prendre
Quelque licol, à fin de t'aller pendre,
Touchée en vain de repentance au cœur
D'avoir tué le frere à Monseigneur.

 Hé! que je suis encontre toy colere,
Que tu n'as peu garder son second frere,
Que sa vaillance en combatant a mis
Entre les mains de ses fiers ennemis!
Mais tout ainsi comme un lion sauvage
Quand il se voit eschapé de sa cage,
Où il estoit prisonnier arresté,
Devient plus fier avec la liberté,
Et plus cruel qu'il n'avoit de coustume,
Ouvre la gueule, et de flammes allume
Ses yeux marris, et son poil herissant,
Se va le cœur de colere emplissant,
Coup dessus coup se frappe de la queue
Pour s'irriter, tournant sa fiere veue
Devers la part qu'il entend des taureaux,
Lesquels soudain, maugré les pastoureaux,
Rompt et deschire, et de sa dent sanglante
Fait craqueter leur pauvre chair tremblante,
Devant les chiens, qui n'osent dire mot;
Ne plus ne moins le Seigneur d'Andelot,
Ayant trouvé sa liberté premiere
Retrouvera sa force coustumiere,
Ainçois plus fort qu'il n'estoit par-avant,
Et plus hardy, vivement ensuyvant
Le naturel de sa divine race,
Ses ennemis estendra dans la place,
L'un dessus l'autre horriblement tuez,
De coups par luy és batailles ruez,
Si que tousjours sa main sera saigneuse
Du sang hardy de l'Espagne odieuse,
Laquelle doit luy payer l'interest
De la prison où maintenant il est

En servitude, et si n'a commis vice,
Si vice n'est faire à son Roy service.
 Garde en aprés le mareschal d'Albon,
Tant au conseil comme à la guerre bon,
Qui maintesfois a mis en jeu sa vie
Pour nostre Roy és champs de Picardie,
Et pour trophée a tousjours rapporté
L'heureux honneur de l'ennemy donté.
 Garde en aprés le reste de l'armée
De toutes pars en colere animée
Contre Cesar, qui ne tasche sinon
Par meurdre et sang accroistre son renom
Ou par aguets, surprise, ou tromperie;
Et si tu fais cela dont je te prie,
Tu n'auras plus de boule sous tes pieds
Comme devant, ny les deux yeux liez,
La voile en main, ny au front la criniere,
Ny ton rouet, ny des aisles derriere,
Ny tout cela dont furent inventeurs,
En te peignant, les vieux peintres menteurs;
Pour remonstrer que tu n'es plus volage
Comme tu fus, mais Déesse bien sage,
D'avoir voulu d'un bon œil regarder
En ma faveur la France, et la garder.

(1560.)

FIN DU RECUEIL DES HYMNES.

LES
SONNETS DIVERS
DE
P. DE RONSARD

Ce Recueil contient non-seulement les sonnets que Ronsard avoit conservés dans la dernière édition qu'il donna de ses Œuvres (1584), mais aussi ceux que ses éditeurs posthumes ont rassemblés, et enfin ceux que j'ai pu recueillir moi-même.

J'ai cru devoir mettre un peu d'ordre dans ces sonnets, en rapprochant ceux qui s'adressent à la même personne et en les classant, autant que possible, selon la position de ceux pour qui le poète les a écrits.

P. B.

LES

SONNETS DIVERS

DE

P. DE RONSARD.

I.

AU ROY HENRY II.

De vous donner le ciel pour vos estrenes, Sire,
Je ferois à la France et à vous un grand tort :
A vous, sain et dispos, jeune, gaillard et fort ;
A la France qui seul pour son Roy vous desire.
   De vous donner la mer : que vous vaudroit l'empire
Des vagues et des vents? De vous donner le sort
Qui survint à Pluton : que vous vaudroit le port
De l'enfer odieux, des trois mondes le pire?
   La France vous suffit, vous estes estrené ;
Vos fils puisnez sont ducs, Roy vostre fils aisné ;
Et vos filles bien tost vous feront le grand pere
   D'enfans qui porteront le sceptre en divers lieux.
Ainsi doresnavant vous serez dit le pere
Des Roys dont la grandeur vaut bien celle des Dieux.

(1560.)

II.

A LUY-MESME.

Quand entre les Cesars j'apperçoy ton image
　　Descouvrant tout le front de laurier revestu :
Voyez (ce dis-je lors) combien peut la vertu
Qui fait d'un jeune Roy un Cesar devant l'âge !
　Ton peuple en ton pourtrait revere ton visage,
Et la main qui naguere a si bien combatu,
Quand l'Anglois, et par terre et par mer abatu,
A ta France rendit son ancien rivage.
　Ce n'est petit honneur que d'estre pourtrait, Sire,
Entre les vieux Cesars qui ont regi l'empire,
Comme toy valeureux, magnanimes et justes.
　Ce signe te promet, grand Roy victorieux,
Puis que vif on t'esleve au nombre des augustes,
Que mort tu seras mis là haut entre les Dieux. (a)

(1560.)

III.

A LUY-MESME.

Roy, qui les autres Roys surmontez de courage,
　　Ne vous excusez plus desormais sur la guerre,
Que vostre ayeul Francus ne vienne en vostre terre,
Qui durant vos combats differoit son voyage.

a. Var. :

Que mort tu seras fait des compagnons des Dieux.

Aprés la guerre il faut qu'on remette en usage
Les Muses et Phœbus, et que leur bande asserre
Des chappeaux de laurier, de myrte et de lierre
Pour ceux qui vous feront present d'un bel ouvrage.
 En guerre il faut parler d'armes et de harnois ;
En temps de paix, d'esbats, de joustes, de tournois,
De nopces, de festin, d'amour et de la dance,
 Et de chercher quelqu'un pour celebrer vos faits ;
Car il vaudroit autant ne les avoir point faits,
Si la posterité n'en avoit cognoissance.

(1560.)

IV.

AU ROY FRANÇOIS II,

Alors Dauphin.

François, qui prens ton nom de François ton grand-
 Qui de ta mere prens la grace et la beauté, [pere,
De ta tante l'esprit, et ceste royauté
Que tu portes au front, du Roy Henry ton pere ;
 La France aprés sa mort par ta prouësse espere
De voir l'Italien sous son sceptre donté ;
Car tel honneur t'est deu, ô Roy, qui d'un costé
En es le vray seigneur, heritier de ta mere.
 Ton pere doit gaigner la Flandre et les Anglois,
L'Allemaigne et l'Espagne ; et par force tu dois
Gaigner, comme heritier, l'Itale maternelle.
 Souvienne-toy, pourtant, quand tu seras grand Roy,
Beaucoup de sang chrestien ne respandre sous toy ;
Mais pardonne au vaincu, et donte le rebelle (1).

(1560.)

1. Telle étoit la devise du peuple romain : *Parcere subjectis et debellare superbos.*

V.

A LA ROYNE DE FRANCE MARIE STUART.

L'Angleterre et l'Escosse, et la Françoise terre,
Les deux ceintes de mer et l'autre de montaignes,
Autour de ton berceau, ainsi que trois compaignes,
Le jour que tu nasquis eurent une grand' guerre.
    La France te vouloit, l'Escosse et l'Angleterre
Te demandoient aussi, et semble que tu daignes
Favoriser la France, et que tu t'accompaignes
D'elle qui ton beau chef de ses villes enserre.
    De ces trois le debat vint devant Jupiter,
Qui, juste, ne voulant ces trois sœurs depiter,
Par sentence ordonna, pour appaiser leur noise,
    Que tu serois trois mois la Royne des Anglois,
Et trois mois ensuivant Royne des Escossois,
Et six mois Royne aprés de la terre Françoise.
(1560.)

VI.

AU ROY CHARLES IX.

Le jeune Hercule au berceau combatit
Les deux serpens qui le vouloient occire;
Quand il fut grand il combatit Busire,
Et le lion duquel il se vestit.

Il fut si fort, que le vice sentit
En tous endroits combien pouvoit son ire;
Monstres, geans chassa de son empire,
Et la malice en bien-fait convertit.

Toutes vertus marchoient devant sa face;
Pource il fut dit de Jupiter la race,
Et de la terre il vola dans les cieux.

Sire, imitez les faits de ce grand Prince,
De toute erreur purgez vostre province.
Par tels degrez les Roys deviennent Dieux.

(1564.)

VII.

A LUY-MESME.

Aprés l'ardeur de la guerre cruelle
Je voy fleurir le beau siecle doré,
Où vous serez des vostres adoré,
Pour la vertu qui vous est naturelle.

Ceste vertu, comme une fleur nouvelle,
Se monstre en vous de tous biens honoré;
Car on ne voit un Prince decoré
D'un corps si beau que l'âme n'en soit belle.

Doncques, mon Roy, si vous estes bien né,
Si Dieu vous a un tel sceptre donné,
Si Mars sous vous a perdu sa colere;

N'en soyez fier, mais gracieux et doux;
Car ces deux biens ne viennent pas de vous;
L'un vient de Dieu, l'autre de vostre mere.

(1567.)

VIII.

A LUY-MESME,

L'AUTHEUR LE RECEVANT EN SA MAISON DE LA POISSONNIERE.

Le grand Hercule avant qu'aller aux cieux
Daigna loger chez un pasteur; vous, Sire,
Que pour son Roy tout le monde desire,
Daignez, grand Prince, entrer en si bas lieux.
    Pour mieux vous voir les bois ont pris des yeux,
Loir en ses flots vos Majestez admire,
Et moy j'appren à ces maisons à dire
Que la vertu vous met entre les Dieux.
    Je ne voirray fleur, ny herbe, ny rive,
En qui le nom de Charles je n'escrive,
Le tirant hors des tenebres confuses,
    Qui des grands Roys esteignent la clarté;
Pour tesmoigner à la posterité
Qu'un si grand Prince a fait honneur aux Muses.

                                 (1567.)

IX.

A LUY-MESME,

LUY PRESENTANT DES POMPONS (1) DE SON JARDIN.

Bien que Bacchus soit le Prince des vins,
Et que Cerés à nos moissons commande,
L'un toutefois, et l'autre ne demande
Qu'un peu d'espics et qu'un peu de raisins.

1. Je crois que ce sont des melons.

Neptune, Roy des orages marins,
Veut qu'un tableau pour present on luy rende,
Et Jupiter ne cherche pour offrande
Que l'humble cœur des devots pelerins.
 Vous qui semblez de façons et de gestes
Aux immortels, imitant les celestes,
Prenez de moy le moindre de tous fruits.
 Le vous offrant, je ne crains que personne
Blasme mon don; car, Sire, je vous donne
Non pas beaucoup, mais tout ce que je puis.

(1567.)

X.

A LUY-MESME.

MADRIGAL.

Quand la congnée ou l'orage venteux,
 Qui d'un grand bruit aux arbres font la
Esparpillez ont renversé par terre [guerre, (a)
D'un vieil laurier le tige et les cheveux ;
 En sa racine il est un an ou deux
Caché sans croistre, où sa force il enterre,
Puis de sa souche en rejettant desserre
Un peuple vert d'enfans et de neveux.
 Ainsi tu es de François ton grand-pere
Le rejetton, par qui la France espere
Le revoir naistre en ton tige nouveau.
 Déja dans toy tout vivant il respire,
Ayant de luy l'esprit et le cerveau,
Pareil de mœurs, de façons et d'empire.
Entre vous deux ce poinct seul est à dire :
Il fut vieil arbre, et toy jeune arbrisseau.

(1567.)

a. Var. :

Quand coup sur coup le bucheron nerveux,
Qui d'une hache aux arbres fait la guerre,

XI.

A LUY-MESME,

POUR LE JOUR DE SA FESTE.

Voicy le jour où le sainct Charlemaigne
Vostre parrain, ayeul de vos ayeux,
Par sa vertu monta dedans les cieux,
Ayant chassé les Sarrazins d'Espaigne.
  Il fut si preux que toute l'Allemaigne,
Alains et Gots aux armes furieux,
Humbles craignoient son bras victorieux,
Quand de son aigle il desployoit l'enseigne.
  Charles, suivez ce Charles, et vous faites
Vray heritier de ses vertus parfaites,
Comme le nom ayant l'honneur commun.
  Ce Roy fut grand d'empire et de courage :
Vous le serez encore d'avantage,
D'autant que neuf est plus grand nombre qu'un.

(1573.)

XII.

A LUY-MESME,

SUR SON HABILLEMENT A LA MODE DES VIEUX GAULOIS.

Si vous n'aviez la bonne conscience
De vos ayeux, l'honneur et la vertu,
En vain (grand Roy) vous seriez revestu
D'un vieil habit qui n'est plus en usance.
  Mais pour monstrer que l'antique prudence
Et des Gaulois le bon glaive pointu,
Ont sous vos pieds les vices abbatu,
Vous prenez d'eux à bon droict l'apparence.

Peuple, courage! et puis que nostre Roy
Est vieil d'habit, de vertus et de foy,
Je voy renaistre une saison meilleure.

Ce vieil habit est tesmoin seulement
Que des vieux Roys la vertu luy demeure
Autant au cœur qu'au corps l'habillement.

(1573.)

XIII.

AU ROY HENRY III,

Alors duc d'Anjou.

Croissez, enfant du Roy le plus grand de l'Europe,
Croissez ainsi qu'un liz dans un pré fleurissant,
Alors qu'au poinct du jour tout blanc s'espanissant,
Hors de son beau bouton ses beaux plis dévelope.

Croissez pour tost conduire une guerriere trope
Dessus la mer Tyrrhene, et d'un bras punissant
Tuer ainsi qu'Hercule un aigle ravissant
Qui cruel se repaist du cœur de Parthenope.

Ceste maison d'Anjou, dont vous portez le nom,
Maison grosse d'honneur, de gloire et de renom,
Presque dés le berceau aux guerres vous appelle.

Ainsi le lionneau maugré les pastoureaux,
D'un grand lyon yssu, sortant de la mamelle,
Pour son premier essay combat les grands taureaux.

(1560.)

XIV.

A LUY-MESME.

Prince bien né, la seconde esperance
   De nostre siecle et des peuples contens,
Qui fleurissez avant vostre printemps,
Donnant du fruict au sortir de l'enfance;
   Vous n'estes pas en ces palais de France
Chez les seigneurs richement habitans,
Qui de plaisans et divers passetemps
Vous ont monstré toute magnificence.
   Voicy le lieu des peuples separé,
Mal-accoustré, mal-basty, mal-paré;
Et toutefois les Muses y demeurent,
   Et Apollon de laurier revestu,
Qui vont gardant que les Princes ne meurent
Qui comme vous ont aimé la vertu.

(1567.)

XV.

A LUY-MESME.

L'Europe est trop petite, et l'Asie et l'Afrique
   Pour toy qui te verras de tout le monde Roy;
Aussi le ciel naguere a fait naistre pour toy
Du milieu de la mer la nouvelle Amerique;
   Afin que ce grand tout soit l'empire Gallique,
Et que le monde entier obéisse à ta loy;
Comme déja ton sceptre abaisse dessous soy
L'Arctique, il puisse un jour gouverner l'Antarctique.

Les Parques dans le ciel t'ont filé cet honneur :
Quand tu seras tout seul de ce monde seigneur,
Tu fermeras par tout le temple de la guerre.

   La paix et les vertus au monde fleuriront ;
Jupiter et Henry l'univers partiront,
L'un empereur du ciel et l'autre de la terre.

(1578.)

XVI.

A LUY-MESME.

Ny couplet amoureux, ny amoureuse ligne,
   Ny sonnet, ny chanson ne vous peut mettre aux
Un livre, tant soit grand, tant soit laborieux, [cieux ;
De vos belles vertus encores n'est pas digne.

   Vous estes des François l'heur, le ciel et le signe ;
Et qui voudroit chanter vos faits victorieux,
Guerres, combats, desseins, villes, places et lieux,
Il faudroit emprunter la douce voix d'un cygne.

   Pourtant souvenez-vous qu'orfelins de renom
Diomede fust mort, Achille, Agamemnon,
Sans la Muse d'Homere heureusement fertile,

   Qui des Roys genereux les honneurs escrivoit :
Pour cela Scipion d'Ennius se servoit,
Et le fils de Cesar se servoit de Virgile.

(1578.)

XVII.

A LUY-MESME.

MADRIGAL.

Perles, rubis et pierres precieuses
   Soient pour le front de ce royal guerrier,
Prince invincible, et non le verd laurier,
Honneur trop bas pour ses mains belliqueuses.

De myrte verd les fueilles bien-heureuses
Soient pour le mien, à fin de me lier,
Non pour ma gloire, ains comme un prisonnier,
Qu'Amour a prins aux guerres amoureuses.
    Mais s'il advient aprés avoir vescu
Long temps en peine et en douleur extréme,
Qu'en surmontant la force de moy-mesme
Je sois vainqueur du Dieu qui m'a vaincu,
    Tant redouté au ciel et en la terre,
Mon loz sera plus divin que le sien ;
Il a vaincu des hommes en la guerre,
Et moy un Dieu, son Seigneur et le mien.

(1578.)

XVIII.

A LUY-MESME.

Prince, quand tout mon sang bouillonnoit de jeu-
  Et de corps et d'esprit, gaillard et vigoureux, [nesse,
Sur l'avril de mes ans je devins amoureux
D'une belle, gentille et courtoise maistresse.
    Seule elle estoit mon cœur, mes yeux et ma Déesse ;
Aussi de sa beauté je fus tant desireux,
Que mon plaisant mal-heur me sembloit bien-heureux ;
Mais ce bouillon d'amour par le temps a pris cesse.
    Maintenant que je suis sur l'autonne et grison,
Les amours pour Ronsard ne sont plus de saison :
Je ne veux toutefois m'excuser dessus l'âge.
    Vostre commandement de jeunesse me sert,
Lequel maugré les ans m'allume le courage,
D'autant que le bois sec brusle mieux que le verd.

(1578.)

XIX.

A LUY-MESME.

Un plus jeune escrivain, que l'amour favorise,
    Chantera la beauté, la grace et les attraits,
Les arcs, les feux, les nœuds, les liens et les traits,
Les larmes, les souspirs, l'embusche et la surprise,
    La foy cent fois rompue et cent fois repromise,
Dons, messages, escrits, prieres et souhaits,
Guerres, haines, discords, tréves, noises et paix
De celle dont les yeux tiennent vostre franchise.
    Au jeune âge convient chanter telles chansons ;
A moy d'enfler la trompe, et de plus graves sons
Réveiller par les champs les Françoises armées,
    Et sonner les vertus de ces braves guerriers
Qui loin dedans l'Asie aux terres Idumées,
Du sang royal de France ont planté les lauriers.

(1578.)

XX.

A LA ROYNE CATHERINE DE MEDICIS.

Depuis la mort du bon Prince, mon maistre,
    Vostre mary, mon seigneur et mon Roy,
J'ay tant receu de langueur et d'esmoy,
Qu'avecques luy presque je me sens estre.
    Un nouveau dueil en mon cœur je sens naistre,
Quand prés de vous, Madame, je ne voy
Sa Majesté, qui faisoit cas de moy,
Et qui pour sien me daignoit recognoistre.

En regardant de toutes parts icy,
Je ne voy rien que larmes et soucy;
Toute tristesse a sa mort ensuivie.

Ses serviteurs portent noire couleur
Pour son trespas, et je la porte au cœur,
Non pour un an, mais pour toute ma vie.

(1560.)

XXI.

A ELLE-MESME.

Si Dieu, Madame, ostoit hors de ce monde
Vostre vertu qui seule nous instruit,
Nous deviendrions en obscurté profonde,
Comme le ciel quand le soleil ne luit.

Nous deviendrions une nef vagabonde
Que le patron par les eaux ne conduit;
Nous deviendrions (tant l'inconstance abonde)
Un fort cheval qui sans bride s'enfuit.

Plus la raison en France ne vaudroit;
Le grand seigneur un valet deviendroit;
Chacun iroit où son plaisir le guide.

Mais Dieu vous garde et vous guarist pour nous
Qui nous servez de pilote et de bride,
Car tout icy ne depend que de vous.

(1564.)

XXII.

A ELLE-MESME.

Vous qui avez, forçant la destinée,
Si bien conduit ceste trouble saison,
Vous qui avez par prudence et raison
Si dextrement la France gouvernée;

Estes icy des Muses amenée
Par un destin; car c'estoit la raison
Que d'un trait d'œil vous vissiez la maison
Que vous m'avez en leur faveur donnée.
  Si ce lieu n'est un grand palais doré,
S'il n'est orné de marbre elaboré,
S'il n'est assis sur piliers de porphyre,
  S'il n'est paré d'un artifice humain,
Il m'est pourtant aussi cher qu'un empire :
Tant vaut le bien qui vient de vostre main.
(1567.)

XXIII.

A ELLE-MESME,

EN LUY OFFRANT DES FRUICTS.

De mon present moy-mesme je m'estonne,
Donnant du fruict à vous, qui à foison
En faictes naistre en chacune saison;
Car tous vos jours nous servent d'un autonne.
  Charles qui tient des François la couronne,
Qui regit tout par prudence et raison,
Les freres siens, sa sœur et sa maison,
Sont les bons fruicts que vostre arbre nous donne.
  Vos autres fruicts sont la paix, la police,
Le bon conseil, les loix et la justice,
La guerre morte et le discord détruit.
  C'est donc, Madame, une folle arrogance
Que mon present; quand vous estes de France
L'arbre, la fueille, et la fleur, et le fruit.
(1567.)

XXIV.

A ELLE-MESME.

Rien du haut ciel le destin ne propose
Que par effect ne le donne à cognoistre; (a)
En vous blessant un peu le bras senestre,
Telle blessure afferme quelque chose.

Aux nerfs du bras la puissance est enclose;
S'il est blessé le corps n'est plus adestre,
Il devient serf en lieu qu'il estoit maistre,
Et sans agir paresseux se repose.

Le bras est pris pour le sceptre d'un Roy;
Le bras denote et la force et la loy,
Et par le bras un empire on void naistre.

Quant il se deult, le corps est offensé;
Mais je pri' Dieu, Royne, que ton bras dextre
Qui nous soustient ne soit jamais blessé.

(1573.)

XXV.

A MADAME MARGUERITE,
Duchesse de Savoie.

Comme une belle Nymphe à la rive amusée,
Qui seure voit de loin enfondrer un bateau,
Et sans changer de teint court sur le bord de l'eau
Où son pied la conduit par la fresche rosée;

a. Var. :

L'heur et malheur que le destin propose,
D'effect à l'homme il le donne à cognoistre;

Ainsi vous regardez d'asseurance poussée,
Sans point decolorer vostre visage beau,
L'Europe submergée (a) au profond du tombeau,
Par Philippe et Henry au naufrage exposée.

Les vertus, que du ciel en don vous recevez
Et celles que par livre acquises vous avez,
Tout le soin terrien vous chassent hors des yeux.

Et bien que vous soyez dedans ce monde en vie,
L'eternelle vertu du corps vous a ravie,
Et vive vous assied (miracle) entre les Dieux.

(1560.)

XXVI.

A ELLE-MESME.

Ny du Roy, ny de vous, ny de mon cher Mecene,
Je n'ay dequoy me plaindre, aussi je ne m'en plains;
Seulement de Fortune à bon droit me complains,
Qui ose de vous trois triompher de la peine.

Mais d'où vient que tousjours douce mere, elle ameine
Des biens aux hommes sots, inutiles et vains?
Et que les bons esprits volontiers sont contrains
De la nommer tousjours leur marastre inhumaine?

Contre son impudence un espoir me conforte,
C'est qu'elle qui sans cesse en tous lieux se pourmeine,
Viendra sans y penser quelque jour à ma porte,

Et maugré qu'elle en ait me sera plus humaine;
Car je suis asseuré qu'elle n'est assez forte
Pour seule vaincre un Roy, et vous et mon Mecene.

(1560.)

a. Var. :

Nostre Europe plongée au profond du tombeau,

XXVII.

SUR LA NAISSANCE DU DUC DE BEAUMONT,

Fils aisné du duc de Vendosme, Roy de Navarre. (1)

Que Gastine ait tout le chef jaunissant
De maint citron et mainte belle orange;
Que toute odeur de toute terre estrange
Aille partout nos vergers remplissant;

Le Loir soit laict, son rempart verdissant
En un tapis d'esmeraude se change;
Et le sablon qui dans Braye se range,
D'arenes d'or soit par tout blondissant.

Pleuve le ciel des parfums et des roses,
Soient des grands vents les haleines encloses,
La mer soit calme et l'air plein de bon-heur.

Voici le jour que l'enfant de mon maistre
Naissant au monde, au monde a fait renaistre
La foy premiere et le premier honneur. (a)

(1560.)

XXVIII.

AUDICT SEIGNEUR DUC DE BEAUMONT.

Jeune Herculin, qui dés le ventre saint
Fus destiné pour le commun service,
Et qui naissant rompis la teste au vice
Par ton beau nom dedans les astres peint;

a. Var. (1584) :

Ce jour nasquit l'heritier de mon maistre;
File-luy, Parque, un beau filet d'honneur,
Puis aille au ciel de nectar se repaistre.

1. Cet enfant fut depuis le Roy Henry le Grand.

Quand l'âge d'homme aura ton cœur atteint,
S'il reste encor quelque trac de malice,
Le monde adonc ployé sous ta police,
Le pourra voir totalement esteint.
　En ce-pendant crois, Enfant, et prospere,
Et sage appren les hauts faits de ton pere,
Et ses vertus, et les honneurs des Roys.
　Puis, autre Hector, tu courras à la guerre,
Autre Jason, rameras pour conquerre
Non la Toison, mais les champs Navarrois.

(1560.)

XXIX.

A HENRY DE BOURBON,

Roy de Navarre. (1)

Roy de vertu, d'honneur et de bonté,
Qui tiens sous toy la terre Navarroise,
Tu viens choisir nostre perle Françoise
Qui n'a pareille en grace ne beauté.
　Mars, à qui plaist l'horrible cruauté,
Couvert de sang, de discord et de noise,
En quelque part, Prince, que ton pied voise,
S'enfuit vaincu devant ta royauté.

1. Ces vers ont été faits le 18 août 1572 pour le mariage de Henri, roi de Navarre, depuis Henri IV, qui avait alors dix-neuf ans, avec Marguerite de Valois, âgée de vingt ans. Triste union contractée sous de néfastes auspices! Deux mois avant, le 9 juin, Jeanne d'Albret, mère du jeune époux, était morte, peut-être empoisonnée. Six jours après commençait la Saint-Barthélemy.

A ton chemin la Paix servit de guide
Et ce bon Dieu qui aux nopces preside,
Pour assembler d'un lien amoureux
   La belle au beau, jeunesse à la jeunesse,
La bonne au bon, le Prince à la Princesse :
Qui vit jamais un accord plus heureux?

(1578.)

XXX.

A MONSEIGNEUR LE DUC DE TOURAINE,

FRANÇOIS DE FRANCE, (1)

Fils et frere de Roy, entrant en la maison de l'autheur.

Bien que ceste maison ne vante son porphyre,
Son marbre, ni son jaspe en œuvre elabouré;
Que son plancher ne soit lambrissé ny doré,
Ny pourtraict de tableaux que le vulgaire admire;
   Toutesfois Amphion l'a bien daigné construire,
Où le son de sa lyre est encor demeuré,
Où Phœbus comme en Delphe y est seul honoré,
Où la plus belle Muse a choisi son empire.
   Apprenez, mon grand Prince, à mepriser les biens,
La richesse d'un Prince est l'amitié des siens;
Le reste des grandeurs nous abuse et nous trompe.
   La bonté, la vertu, la justice et les lois
Aiment mieux habiter les antres et les bois,
Que l'orgueil des palais qui n'ont rien que la pompe.

(1578.)

1. Depuis duc d'Anjou.

XXXI.

AUDICT SEIGNEUR DUC,

Entrant en son jardin.

UNE NYMPHE JARDINIERE PARLE.

Ces grands, ces triomphans, ces superbes Romains,
Qui avoient eu du ciel un si riche avantage,
N'avoient que cinq arpens de terre en labourage,
Et si tenoient pourtant l'empire entre leurs mains. (a)
   Ces grandeurs, ces honneurs dont les hommes sont plains,
Ne sont pas les vrais biens qui font l'homme plus sage ;
Un petit clos de terre, un petit heritage
Les rend plus vertueux, plus gaillards et plus sains.
   Ces arbres, qui pour vous leurs robbes renouvellent,
Ces fleurs et ces jardins et ces fruicts vous appellent,
Celebrans jusqu'au ciel vos faits et vos valeurs ;
   Dignes d'avoir autels, temples et sacrifice,
Et que vostre beau nom escrit entre les fleurs,
Se fasse compagnon d'Ajax et de Narcisse. (b)

(1578.)

a. Var. :

Qui avoient eu du ciel un si brave courage,
A leur commencement vivoient du labourage,
Et sans honte tenoient la charrue en leurs mains.

b. Var. :

Passe le nom d'Ajax, d'Hyacinthe et Narcisse.

XXXII.

AUDICT SEIGNEUR DUC,
Entrant dedans son bois.

UNE NYMPHE BOCCAGERE PARLE.

Je suis Hamadryade en ces chesnes enclose ;
Je vis dessous l'escorce, et vous vien raconter
Que ces bois, ces forests ne cessent de chanter
Vous en qui la fortune et la vertu repose.
  Rien icy n'est de verd, qui gay ne se dispose
A loüer vos honneurs, les dire et les vanter,
A fin que Loire puisse en la mer les porter,
Et que vostre seul nom devienne toute chose.
  Puis la mer espandra vostre honneur par le vent,
Et le vent parmy l'air ; puis montant plus avant
Il fera de son lustre une estoille allumée. (*a*)
  Ainsi vous jouyrez de ce grand univers,
S'il vous plaist d'un bon œil permettre que mes vers
Deviennent les heraux de vostre renommée.

(1578.)

XXXIII.

AUDICT SEIGNEUR DUC,
LUY PRESENTANT DU FRUICT.

Vous presenter du fruict c'est porter de l'areine
Aux rives de la mer, des espics à Cerés,
Des estoiles au ciel, des arbres aux forests,
Des roses aux jardins, des eaux à la fontaine.

---

a. Var. :

. . . . *puis au ciel s'eslevant,*
Vostre corps deviendra quelque estoille allumée.

De fruicts avant le temps vostre jeunesse est pleine ;
Vos fruicts sont vos grandeurs, vos vertus et vos faicts,
L'amour de vostre peuple, et le bien de la paix,
Et d'avoir delivré la France de sa peine.
　Si mon present est pauvre, à blasmer je ne suis,
Je vous donne, mon Duc, tout le bien que je puis.
Celuy qui donne tout ne retient rien de reste.
　Mon esprit est mon tout, au moins je le crois tel ;
Mon present est donc grand, d'autant que le mortel
Fait place à la grandeur de la chose celeste.

(1578.)

XXXIV.

A MONSIEUR DE NEMOURS.

Je demandois à l'oracle des Dieux
　Où je pourrois trouver le Dieu des armes,
Et l'autre Dieu qui se paist de nos larmes,
Quand ses beaux traits nous offensent les yeux :
　J'ay (ce disoy-je) esté en mille lieux
Sans rencontrer ce Prince des gendarmes,
Ny sans trouver l'autre, dont les allarmes
Blessent nos cœurs d'un mal si gracieux.
　L'oracle adonc, d'une voix qui murmure,
Respond que Mars a changé de figure,
Et qu'autre forme a pris le Dieu d'amours.
　Pour les trouver en une mesme place,
Va-t-en chercher le Prince de Nemours :
Car l'un et l'autre habite dans sa face.

(1567.)

XXXV.

A LOYS DE BOURBON,

Prince de Condé.

MADRIGAL.

Prince Royal, quand le ciel t'anima,
  Il te donna une âme prompte et vive,
Qui dans ton corps ne languit point oisive,
Non plus que fait celuy qui la forma.
  L'honneste amour en tes yeux s'enferma;
Pithon sucra ta parole naïve,
Pleine de miel, douce et persuasive,
Qui l'autre jour tout l'esprit me charma.
  Voyant ta face à toute heure il me semble
Que j'apperçoy trois grands Dieux tous ensemble :
Mars sur ton front a planté son effroy,
Mercure a pris ta bouche pour s'esbatre,
  Amour tes yeux, où tousjours je le voy.
Qui pourroit donc un tel Prince combatre,
Qui a tousjours trois grands Dieux avec soy?

(1567.)

XXXVI.

AUDICT SEIGNEUR PRINCE DE CONDÉ.

Magnanime Seigneur, je suis d'une nature
  Constante, opiniastre et qui n'admire rien.
Je voy passer le mal, je voy passer le bien,
Sans me donner soucy d'une telle aventure.

Qui va haut, qui va bas, qui ne garde mesure,
Qui fuit, qui suit, qui tient, qui dit que tout est sien;
L'un se dit zuinglien, l'autre lutherien,
Et fait de l'habile homme au sens de l'écriture.

Tandis que nous avons des muscles, et des veines,
Et du sang, nous aurons des passions humaines;
Chacun songe et discourt, et dit qu'il a raison.

Chacun s'opiniastre et se dit veritable;
Aprés une saison vient une autre saison;
Et l'homme cependant n'est sinon qu'une fable.

(1567.)

XXXVII.

A L'ALTESSE MERE DU DUC DE LORRAINE.

Pour celebrer l'honneur de vostre race,
Noble du sang d'Empereurs et de Roys,
Qui nostre Europe ont mis dessous leurs lois,
Puis dans le ciel demi-Dieux ont pris place.

Pour celebrer vostre port, vostre grace,
Et vostre Altesse, il faudroit que ma vois
Devinst airain, et faudroit que mes doigts
Devinssent fer, et ma plume un Parnasse. (a)

Voulant descrire ou vostre honnesteté,
Vostre prudence ou vostre Majesté,
Que le Lorrain et le Flaman admire,

Je suis muet et la voix me defaut;
Car pour loüer tant de graces, il faut
Ou bien-chanter, ou du tout ne rien dire.

(1567.)

a. Var. :

Devinssent fer, mon encre eau de Parnasse.

XXXVIII.

A CHARLES,

Cardinal de Lorraine.

Le monde ne va pas, comme dit Epicure,
Par un cas fortuit, mais il va par raison;
Chacun le peut juger voyant vostre maison,
Qui d'art regit la France, et non pas d'avanture.
    D'une prudence jointe à la sage Nature
Vous prevoyez des temps l'une et l'autre saison;
En si grande jeunesse ayant le chef grison,
Vous assemblez tout seul un Janus en Mercure.
    Aussi le Roy vous aime, et le ciel vous appreste
Un triple diademe à bon droit sur la teste,
Pour vous faire pasteur sur tous le souverain.
    Or le puissiez-vous estre et mourir en vieillesse;
Vostre âme puisse avoir l'eternelle promesse,
Et vostre corps se faire un bel astre Lorrain.

(1560.)

XXXIX.

A LUY-MESME.

Delos ne reçoit point d'un si joyeux visage
Apollon qui revient de Delphe ou de Patere
Annoncer les secrets de Jupiter son pere, (*a*)
Quand au bout de six mois il a fait son voyage;

a. Var. :

Delphe ne reçoit point d'un si joyeux visage
Apollon, qui revient de voir Dele sa mere,
Par le commandement de Jupiter son pere,

Comme toute la France aprés vostre message
Joyeuse vous reçoit, vous estime et revere,
S'ébahissant de voir vostre front si severe,
Si prudent et si vieil en la fleur de vostre âge.
 Apollon et vous seul sçavez interpreter,
L'un les secrets d'un Roy, l'autre de Jupiter :
L'un craint au ciel, et l'autre en la terre habitable.
 Tant seulement d'un poinct vous differez tous deux :
C'est qu'Apollon souvent est obscur et douteux,
Et vous estes tousjours certain et veritable.
(1560.)

XL.

A LUY-MESME.

Prelat, bien que nostre âge aille tout de travers,
 Age vrayment de fer, de meurtres et de larmes,
De cruautez, de morts, de sang et de gendarmes,
Je ne veux pas laisser à vous chanter des vers.
 Ennius qui sonnoit le los par l'univers
Du vainqueur Scipion, au milieu des alarmes
Marchoit et ne cessoit de murmurer ses carmes,
Les accordant au bruit des tabourins divers.
 Plus le vent animoit la guerriere trompete,
Plus le phifre sonnoit, plus ce gentil poëte
Chantoit son Scipion. Ainsi à haute vois
 Je chante vos honneurs, qui seuls me pourront faire
Aussi bon Ennius en chantant vostre frere,
Comme en guerre il s'est fait Scipion des François.
(1560.)

XLI.

AU CARDINAL DE CHASTILLON.

Nul homme n'est heureux sinon aprés la mort;
Odet, avec raison, Solon fit ce proverbe :
Il n'y a ny Cesar ny Roy, tant soit superbe,
Qu'on doive tant priser, s'il n'a passé le bord.
  Tousjours à nostre vie arrive quelque sort,
Qui nostre honneur estouffe avant qu'il croisse en gerbe,
On le perd tout ainsi comme la fleur de l'herbe,
Qui languit contre terre aussi tost qu'elle sort.
  Certes nous sommes naiz à la condition
D'estre tous mal-heureux, sans nulle exception,
Fortune est de chacun la maistresse puissante,
  Loüable toutefois; car aprés qu'elle a fait
Par sa legereté aux hommes un mal-fait,
Un bien suit son mal-heur, tant elle est inconstante.

(1560.)

XLII.

A J. DE MONLUC,

Evesque de Valence.

Docte Prelat, qui portes sur la face
Phœbus pourtraict, et Pallas au cerveau;
Je te dedie en cest œuvre nouveau
Tous mes lauriers, mon myrte et mon Parnasse.

Je ne veux plus qu'en vain le temps se passe
Sans composer quelque livre plus beau,
Pour y graver ainsi qu'en un tableau,
D'un tel prelat les vertus et la grace.
 En te plaisant, à la France je plais;
D'autre douceur mon esprit je ne pais
Qu'aux beaux discours de ta douce faconde.
 Pource je veux tes honneurs raconter;
Car de savoir un Monluc contenter,
C'est contenter la France et tout le monde.
(1567.)

XLIII.

A ANNE DE MONTMORENCY,

Connestable de France.

Si desormais le peuple, en plaisir delectable,
En danses et festins s'esbat en sa maison,
Et si l'Eglise fait à Dieu son oraison,
Sans que Mars trouble plus son devoir charitable;
 L'honneur vous en est deu, sage-preux connestable,
Qui par vostre bon sens, bon conseil et raison,
Aprés avoir de guerre esteinte la saison,
Vous donnez à la France un repos souhaitable.
 Quand on lira les faits de vous, Montmorency,
Vous aurez pour la guerre et pour la paix aussi
Un los qui tousjours vif volera sur la terre.
 Mais plus aurez d'honneur pour avoir fait la paix,
Que pour avoir sous vous cent mille hommes défaits,
D'autant que la paix est meilleure que la guerre.
(1560.)

XLIV.

A LUY-MESME.

L'an est passé et ja l'autre commence
Que je travaille à celebrer vos faits
Et les combats qu'en la guerre avez faits,
Servant le pere et le fils et la France.
  Et toutesfois vostre grande puissance
Ne m'a du Roy fait sentir les bienfaits,
Et suis contraint de plier sous le faix,
S'il ne vous plaist en avoir souvenance.
  Vous plaise donc me rendre ceste année
Mieux que l'autre an ma Muse fortunée,
Pour vous chanter plus que devant encor.
  Ainsy tousjours du Roy le bon visage
Vous favorise; ainsi du vieux Nestor,
Sain et dispos puissiez-vous avoir l'age.

(1560.)

XLV.

A DIANE DE POICTIERS,
Duchesse de Valentinois.

Seray-je seul vivant en France de vostre âge,
Sans chanter vostre nom si craint et si puissant?
Diray-je point l'honneur de vostre beau croissant?
Feray-je point pour vous quelque immortel ouvrage?
  Ne rendra point Anet quelque beau tesmoignage
Qu'autresfois j'ay vescu en vous obeïssant?
N'iray-je de mes vers tout le monde emplissant,
Celebrant vostre fille et tout vostre lignage?

Commandez-moy, Diane, et me ferez honneur
Si de vostre grandeur je deviens le sonneur,
Vous servant de ma Muse à vostre nom vouée.
    J'ay peur d'estre accusé de la posterité,
Qui tant oyra parler de vostre deïté,
Dequoy, moy la voyant, je ne l'auray louée.
                                (1560.)

XLVI.

A ELLE-MESME.

Tout ainsi que la lune en s'approchant auprés
    Du soleil prend clarté, vertu, force et puissance,
Puis s'eslongnant de luy, d'une douce influence
Et ciel, et terre et mer elle nourrist aprés;
    Ainsy nostre soleil vous ornant de ses rais
Vous fait partout verser un bonheur en la France,
Fors sur moy, qui ne sens encore l'abondance
Que dessus un chacun repandent vos beaux traits.
    Diane à qui cent noms ne sçauroient bien suffire,
Prenez l'arc et venez un monstre deconfire,
Qui n'a soing des chansons, mais leur est tout contraire.
    Phœbus aime les vers, comme Roy des poëtes,
Et Diane est sa sœur; donc si sa sœur vous estes,
Aymez les serviteurs de Phœbus vostre frere.
                                (1560.)

XLVII.

A MADAME DE CRUSSOL. (¹)

Comme une Nymphe est l'honneur d'une prée,
    Un diamant est l'honneur d'un anneau,
Un jeune pin d'un bocage nouveau,
Et d'un jardin une rose pourprée;

1. En 1573 à madame de Clermont, duchesse d'Usez.

Ainsi de tous vous estes estimée
De ceste cour l'ornement le plus beau ;
Vous luy servez d'esprit et de tableau,
Comme il vous plaist la rendant animée.

Sans vous, la cour fascheuse deviendroit ;
Son bien, son heur, sa grace luy faudroit,
Prenant de vous et vie et nourriture.

Vous luy servez d'un miracle nouveau,
Comme ayant seule en la bouche Mercure,
Amour aux yeux, et Pallas au cerveau.

(1567.)

XLVIII.

POUR MADAME DE LA CHASTRE,

EN FAVEUR D'UN LIVRE COMPOSÉ DE SES LOUANGES.

Ces vers gravez icy plus fort que dans le cuivre
Sont plus propres à vous qu'au soleil sa splendeur,
Le pesant à la terre, à la mer sa froideur,
A l'air l'agilité qui le monde fait vivre.

C'est pourquoy je ne veux autre sujet poursuivre
Que celuy de ces vers, les fleches et l'ardeur,
Traits, attraits, feux et rais qu'amour par sa grandeur
En vous faisant honneur respand dedans ce livre.

Heureuses mille fois rimes si bien escrites,
Que j'ay cent et cent fois en cent sortes redites,
Les premiers passetemps de ma douce jeunesse.

Perles et diamants, les flammes, les glaçons ;
Ces mots mignards, ces rais sont les jeunes chansons
Qu'à vingt ans je chantois pour flechir ma maistresse.

(1573.)

XLIX.

A MADAME DE ROHAN.

Il ne faut point, pour estre ingenieux,
Boire de l'eau de la source sacrée,
Ny voir danser sous la brune serée
Au mont fourchu les Muses et les Dieux.
 Il ne faut voir, Madame, que vos yeux
Et vostre front, siege de Cytherée,
Et vostre bouche, où Pithon la sucrée
A fait loger tous les presens des cieux.
 Il ne faut voir que vostre bonne grace
Et le printemps de vostre jeune face,
Qui peut d'amour les rochers attizer.
 Bref, si quelqu'un voyant vostre presence
Ne devient poete, il ne faut plus qu'il pense
Que les neuf Sœurs le facent poetiser.

(1578.)

L.

A YSABEAU DE LA TOUR,

Damoiselle de Limeuil. (1)

Quand on ne peut sur le chef d'une image
Mettre un bouquet, il le faut mettre au pié ;
Le cœur sans plus qui est humilié,
Rend de nos faits et de nous tesmoignage.

1. En tête du recueil : *Les trois livres des nouvelles poésies de P. de Ronsard*, 1564, in-4°.

Moy qui ne puis vous donner davantage
Que ce livret qui vous est dedié,
Non sur le chef en fin or delié
Mais à vos pieds je l'appends pour hommage.
   Recevez donc, ô divine beauté,
Non le present, mais bien la volonté;
Prenant mon corps et mon esprit, Madame,
   L'un pour servir, l'autre pour honorer.
Ainsy Dieu veult qu'on le vienne adorer,
Quand pour offrande on donne corps et âme.

LI.

A SŒUR ANNE DE MARQUETS. (1)

Quelle nouvelle fleur apparoist à mes yeux;
   D'où vient ceste couleur, si plaisante et si belle,
Et d'où vient ceste odeur, passant la naturelle,
Qui parfume la terre et va jusques aux cieux?
   La rose, ny l'œillet, ny le lis gracieux
D'odeur ny de couleur ne sont rien auprés d'elle;
Aux jardins de Poissy croist ceste fleur nouvelle,
Laquelle ne se peut trouver en autres lieux.
   Le printemps et les fleurs ont peur de la froidure;
Ceste divine fleur est tousjours en verdure,
Ne craignant point l'hyver qui les herbes destruict.
   Aussi Dieu pour miracle en ce monde l'a mise
Son printemps est le ciel; sa racine est l'Eglise;
Sa foy et œuvre sont ses fueilles et son fruict.

---

1. Dans les *Sonetz, pieces et devises en formes de pasquins, pour l'assemblée de Messieurs les Prelats et Docteurs, tenue à Poissy M.D.LXI. A Paris, chez Guil. Morel, imprimeur du Roy, in-8°, M.D.LXII.* Cet ouvrage est de Sœur Anne de Marquets, religieuse à Poissy, et sœur de Marie que Ronsard a chantée dans le second livre de ses Amours. On voit dans ces mêmes Amours (t. I, p. 398) un sonnet assez galant à l'adresse d'Anne et de Marie.

LII.

A J. D'AVANSON,

Conseiller d'Estat.

Entre les durs combats, les assauts et les armes,
Il me souvient de toy, mon Phœbus Avanson :
Je ne feray jamais ny ode ny chanson,
Que tu ne sois tousjours des premiers en mes carmes.
    Ja Francus entourné de ses Troyens gendarmes
Fonde Paris sous moy; je n'oy plus que le son
Des chevaux hennissans, et bruire maint tronson
De mainte grosse lance au milieu des alarmes.
    Ce grand œuvre immortel j'entreprens pour mon Roy,
Lequel s'il ne fait cas de Francus ny de moy,
Je feray comme fit la colere Sibyle
    Au roy qui ne voulut achepter ses escrits.
Pourquoy entreprendroy-je un labeur inutile?
Hector ne vaut pas tant, ny Francus, ny Pâris.

(1560.)

LIII.

A LUY-MESME.

D'Avanson, quand je voy ta barbe et ton visage,
Je te pense un Phœbus; quand tu tiens la balance,
Presidant au senat, pour tes vertus, je pense
Voir la mesme Justice, en te voyant si sage.
    Voyant ta gravité, je pense voir l'image
De Jupiter qui tient les Dieux en sa puissance;
Je pense ouïr Mercure, oyant ton eloquence,
Et voir le grand Hercule en voyant ton corsage.

Car tout ainsi qu'Hercule avec l'espaule large,
Quand Atlas est recreu, de ce monde la charge
Il supporte à son tour dessus sa grande espaule. (a)
 Ainsi, grand Avanson, d'une constante peine
Secondant le travail de Charles de Lorraine,
Tu soustiens aprés luy tout le faix de la Gaule.
(1560.)

LIV.

A M. FORGET,

Secretaire de madame de Savoye.

Il vaudroit beaucoup mieux manger en sa maison
Du pain cuit en la cendre, et vivoter à peine,
Boire au creux de la main de l'eau d'une fontaine,
Que se rendre soy-mesme à la cour en prison.
 En la cour où, Forget, rien ne se voit de bon
Que ta seule maistresse en beauté souveraine;
Les autres sont pipeurs et pleins d'une foy vaine,
Ne retenans sans plus de vertus que le nom.
 Encor un coup, Forget, je te dis que le pain
Cuit en la cendre, et l'eau qu'on puise dans la main,
Sont plus doux que de boire en cour de l'ambrosie
 Ou manger du nectar. Maudit est le mestier
Qui nous acquiert du bien par une hypocrisie,
Et dont ne jouït point le troisiesme heritier!
(1560.)

a. Var. :

Quand Atlas est recreu, soustient la grosse charge
De ce monde à son tour dessus sa grand' espaule.

LV.

A J. DU THIER,
Secretaire d'Estat.

Despescher presque seul les affaires de France,
D'une main qui se fait divine en escrivant;
De respondre aux pacquets d'Itale et du Levant,
De vacquer nuict et jour aux choses d'importance;
 De mener le premier des neuf Muses la dance,
Compaignon d'Apollon; d'aller haut-eslevant
En faveur et credit ceux qui vont ensuivant
De bien loin après toy des Muses la cadance;
 Parler d'une voix grave aux Princes hardiment,
Saluer d'un œil doux les petits privément,
Avoir dedans le cœur mille vertus encloses,
 Sans estre courtizan, mais ouvert et entier :
Jamais le ciel benin n'assembla tant de choses,
Pour faire un homme heureux, en autre qu'en du Thier.

(1560.)

LVI.

A LUY—MESME.

La nature est marastre à quelques-uns, Du Thier,
Aux autres elle est mere, et quoy que l'homme face,
Jamais par la raison le destin il ne passe,
Auquel il pleut au ciel durement nous lier.
 Mais que sert d'estre nay pour se voir oublier
Après de tout bon-heur? que sert d'avoir la grace,
Le renom, le sçavoir, si la fortune est basse,
Et s'il nous faut tousjours les riches supplier?

Du Thier, tu es heureux, qui as eu le pouvoir
De faire heureux autruy ; tu le fis bien sçavoir
A Salel, dont l'espoir quelque peu me console.

   Ce que tu peux un coup, tu le pourras bien deux ;
Tu fis Salel heureux, et tu peux faire heureux
Ronsard tant seulement d'une seule parole.

(1560.)

LVII.

A MADAME DE VILLEROY. (¹)

Madelene, ostez-moy ce nom de l'Aubespine,
Et prenez en sa place et palmes et lauriers
Qui croissent sur Parnasse en verdeur les premiers,
Dignes de prendre en vous et tiges et racine.

   Chef couronné d'honneur, rare et chaste poitrine,
Où naissent les vertus et les arts à milliers,
Et les dons d'Apollon qui vous sont familiers,
Si bien que rien de vous, que vous-mesme, n'est digne.

   Je suis en vous voyant heureux et malheureux :
Heureux de voir vos vers, ouvrages genereux ;
Et malheureux de voir ma Muse qui se couche

   Dessous vostre Orient. O sainct germe nouveau
De Pallas, prenez cœur ; les Sœurs n'ont assez d'eau
Sur le mont d'Helicon pour laver vostre bouche.

(Œuv. posth.)

1. Madeleine de Villeroy, fille de Claude de l'Aubespine, femme de Nicolas de Neufville, seigneur de Villeroy et d'Alincourt, célèbre par les grâces et la délicatesse de son esprit. On a conservé d'elle un Recueil de poésies autographes, dans lequel se trouve le sonnet de Ronsard.

LVIII.

A JULES GASSOT,

Secretaire du Roy.

Je suis semblable à la jeune pucelle
 Qui va cherchant par les jardins fleuris
Au poinct du jour les roses et les liz
Pour se parer, quand l'an se renouvelle;
 Mais ne voyant nulle rose nouvelle,
Ny d'autres fleurs les jardins embellis,
Prend du lierre, et de ses doigts polis
Fait un bouquet pour se faire plus belle.
 Ainsi, Gassot, n'ayant roses ny fleurs
En mon verger dignes de tes valeurs,
Œillets, soucis, lavandes ny pensées;
 Ce petit don je presente à tes yeux,
Et tel present vaudra peut-estre mieux
Qu'un grand touffeau de fleurs mal-agencées.

(1573.)

LIX.

A NICOLAS LE SUEUR,

President aux Enquestes.

Ny l'olivier sacré des Hyperboreans,
 Ny le veneur suivant la biche au pied de cuivre,
Ny l'huile dont le corps des athletes s'enyvre,
Suans sous le travail des tournois Eleans;

Ny la poudre olympique aux lustres Piseans,
Ny le fleuve qui veut son Arethuse suivre,
Ne sçauroit ta vertu si bien faire revivre,
Que tes propres escrits, victorieux des ans.
  Tu as fait que la voix aux Latins soit passée
Du cygne qui chantoit sur la rive Dircée,
Ne t'effroyant des mots de ce harpeur Latin.
  Des jousteurs Eleans perie est la conqueste ;
Mais l'honneur que la Muse a mis dessus ta teste
Vaincra la faulx du Temps, la Parque et le Destin.

(1578.)

LX.

A JACQUES DE BROU,

Conseiller du Roy en son grand Conseil.

Nous sommes amoureux, non de mesme maistresse,
  Mais de beauté pareille et de mesme rigueur :
La tienne est à Poictiers, qui t'a ravy le cœur,
La mienne est à la cour en forme de Déesse.
  La mienne sans me plaindre une heure ne me laisse ;
La tienne te tourmente en extreme langueur.
Nous differons d'un poinct : c'est qu'un jour ta douleur
Prendra fin, et jamais la mienne n'aura cesse.
  Le flambeau d'hymenée aura de toy pitié ;
Je ne sçaurois me joindre avecque ma moitié,
O cruauté du ciel aux amans trop severe !
  De Brou, conforte-moy, je te conforteray ;
Ainsi plus doucement mon mal je porteray :
Un mal-heureux d'un autre allege la misere.

(1578.)

LXI.

AU SEIGNEUR DE VAUMENY. (¹)

Quand tu nasquis, Vaumeny, tous les cieux
Mirent en toy toute leur harmonie,
Et dans ton luth leur douceur infinie
Qui peut charmer les hommes et les Dieux.
Oyant ton chant sur tous melodieux,
Je vy, je meurs, je suis plein de manie,
Et tellement ton accord me manie,
Que je deviens et sage et furieux.
En mon endroit tu es un Timothée,
Je sens tousjours mon âme surmontée
De ta douceur qui me vient arracher
L'esprit pasmé de si douces merveilles;
Las! pour t'ouïr que n'ai-je cent aureilles,
Ou sans t'ouïr que ne suis-je un rocher?

(1567.)

LXII.

SONNET A QUELQUES SEIGNEURS

QUI SOUPERENT CHEZ LUY.

Ce grand Hercule, aprés avoir sceu prendre
De Geryon les terres et les bœus,
Plein de victoire et d'honneurs et de vœus,
Daigna souper en la maison d'Evandre.

1. Dans l'édition de 1578, ce sonnet est dédié à J. de Edinton.

Ce pere ardant qui tout le ciel peut fendre
D'esclairs suivis de feux presagieux,
Osa grand Prince, abandonnant les cieux,
En la maison de Philemon descendre.

Par tel exemple apprenez, mes Seigneurs,
A mespriser les biens et les honneurs,
Et desdaigner la pompeuse richesse.

Le trop d'honneur va l'homme decevant;
Pour vivre heureux il n'est que la simplesse :
Faveurs des Roys s'en-volent comme vent.

(Œuv. posth.)

LXIII.

SONNET DE MESME SUBJECT.

Le bon Bacchus, qui la teste a garnie
De cornes d'or, le pere des raisins,
Qui fit couler les ruisseaux en bons vins,
Soit le bon Dieu de ceste compagnie.

Cerés changeant les glans de Chaonie
En bons espics pour le vivre amender,
Du haut du ciel vous puisse regarder
Avecq' Venus, les Graces, le Genie.

La bonne mere Amalthée, au vaisseau
Chargé de fruits, enfans du Renouveau,
En vos maisons respande ses Charites.

Puisse l'autonne, à la palle couleur,
Fiévres et toux, catherres et douleur
Bien loin de vous envoyer sur les Scythes.

(1578.)

LXIV.

A GILLES BOURDIN,

Procureur general du Roy.

On dit qu'avec les loups, Bourdin, il faut hurler,
Et se former aux mœurs des hommes que l'on hante ;
Mais pour hanter la court, tant la court ne te tente,
Que tu veuilles tes mœurs en ses vices souiller.
Te voyant si preudhomme en faits et en parler,
Qui est-ce qui croiroit ce qu'Hésiode chante,
Que la vertu, la honte et la foy innocente,
Quittant le monde, au ciel ont daigné revoler.
Entre mille vertus tu en as une bonne,
C'est de n'amuser point une pauvre personne
Longuement à ton huis attendant son profit. [mesme
    C'est vrayment aymer Dieu, c'est cognoistre soy-
Que d'estre pitoyable et ne faire à son proesme (1)
Si non le mesme tour qu'on voudroit qu'on nous fit.

(1560.)

LXV.

A LUY-MESME.

Est-ce le ciel qui nous trompe, Bourdin,
Ou nos pechez, ou nostre loy diverse,
Qui çà, qui là tout le monde renverse,
Et qui confond l'humain et le divin ?

---

1. Proesme, de *proximus*, prochain.

Si ce mal-heur procede du destin,
Nous ne sçaurions éviter sa traverse ;
Si le mal vient de nostre humeur perverse,
Prions à Dieu d'y mettre bien-tost fin.

L'un est boiteux, l'un bronche, l'autre cloche,
Verité marche, et personne n'approche,
L'un se dément, l'autre se contrefait ;

L'un blasme l'autre, et l'accuse de vice,
Chacun dispute et défend sa malice,
Et ce-pendant personne n'est parfait.

(1564.)

LXVI.

A MONSIEUR BRULARD,

Secretaire des commandements.

EN LUI DEDIANT LE CINQUIESME LIVRE DES ELEGIES.

J'aime, Brulard, les hommes que fortune
Pousse aux honneurs quand ils sont vertueux,
Et non pas ceux qui sont voluptueux,
Que la faveur tire de la commune.

Vostre vertu et faveur ne font qu'une,
Vous eslevant au rang des demy-Dieux
De nostre France, où d'un œil soucieux
Vous surmontez l'envie et la rancune.

Voilà pourquoy je vous donne ce livre :
Apollon suit ceux qui le veulent suivre,
Et qui divins le veulent escouter.

Au Dieu Neptune on sacre la navire,
Au Dieu Phœbus la sagette et la lyre ;
A Brulard faut les Muses presenter.

(1573.)

LXVII.

A MONSEIGNEUR DE VILLEROY.

Chacun cognoist ta grandeur, et combien
Tu tiens en France une authorité grande;
Mais d'Apollon qui l'homme recommande
Chacun ne sçait que tu es le soutien.

Chacun ne sçait que pour souverain bien
Tu n'aimes rien que des vertus la bande,
La vertu mesme; et c'est ce qui commande
A ton Ronsard de te donner le sien.

Il ne pouvoit adresser son ouvrage
A nul seigneur meritant davantage,
Tu ne pouvois d'un plus digne sonneur

Prendre tel don; ainsy l'or qui enchasse
Le diamant luy donne plus de grace,
Le diamant est aussy son honneur.

(1573.)

LXVIII.

A MONSIEUR DE CAR,

Gouverneur de Monseigneur le duc d'Orléans. (1)

Du fort Jason Chiron fut gouverneur,
Phœnix le fut du magnanime Achille,
Qui des Troyens renversa la grand' ville,
Tuant Hector qui en estoit seigneur.

1. En 1573, à J. de Carnavalet, gouverneur de Monseigneur le duc d'Anjou, depuis Henry III. Peut-être la fin du nom a-t-elle été omise en 1567, et le sonnet n'a-t-il pas changé de destination.

Comme ceux-cy vous avez ce bon-heur
D'estre choisy de la Royne entre mille,
Pour gouverner la jeunesse docile
D'un si grand duc, notre second honneur.

Jason alla la Toison d'or conquerre,
Achille fut le foudre de la guerre,
Ornant son chef de lauriers infinis.

Mais de ce duc les louanges parfaites
Vaincront les deux ; d'autant que seul vous estes
Plus vertueux que Chiron et Phœnix.

(1567.)

LXIX.

AU SEIGNEUR SOREAU,

Valet de chambre du Roy.

C'est à grand tort, Soreau, que les siecles on blasme
De perdre les vertus qui naissent avec nous.
Alceste, au temps passé, mourut pour son espoux,
Et tu voudrois mourir pour racheter ta femme.

Cœur vrayment genereux remply d'une belle âme,
Amour et charité t'ont d'un lien si doux
Attaché cette foy, pour estre exemple à tous
Combien un vray mary doibt honorer sa dame.

Si nos premiers ayeux ont dressé des autels
Aux hommes enrollez au rang des immortels,
Pour avoir en ce monde inventé quelque chose,

Soreau, tu as autels et temples mérité,
Comme le vray patron d'honneste charité,
Qui as et vive et morte honoré ton espose.

(1573.)

LXX.

A MONSIEUR DE CASTELNAU,

Seigneur de Mauvissiere, gentilhomme de la chambre du Roy, et escuyer ordinaire de Monsieur.

Je n'aime point ces noms ambitieux,
  Qui font enfler le gros sourcil d'un livre :
Aprés ma mort le mien pourra revivre,
Sans le sacrer aux Princes ny aux Dieux.
  Mais rencontrant un homme ingenieux,
Qui comme toy les vertus veut ensuivre,
En lieu d'un marbre ou un pilier de cuivre,
Je l'eternise et le mets dans les cieux.
  Te voyant nay d'une âme genereuse,
Plein de faconde et de memoire heureuse,
Ayant la face et le naturel bon ;
  Je t'ay donné ce livre, Mauvissiere,
Qui sans faveur d'un plus superbe nom,
Comme une aurore annonce ta lumiere.

(1564.)

LXXI.

AU SIEUR GALANDIUS,

Principal de Boncourt, son intime amy.

Nous ne sommes esprits, mon Galland, nous ne sommes
De ceux qui de nectar au ciel se vont paissant,
Dont le sang ne va point les veines emplissant : *(a)*
Pour ceste raison Dieux, Homere, tu les nommes.

a. Var. :
Dont le sang ne va point és veines jaillissant :

Des elemens confus les accablantes sommes
De tout animal né vont le corps oppressant,
De moment en moment changeant et perissant :
Nature à telle loy fit la race des hommes.

Les esprits n'ont besoin de reparation,
Pour n'estre point sujects à la corruption,
Qui va de forme en forme estrangement meslée.

L'homme se doit nourrir pour fuïr ce danger ;
C'est pourquoy nostre vie est tousjours attelée
A deux mauvais chevaux, le boire et le manger.

(Œuv. posth.)

LXXII.

A JEAN D'AURAT,

Son precepteur.

Ils ont menty, D'Aurat, ceux qui le veulent dire,
Que Ronsard, dont la Muse a contenté les Rois,
Soit moins que le Bartas, et qu'il ait par sa voix
Rendu ce tesmoignage ennemy de sa lyre !

Ils ont menti, D'Aurat ! si bas je ne respire ;
Je sçay trop qui je suis, et mille et mille fois
Mille et mille tourmens plustost je souffrirois,
Qu'un adveu si contraire au nom que je desire.

Ils ont menty, D'Aurat ! c'est une invention
Qui part, à mon advis, de trop d'ambition.
J'auroy menty moy-mesme en le faisant paroistre ;

Francus en rougiroit, et les neuf belles Sœurs
Qui tremperent mes vers dans leurs graves douceurs,
Pour un de leurs enfans ne me voudroient cognoistre.

(Œuv. posth.)

A LUY-MESME. (¹)

Je n'aime point ces vers qui rampent sur la terre,
Ny ces vers ampoullez, dont le rude tonnerre
S'envole outre les airs ; les uns font mal au cœur
Des liseurs dégoustez, les autres leur font peur :
Ny trop haut, ny trop bas, c'est le souverain style ;
Tel fut celuy d'Homere et celuy de Virgile.

(Œuv. posth.)

LXXIII.

A CHARLES D'ESPINAY. (²)

Icy j'appen la despouille ancienne
De mes amours à ton amour, Maistresse ;
Icy vaincu, D'Espinay, je confesse
Que ta chanson a surmonté la mienne.
 Il ne faut plus que ma Cassandre vienne
Faire la brave en habit de Déesse ;
Il faut qu'Olive et Francine s'abbaisse
Devant l'honneur de celle qui est tienne.
 Qui eust pensé qu'un païs si desert,
De grands rochers et de forests couvert,
Que l'Ocean en demi-rond enserre,
 Eust pu donner un si gentil sonneur ?
Ainsi jadis de sa grossiere terre
Entre les Grecs Alcman se fit l'honneur.

(1560.)

1. Il s'agit encore ici de Du Bartas qu'on opposait alors à Ronsard, devenu vieux. Combien de fois depuis ne lui a-t-on pas fait le même reproche qu'il adresse aux *vers ampoullés* de son rival !

2. En tête d'un volume intitulé : *Sonetz amoureux,* par C. D. B. ; Paris, Guill. Barbe, 1559, in-8°. Les lettres C. D. B. signifient sans doute Ch. D'Espinay *Breton.*

LXXIV.

A LUY-MESME.

Ja mon brasier estoit reduit en cendre,
Et par le temps déja se consumoit
Ceste fureur qui le cœur m'allumoit,
Quand amoureux je chantois de Cassandre.
Mais de tes vers la flame a fait reprendre
La flame aux miens, et mon feu qui dormoit,
Par le tien mesme à l'envy s'enflamoit,
Et dans mon cœur je l'ay senti descendre.
O que ta dame a bien les yeux ardans!
Qui seulement ne te bruslent dedans,
Quand de bien prés tu l'adores si belle;
Mais sans la voir, qui fait par tes escrits
D'un grand brasier allumer nos esprits,
Et comme toy nous fait amoureux d'elle.

(1560.)

LXXV.

A ANDRÉ THEVET,

Angoumoisin. (1)

Si du nom d'Ulyssés l'Odyssée est nommée,
De ton nom, mon Thevet, ton livre on deust nommer,
Qui n'as veu seulement nostre terre et sa mer,
Et nostre Ourse qui luit dans nos cieux allumée;

---

1. Ce sonnet, dans les éditions posthumes, a changé de dédicace. Il est adressé à Pierre Belon, autre voyageur du seizième siècle.

Mais le pole antarctique et la terre enfermée
Là bas dessous nos pieds; et, sans peur d'abysmer,
Par ce grand univers tu as voulu semer
De la France et de toy la vive renommée.
  Tu as veu la Turquie, Assyrie et Syrie,
Palestine, Arabie, Egypte et Barbarie;
Au prix de toy ce Grec par dix ans ne vit rien.
  Aussi dessus ce Grec tu as double avantage :
C'est que tu as plus veu, et nous as ton voyage
Escrit de ta main propre, et non pas luy le sien.

(1560.)

LXXVI.

A LOYS DES MASURES,

Tournesien, poëte françois, traducteur de l'Æneïde.

Masures, tu m'as veu, bien que la France à l'heure
Encor' ne m'enroloit entre les bons esprits,
Et sans barbe, et barbu j'ay releu tes escrits,
Qui engardent qu'Enée en la France ne meure.
  Ah ! que je suis marry qu'encore ne demeure
A Paris ce troupeau divinement appris,
Qui sous le Roy François pour emporter le pris,
Chantoit à qui mieux mieux d'une Muse meilleure. (*a*)
  Pour une opinion de Beze est deslogé,
Tu as par faux rapport durement voyagé,
Et Peletier le docte a vagué comme Ulysse.
  Phœbus, tu ne vaux rien, et vous ne valez rien,
Muses, joüet à fols ; puisqu'en vostre service
Vos servans n'ont receu que du mal pour du bien.

(1560.)

a. Var. :

A Paris ce troupeau si doctement appris,
Qui nagueres chantoit pour emporter le prix;
Et sa chanson estoit sur toutes la meilleure.

LXXVII.

A ESTIENNE JODELLE,
Poëte françois.

Tu ne devois, Jodelle, en autre ville naistre
  Qu'en celle de Paris, et ne devois avoir
Autre fleuve que Seine, ou des Dieux recevoir
Autre esprit que le tien, à toute chose adestre.
  Ce qui est grand se fait par le grand recognoistre ;
Paris se fait plus grand par son Jodelle voir,
Et Seine en s'eslevant au bruit de ton sçavoir,
Des fleuves ose bien le plus grand apparoistre.
  A ton esprit si grand ne falloit un village,
Ny le bord incognu de quelque bas rivage,
Mais grand' ville et grand fleuve agrandis de ton heur.
  Un seul bien seulement te defaut, mon Jodelle :
C'est que nostre grand Prince, ignorant ta grandeur,
Ne se monstre assez grand à ta Muse nouvelle. (*a*)

                (1560.)

LXXVIII.

SUR LA BERGERIE DE REMY BELLEAU,
Poëte.

MADRIGAL. (1)

Voicy ce bon luteur non jamais abatu,
  Qui pour ravir le prix, compagnon de la peine,

---

1. Aux Œuvres de Remy Belleau, t. II, p. 12, édition de la Bibliothèque Elzevirienne, donnée par M. A. Gouverneur.

a. Var. : —

Un seul bien ta vertu si justement demande :
C'est que nostre grand Prince, ignorant ta grandeur,
Ne se veut monstrer grand à ta Muse si grande.

Des Muses champion, se planta sur l'areine,
Et pour elles cent fois en France a combatu.
  Voicy celuy qui fut des premiers revestu
Du harnois de Pallas, qui de nerfs et de veine
Et de bras recourbez terrassa sur la plaine
L'ignorance, et sacra son nom à la vertu.
  Ma France, escoute-moy, voicy l'un de ces peres
Qui cerchant par travail des Muses les repaires,
Beut Permesse, et s'emplit de fureur tout le sein,
En chef noir et grison desireux de les suivre.
  Donc, lecteur, si tu peux entre les Muses vivre,
Achete-moy Belleau; mais si Phœbus en vain
En naissant t'avisa, n'achete point ce livre,
Autrement tu n'aurois qu'un fardeau dans la main.

LXXIX.

A ROBERT GARNIER,

Prince des tragiques.

Je suis ravi quand ce brave sonneur
  Donte en ses vers la romaine arrogance,
Quand il bastit Athenes en la France,
Par le cothurne acquerant de l'honneur :
  Le bouc n'est pas digne de son bon-heur,
Le lierre est trop basse recompense,
Le temps certain qui les hommes avance
De ses vertus sera le guerdonneur.
  Par toy, Garnier, la scene des François
Se change en or, qui n'estoit que de bois,
Digne où les grands lamentent leur fortune.
  Sur Helicon tu grimpes des derniers,
Mais tels derniers souvent sont les premiers
En ce bel art où la gloire est commune.

(Aux Tragédies de Garnier.)

LXXX.

A LUY-MESME.

Il me souvient, Garnier, que je prestay la main
Quand ta Muse accoucha, je le veux faire encore :
Le parrain bien souvent par l'enfant se decore,
Par l'enfant bien souvent s'honore le parrain.

Ton ouvrage, Garnier, tragique et souverain,
Qui fils, parrain ensemble et toute France honore,
Fera voller ton nom du Scythe jusqu'au More,
Plus dur contre les ans que marbre ny qu'airain.

Réjouy-toy, mon Loir, ta gloire est infinie,
Huyne et Sarte tes sœurs te feront compagnie,
Faisant Garnier, Belleau et Ronsard estimer ;

Trois fleuves qu'Apollon en trois esprits assemble.
Quand trois fleuves, Garnier, se desgorgent ensemble,
Bien qu'ils ne soient pas grands, font une grande mer.

LXXXI.

A LUY-MESME.

Quel son masle et hardy, quelle bouche héroïque,
Et quel superbe vers enten-je icy sonner ?
Le lierre est trop bas pour ton front couronner,
Et le bouc est trop peu pour ta Muse tragique.

Si Bacchus retournoit au manoir Plutonique,
Il ne voudroit Eschyle au monde redonner,
Il te choisiroit seul, qui seul peux estonner
Le theatre François de ton cothurne antique.

Les premiers trahissoient l'infortune des Rois,
Redoublant leur malheur d'une trop basse voix :
La tienne comme foudre en la France s'écarte.
Heureux en bons esprits ce siecle plantureux :
Auprés toy, mon Garnier, je me sens bien-heureux,
De quoy mon petit Loir est voisin de ta Sarte.
                    (Aux Œuvres de Garnier.)

LXXXII.

A LUY-MESME.

Le vieil cothurne d'Euripide
Est en procez entre Garnier
Et Jodelle, qui le premier
Se vante d'en estre le guide.
    Il faut que ce procez on vuide,
Et qu'on adjuge le laurier
A qui mieux d'un docte gosier
A beu de l'onde Aganippide.
    S'il faut espelucher de prés
Le vieil artifice des Grecs,
Les vertus d'une œuvre et les vices,
    Le sujet et le parler haut,
Et les mots bien choisis ; il faut
Que Garnier paye les espices.
                    (Aux Œuvres de Garnier.)

LXXXIII.

A AMADIS JAMIN,
Secretaire du Roy.

Trois temps, Jamin, icy bas ont naissance,
    Le temps passé, le présent, le futur.
Quant au futur, il nous est trop obscur ;
Car il n'est pas en nostre cognoissance.

Quant au passé, il fuit sans esperance
De retourner pour faire un lendemain,
Et ne revient jamais en nostre main :
Le seul present est en nostre puissance.
　　Donques, Jamin, joüissons du present,
Incontinent il deviendroit absent.
Boivons ensemble, emplisson ce grand verre ;
　　Pendant que l'heure en donne le loisir,
Avec le vin, l'amour et le plaisir
Charmon le temps, les soucis et la guerre.
(Aux Œuvres de Jamin.)

LXXXIV.

A N. CHOMEDEY. [1]

Non ce n'est pas le mot, Chomedey, c'est la chose
　　Qui rend vive l'histoire à la posterité ;
Ce n'est le beau parler, mais c'est la verité
Qui est le seul tresor dont l'histoire est enclose.
　　Celuy qui pour son but ces deux poincts se propose
D'estre ensemble eloquent et loing de vanité,
Victorieux des ans, celuy a merité
Qu'au giron de Pallas son livre se repose.
　　Meint homme ambitieux a mis auparavant,
Pour mieux flater les Roys, son histoire en avant,
Discourant à plaisir d'une vaine merveille,
　　Sans l'ouïr, sans la veoir, et sans preuve de soy ;
Mais ton vray Guicciardin merite plus de foy,
D'autant que l'œil témoin est plus seur que l'oreille.

1. En tête de sa traduction de *l'Histoire des guerres d'Italie*, de Guichardin. Paris, Kerver, 1577, in-fol.

LXXXV.

AU SEIGNEUR FLAMINIO DE BIRAGUE. (1)

Comme Vesper au soir apparoist la plus belle
Des estoiles d'autant que le temps l'aime mieux
Que tous les feux du soir, tant soient-ils radieux,
D'autant ta flamme luit d'une clairté nouvelle.

Amour, qui pour son chantre en la France t'appelle,
Aiguisa ton esprit qui fait honte aux plus vieux ;
De la plume escrivant tes vers ingenieux
Que soy-mesme il s'osta du milieu de son œle.

Tandis que le sang chaut, la jeunesse et l'amour
Te permettent de voir la lumiere du jour,
Birague, suy le camp de celle qui te meine ;

Deviens son champion, porte son estendard ;
Ne l'abandonne point comme un lasche souldard :
La victoire et l'honneur sont enfans de la peine.

LXXXVI.

A MONSIEUR DES CAURRES,
SUR SON LIVRE DES MISCELLANÉES. (2)

Ainsy qu'au mois d'avril on voit, de fleur en fleur,
De jardin en jardin, l'ingenieuse abeille
Voleter et piller une moisson vermeille,
En ses pieds peinturez de diverse couleur ;

---

1. En tête de : *Les premières œuvres poétiques* de Flaminio de Birague, gentilhomme ordinaire de la chambre du Roy. Paris, Th. Perier, 1585, in-12. Flaminio de Birague étoit neveu de René de Birague, cardinal et chancelier de France. Tous deux originaires d'Italie.

2. Ce sonnet imprimé en tête des *Œuvres morales et diversifiées en histoires*, par Jean des Caurres, de Morœul, principal du collége et chanoine de Saint-Nicolas d'Amiens,

De science en science et d'autheur en autheur,
De labeur en labeur, de merveille en merveille,
Tu voles repaissant diversement l'oreille
Du François, tout ravy d'estre ton auditeur.

Il ne faut plus charger du faix de tant de livres
Nos estudes en vain : celuy que tu nous livres
Seul en vaut un millier, des Muses approuvé,
   Qui peut à tous esprits doctement satisfaire.
Sa clairté nous suffit, l'homme n'a plus que faire
D'estoiles au matin, quand le jour est levé.

LXXXVII.

A JACQUES DE LAVARDIN,

Sieur du Plessis-Bourrot. (1)

L'Epire seulement en chevaux n'est fertile
Bons à ravir le prix au cours Olympien ;
Mais en hommes guerriers dont le sang ancien
Brave se vante issu du valeureux Achille.

   Pyrrhe m'en est tesmoin, qui razant mainte ville
Eut enfin pour tombeau le vieil mur Argien,
Et Scanderbeg, vainqueur du peuple Scythien,
Qui de toute l'Asie a chassé l'Evangile.

Paris, G. de la Noue, 1584, in-8°, n'a pas été recueilli dans les *Œuvres* de Ronsard. J'en dois la communication à l'obligeance de M. E. Castaigne, bibliothécaire de la ville d'Angoulême, qui l'a publié dans les notes de la réimpression d'un poème du dix-septième siècle, intitulé : *Discours nouveau sur la mode;* Paris, P. Ramier, 1633, petit in-8°.

   1. En tête de l'*Histoire de Georges Castriot, surnommé Scanderbeg, roy d'Albanie,* etc., par J. de Lavardin. Paris, F. Julliot, 1621, in-4°.

O l'honneur de ton siecle! ô fatal Albanois!
Dont la main a desfait les Turcs vingt et deux fois,
La terreur de leur camp, l'effroy de leurs murailles :
   Tu fusses mort pourtant, englouty du destin,
Si le docte labeur du sçavant Lavardin
N'eust, en forçant ta mort, regagné tes batailles.

LXXXVIII.

De Phœbus et des Roys Jupiter est le pere,
Et les poëtes sont du grand Phœbus conceus.
Aussi de Jupiter tous les deux sont yssus;
Car de l'un il est pere et des autres grand-pere.
   Quand les Roys sont heureux, la poésie espere
Avecques leur bon heur de se remettre sus;
Quand ils sont malheureux, elle n'espere plus,
Mais comme leur parente a part en leur misere.
   Certes j'en suis tesmoin, qui depuis le malheur
Que mon Prince receut, je n'ai eu que douleur,
Tristesse, ennuy, tourment et mordantes espinces
   D'envieux mesdisans, qui m'ont le cœur transi;
Mais voyant mon Roy triste, il me plaist d'estre ainsi,
Puis que la poésie est parente des Princes.

                      (1560.)

LXXXIX.

A LA RIVIERE DU LOIR.

Respon-moy, meschant Loir (me rens-tu ce loyer
Pour avoir tant chanté ta gloire et ta loüange?)
As-tu osé, barbare, au milieu de ta fange
Renversant mon bateau, sous tes flots m'envoyer?

Si ma plume eust daigné seulement employer
Six vers à celebrer quelque autre fleuve estrange,
Quiconque soit celuy, fust-ce le Nil, ou Gange,
Le Danube ou le Rhin, ne m'eust voulu noyer.
 D'autant que je t'aimoy, je me fiois en toy,
Mais tu m'as bien monstré que l'eau n'a point de foy.
N'es-tu pas bien meschant? Pour rendre plus famé
 Ton cours à tout jamais du los qui de moy part,
Tu m'as voulu noyer, afin d'estre nommé
En lieu du Loir, le fleuve où se noya Ronsard. (*a*)

(1560.)

XC.

VŒU A MERCURE.

MADRIGAL.

Dieu voyageur, Menalien Mercure,
 Qui recognois pour ton grand-pere Atlas,
Courrier des Dieux, qui jamais ne fus las
D'aller au ciel et sous la terre obscure !
 Dieu-messager, qui des chemins prends cure,
Qui des pietons seul gouvernes les pas,
Et qui amy par tant de chemins as
Guidé mes pieds où vouloit l'avanture ;

a. Var. (1578) :

Pindare, tu mentois, l'eau n'est pas la meilleure
De tous les elemens : la terre est la plus seure,
Qui de son large sein tant de biens nous départ.
 O fleuve Stygieux, descente Acherontide,
Tu m'as voulu noyer, de ton chantre homicide,
Pour te vanter le fleuve où se noya Ronsard.

Tout ce qui fut le faix de mes rongnons,
Ceinture, dague, espée, compagnons
De mes travaux, à toy je les dedie
Dessus ma porte en mon cheveul grison.
 Si jeune d'ans tu m'as conduit la vie
Par mainte voye et par mainte saison
Courant fortune en estrange patrie,
Garde-moy sain en ma propre maison.

(1573.)

XCI.

Je vous donne des œufs. L'œuf en sa forme ronde
Semble au Ciel qui peut tout en ses bras enfermer,
Le feu, l'air et la terre et l'humeur de la mer,
Et sans estre compris comprend tout en ce monde.
 La taye semble à l'air, et la glaire feconde
Semble à la mer qui fait toutes choses germer ;
L'aubin ressemble au feu qui peut tout animer,
La coque en pesanteur comme la terre abonde.
 Et le ciel et les œufs de blancheur sont couvers.
Je vous donne (en donnant un œuf) tout l'univers ;
Divin est le present, s'il vous est agreable ;
 Mais bien qu'il soit parfait, il ne peut égaler
Vostre perfection qui n'a point de semblable,
Dont les Dieux seulement sont dignes de parler.

(1578. Amours diverses.)

XCII.

POUR UN ANAGRAMME.

Du mariage sainct la loy bien-ordonnée
Se fait au ciel là haut : pource l'antiquité,
Comme un bien approchant de la Divinité,
A mis entre les Dieux le bon pere Hymenée.

Nous differons des Dieux, car toute chose née
En mourant se refait par sa postérité ; *(a)*
Eux immortels d'essence et pleins d'eternité,
En eux-mesmes vivants n'ont besoin de lignée. *(b)*

Le mariage fait de nostre race humaine
Est tousjours mal-heureux et tout remply de peine,
S'il ne vient par destin qui tous deux nous li'ra.

Pource voyant nos noms qui l'asseurent, j'espere
Que le nostre doit estre agreable et prospere,
Puis que le *Dieu d'en-haut à toy me mari'ra.*

(1572.)

XCIII.

IMITATION DE MARTIAL.

Ha ! maudite Nature ! hé pourquoi m'as-tu fait
Si dextrement formé d'esprit et de corsage ?
Que ne m'as-tu fait nain ou chevelu sauvage ?
Niais, badin, ou fol, ou monstre contrefait ?

Si j'estois nain j'aurois toute chose à souhait,
J'aurois soixante sols par jour et davantage,
J'aurois faveur du Roy, caresse et bon visage,
Bien en point, bien vestu, bien gras et bien refait.

Ha ! que vous fustes fols, mes parens, de me faire
Pauvre escolier latin ! vous deviez contrefaire
Mon corps, ou me nourrir à l'escole des fous.

Ha ! ingrates chansons ! ha ! malheureuses Muses !
Rompez-moy par despit fleutes et cornemuses,
Puis qu'aujourd'huy les nains sont plus heureux que nous.

(1560.)

a. Var. :

Par race s'eternize en la posterité ;

b. Var. :

N'ont besoin comme nous de future lignée.

XCIV. (¹)

EPITAPHE D'UNE DAME
TUÉE PAR SON MARI.

L'OMBRE PARLE :

Des beautez, des attraits et des discours feconds
De ma face, ma grace et ma douce eloquence
J'enflambay, j'amorçay et j'attiray en France
Les plus beaux à m'aymer, gratieux et faconds,
  Qui d'aspects, de soubris, de beaux propos semonds
A me veoir, me chercher et m'entendre en présence
Bruslez, surpris, ravis, estoient en ma puissance
D'yeux, de cœur et de bouche à mon service prompts.
  Mais mon mary autant laid, fascheux et barbare
Que j'estois belle, douce et d'un discours bien rare
Me ternit, me fanit, me tarit à la fois,
  Dans mes yeux, dans mon front, dedans ma bouche blesme,
Ma beauté et ma grace et ma parole mesme,
De sa dague perçant le canal de ma voix.

XCV.

AUX JESUITES. (²)

Saincte société, dont on a faict eslite
Pour monstrer aux humains les mysteres cachez,
Pour repurger les mots dont ils sont entachez,
Et pour remettre sus nostre Eglise destruite ;

---

1. Ce sonnet est à la fin du livret de Folastries, 1584, in-12.

1. Je dois à M. Eusèbe Castaigne ce sonnet qu'il a tiré d'un petit recueil de vers intitulé : *Jésuites establis et restablis en France, et le fruict qui en est arrivé en France;*

Mignons de Jésus-Christ, qui par vostre mérite
Avez desja si bien amorcé nos pechez,
Que l'on se peut vanter que là où vous peschez
Pour un petit véron (¹), vous prenez une truite ;
  Secretaires de Dieu, l'Eglise et les humains
Et Dieu et Jésus-Christ vous pri' (²) à joinctes mains
De retirer vos rets hors de leur mer profonde ;
  Car vous pourriez enfin, par vostre feinct esprit,
Pescher, prendre, amorcer et bannir de ce monde
L'Eglise, les humains et Dieu et Jésus-Christ.

XCVI.

A UNE DAME.

En choisissant l'esprit vous estes mal-apprise,
  Qui refusez le corps, à mon gré le meilleur :
De l'un en l'esprouvant on cognoist la valeur,
L'autre n'est rien que vent, que songe et que feintise.

s. l., 1611, in-8º de 16 pages non chiffrées. On trouve quelquefois à la suite de ce recueil le *Bouquet de fleur-d'épine*, le *Pater noster des catholiques*, et autres pièces du même genre, que les continuateurs du père Lelong ont cataloguées à tort sous le même article, puisque chacune d'elles a été publiée à part avec son titre et sa pagination.

Ce même sonnet a été reproduit, mais sans nom d'auteur, à la page 21 de l'*Advertissement de l'abbé Du Bois aux pères Jésuites;* s. l., 1623, petit in-8º de 22 pages. Cette réimpression présente quelques variantes. Il a paru aussi dans plusieurs éditions de la *Satyre Ménippée,* et plus récemment dans la *Revue rétrospective.*

1. Le mot *véron* est remplacé par celui de *poisson* dans l'édition de 1623.

2. Les deux éditions écrivent le mot *prie* au singulier. Nous pensons qu'il faut le mettre au pluriel, et en supprimer la dernière syllabe, comme dans cet autre vers de Ronsard (le septième avant-dernier de la *Response à un ministre*) :
  Et relisant ces vers je te pri' de penser...
On lit *je te pry de penser* dans le Ronsard in-folio de 1584.

Vous aimez l'intellect, et moins je vous en prise ;
Vous volez, comme Icare, en l'air d'un beau malheur ;
Vous aimez les tableaux qui n'ont point de couleur.
Aimer l'esprit, Madame, est aimer la sottise.
   Entre les courtisans, à fin de les braver,
Il faut en disputant Trismegiste approuver,
Et de ce grand Platon n'estre point ignorante.
   Mais moy qui suis bercé de telle vanité,
Un discours fantastiq' ma raison me contente :
Je n'aime point le faux, j'aime la verité.

(Œuv. posth.)

XCVII.

Vous estes déja vieille et je le suis aussi.
   Joignons nostre vieillesse, et l'accollons ensemble,
Et faisons, d'un hyver qui de froidure tremble,
Autant que nous pourrons un printemps adouci.
   Un homme n'est point vieil s'il ne le croit ainsi :
Vieillard n'est qui ne veut ; qui ne veut il assemble
Une nouvelle trame à sa vieille ; et ressemble
Un serpent rajeuni quand l'an retourne ici.
   Ostez-moy de ce fard l'impudente encrousture,
On ne sçauroit tromper la loy de la nature,
Ny dérider un front condamné du miroir,
   Ny durcir un tetin desja pendant et flasque.
Le temps de vostre face arrachera le masque,
Et deviendray un cygne en lieu d'un corbeau noir.

(Œuv. posth.)

XCVIII.

Que je serois marry si tu m'avois donné
   Le loyer qu'un amant demande à sa maistresse !
Alors que tout mon sang bouillonnoit de jeunesse,
Tous mes desirs estoient de m'en voir guerdonné.

Maintenant que mon poil est du tout grisonné,
J'abhore en y pensant moy-mesme et ma fadesse,
Qui servis si longtemps pour un bien qui se laisse
Pourrir en un sepulchre aux vers abandonné.

Enchanté, je servis une vieille carcasse,
Un squelete seiché, une impudente face,
Une qui n'a plaisir qu'en amoureux transi.

Bonne la loy de Cypre, où la fille au rivage
Embrassant un chacun gaignoit son mariage
Sans laisser tant languir un amant en souci.

(Œuv. posth.)

XCIX.

A HELEINE. (1)

Il ne faut s'estonner si l'amour Pharienne
Sçavante en l'art d'aimer, sceut gaigner un Romain ;
L'Europe n'est pas fine et n'amorce point d'hain, (2)
Et les philtres produit la terre Œgyptienne.

Si une belle, jeune, accorte Illyrienne
Qui loge la finesse et l'art dedans son sein
M'a pris, qui suis grossier, de nation Germain,
Je n'en suis à blasmer, c'est la loy Cyprienne,

Laquelle joint la tourtre avec les papegaux
Et lie à mesme joug les esprits inégaux
Sans respect ny de mœurs, d'âge ny de patrie.

Amour a ciel et terre en partage commun ;
Il est pere, il est prince, il maistrise un chacun,
En Espagne aussi bien qu'il faict en Italie.

1. Ce sonnet et les deux suivants, qui eussent été mieux placés dans le volume des Amours, se trouvent seulement dans les Œuvres retranchées de 1617.
2. *Hain*, hameçon.

C.

A ELLE-MESME.

Si tu m'aimois de bouche autant comme d'escrit
Je serois bien heureux. Ta lettre est amoureuse,
Ta parole au contraire est dure et rigoureuse,
Qui la douceur d'Amour de son fiel enaigrit.
  Bienheureux l'escrivain qui les lettres t'apprit,
Et ta nourrice soit maudite et malheureuse,
Qui t'apprit à parler d'une voix si douteuse,
Voix qui trouble mes sens et me tourne l'esprit.
  Maistresse, s'il te plaist que mon cœur se console
Hay-moy par escriture et m'aymes de parole,
Sans tromper ton escrit, de l'esprit serviteur.
  S'il te plaist, ne promets espoir de recompense,
Parle d'autre façon, ton esprit est menteur,
Qui fait parler la bouche autrement qu'il ne pense.

CI.

A ELLE-MESME.

Quand je te promettrois je ne le tiendrois pas,
J'aymerois mieux mourir, j'ai trop de conscience.
Heleine, tes propos sont pleins de défiance,
Je ne me prends crédule à si commun appas.
  Le Piedmont et la cour où d'enfance tu as
Demeuré si longtemps m'en donnent asseurance,
Autrement dit ta langue, autrement ton cœur pense.
Le plaisir amoureux vaut mieux que le trespas.
  Plus, d'un mignard refus, plus, d'une face lente,
Tu me dis que nenny, plus je suis resjouy.
C'est langaige de cour que ta voix inconstante,
  Où nenny sert d'ouy. J'ay nenny trop ouy :
Dy quelquefois : ouy ! Je serois sans attente,
Si au lieu de nenny tu me disais : ouy.

CII.

A SON LIVRE. (¹)

Va, livre, va, deboucle la barriere
Lache la bride et ne pallis de peur.
En cependant que le chemin est seur,
D'un cours certain empoudre la carriere.

Va doncq bientost; j'oy galopper derriere
De quatre ou cinq la suyvante roydeur,
Ja desja preste à devancer l'ardeur
Qui m'esperonne en ma cource premiere.

Bayf, Muret, Maclou, Bouguier, Tagaut (²)
Razant mes pas, leur pas levent si hault
Par le sentier qui guide à la memoyre,

Que maugré moy, honteusement boiteux,
Je feroy place au tourbillon venteux
Qui tout le monde emplira de leur gloyre.

(1552.)

1. C'est par erreur que dans le premier volume page xxx, j'ai donné ce sonnet comme publié pour la première fois en 1564. Le voici tel qu'il a paru d'abord en 1552 à la fin de la première édition des Amours.
On y remarque de très-notables variantes.
2. Baïf, Muret, Maclou de Lahaye ont laissé trace dans la littérature; Tagault a écrit en vers *le Ravissement d'Ory-thie;* mais Bouguier n'a jamais, que je sache, fait parler de lui.

FIN DU TOME CINQUIÈME.

TABLE DES MATIÈRES

CONTENUES DANS CE VOLUME.

Table des Hymnes.

	Pages.
Epistre d'Estienne Jodelle.	7
Les hymnes sont des Grecs	11

Premier Livre.

I. Hymne de l'Éternité.	13
II. Hymne de Calaïs et Zethés.	19
III. Hymne de Pollux et de Castor	42
IV. Hymne de Henri II	64
Epistola M. Hospitalii	81
V. Hymne de Charles, cardinal de Lorraine.	83
VI. Hymne de la Justice.	106
VII. Les Daimons	122
VIII. Hymne du Ciel.	138
IX. Hymne pour la victoire de Montcontour	144
X. Hymne des Estoilles	148

Second Livre.

	Pages.
I. Hymne de la Philosophie.	157
II. L'Hercule chrestien	168
III. Hymne du Printemps	177
IV. Hymne de l'Esté.	181
V. Hymne de l'Automne	188
VI. Hymne de l'Hyver	201
VII. Hymne de l'Or	213
VIII. Hymne de Bacchus	230
IX. Hymne de la Mort	239
X. Hymne de Mercure	249
XI. Paraphrase sur le *Te Deum*	255
XII. Hymne des Pères de famille	257
XIII. Hymne de sainct Roch	262

Hymnes retranchés.

Hymne à saint Gervais et saint Protais.	267
Hymne à la Nuict.	268
Suitte de l'Hymne du cardinal de Lorraine	270
Hymne des Astres.	276
Hymne de la France	283
Prière à la Fortune.	289

SONNETS DIVERS.

Pages.

I. A Henri II. De vous donner le ciel . . . 301
II. A luy-mesme. Quand entre les Cesars . . 302
III. A luy-mesme. Roy qui les autres Roys . 302
IV. Au Roy François II. 303
V. A la Royne Marie Stuart. 304
VI. Au Roy Charles IX. Le jeune Hercule. . 304
VII. A luy-mesme. Aprés l'ardeur 305
VIII. A luy-mesme, l'autheur le recevant en sa maison. 306
IX. A luy-mesme, luy presentant des pompons. 306
X. A luy-mesme. Madrigal 307
XI. A luy-mesme, le jour de sa feste 308
XII. A luy-mesme. Sur son habillement gaulois. 308
XIII. Au Roy Henry III. Croissez, enfant. . . 309
XIV. A luy-mesme. Prince bien né. 310
XV. A luy-mesme. L'Europe est trop petite. . 310
XVI. A luy-mesme. Ny couplet amoureux . . 311
XVII. A luy-mesme. Perles, rubis. 311
XVIII. A luy-mesme. Prince, quand tout mon sang. 312
XIX. A luy-mesme. Un plus jeune escrivain. . 313
XX. A la Royne Catherine de Medicis. Depuis la mort. 313
XXI. A elle-mesme. Si Dieu, Madame. 314
XXII. A elle-mesme. Vous qui avez. 314
XXIII. A elle-mesme, en lui offrant des fruicts . 315
XXIV. A elle-mesme. Rien du haut ciel. 316
XXV. A Madame Marguerite. Comme une belle. 316
XXVI. A elle-mesme. Ny du Roy, ny de vous . 317

		Pages.
XXVII.	Sur la naissance du duc de Beaumont...	318
XXVIII.	Audict seigneur............	318
XXIX.	A Henry de Bourbon	319
XXX.	A Monseigneur le duc de Touraine....	320
XXXI.	Audict seigneur duc, entrant en son jardin.	321
XXXII.	Audict seigneur duc, entrant dans son bois.	322
XXXIII.	Audict seigneur duc, luy presentant du fruict............	322
XXXIV.	A Monsieur de Nemours.........	323
XXXV.	A Loys de Bourbon..........	324
XXXVI.	Audict seigneur	325
XXXVII.	A la Mere du duc de Lorraine......	325
XXXVIII.	A Charles, cardinal de Lorraine. Le monde ne va pas............	326
XXXIX.	A luy-mesme. Delos ne reçoit point...	326
XL.	A luy-mesme. Prelat, bien que nostre âge.	327
XLI.	Au cardinal de Chastillon	328
XLII.	A J. de Monluc, evesque de Valence...	328
XLIII.	A Anne de Montmorency. Si désormais..	329
XLIV.	A luy-mesme. L'an est passé	330
XLV.	A Diane de Poictiers. Serai-je seul ...	330
XLVI.	A elle-mesme. Tout ainsi que la lune..	331
XLVII.	A madame de Crussol..........	331
XLVIII.	A madame de la Chastre.........	332
XLIX.	A madame de Rohan	333
L.	A Ysabeau de la Tour..........	333
LI.	A sœur Anne de Marquets	334
LII.	A J. D'Avanson. Entre les durs combats.	335
LIII.	A luy-mesme. D'Avanson quand je voy .	335
LIV.	A M. Forget	336
LV.	A J. Du Thier. Despescher presque seul .	337
LVI.	A luy-mesme. La nature est marastre ..	337

TABLE DES MATIÈRES.

Pages.

LVII. A madame de Villeroy 338
LVIII. A Jules Gassot. 339
LIX. A Nicolas le Sueur 339
LX. A Jacques de Brou 340
LXI. Au seigneur de Vaumeny 341
LXII. A quelques seigneurs qui souperent chez luy. 341
LXIII. De mesme subject 342
LXIV. A Gilles Bourdin. On dit qu'avec les loups. 343
LXV. A luy-mesme. Est-ce le ciel 343
LXVI. A M. Brulard. 344
LXVII. A M. de Villeroy 345
LXVIII. A M. de Car 345
LXIX. Au seigneur Soreau 346
LXX. A M. de Castelnau 347
LXXI. Au sieur Calandius 347
LXXII. A J. D'Aurat. Ils ont menty, d'Aurat . . 348
A luy-mesme. Je n'aime point ces vers . 349
LXXIII. A Charles d'Espinay. Icy j'appen. 349
LXXIV. A luy-mesme. Ja mon brasier 350
LXXV. A André Thevet. 350
LXXVI. A Loys des Masures 351
LXXVII. A E. Jodelle. 352
LXXVIII. A R. Belleau 352
LXXIX. A R. Garnier. Je suis ravi. 353
LXXX. A luy-mesme. Il me souvient 354
LXXXI. A luy-mesme. Quel son masle. 354
LXXXII. A luy-mesme. Le vieil cothurne 355
LXXXIII. A Amadis Jamyn. 355
LXXXIV. A N. Chomedey. 356
LXXXV. A Fl. de Birague 357
LXXXVI. A M. des Caurres. 357

	Pages.
LXXXVII. A J. de Lavardin.	358
LXXXVIII. De Phœbus et des Roys	359
LXXXIX. A la Rivière du Loir	359
XC. Vœu à Mercure.	360
XCI. Je vous donne des œufs.	361
XCII. Pour un Anagramme.	361
XCIII. Imitation de Martial.	362
XCIV. Epitaphe d'une Dame.	363
XCV. Aux Jesuites.	363
XCVI. A une Dame.	364
XCVII. Vous estes desja vieille	365
XCVIII. Que je serois marry.	365
XCIX. A Heleine. Il ne faut s'estonner.	366
C. A elle-mesme. Si tu m'aimois.	367
CI. A elle-mesme. Quand je te promettois.	367
CII. A son livre	368

FIN DE LA TABLE DES MATIÈRES.

TABLE ALPHABÉTIQUE

DES SONNETS.

	Pages.
Ainsy qu'au mois d'avril	357
Aprés l'ardeur	305
Bien que Bacchus	306
Bien que ceste maison	320
Ce grand Hercule	341
Ces grands, ces triomphants	321
C'est à grand tort, Soreau	346
Ces vers gravez icy	332
Chacun cognoist ta grandeur	345
Comme une belle nymphe	316
Comme une nymphe	331
Comme vesper au soir	357
Croissez enfant	309
D'Avanson quand je voy	335
Delos ne reçoit point	326
De mon present	315
De Phœbus et des Roys	359
Despescher presque seul	334

	Pages.
Depuis la mort	313
Des beautez, des attraits	363
De vous donner le ciel	301
Dieu voyageur	360
Docte prelat, qui portes	328
Du fort Jason	345
Du mariage sainct	361
En choisissant l'esprit	364
Entre les durs combats	335
Est-ce le ciel qui nous trompe	343
François qui prend ton nom	303
Ha! maudite nature	362
Icy j'appen'la despouille	349
Il me souvient Garnier	354
Il ne faut point pour estre	333
Il ne faut s'estonner	366
Ils ont menti, d'Aurat	348
Il vaudroit beaucoup mieux	336
J'aime, Brulard	344
Ja mon brasier estoit	350
Je demandois à l'oracle	323
Je n'aime point ces noms	347
Je n'aime point ces vers	349
Je suis ravi quand ce brave	353
Je suis Hamadryade	322
Je suis semblable à la jeune	339
Jeune Herculin	318
Je vous donne des œufs	361
La nature est marastre	337
L'an est passé	330
L'Angleterre et l'Escosse	304
Le bon Bacchus	342

Pages.

Le grand Hercule.	306
Le jeune Hercule	304
Le monde ne va pas	326
L'Epire seulement.	358
L'Europe est trop petite.	310
Le vieil cothurne	355
Madelene, ostez-moy	338
Magnanime Seigneur.	324
Masures, tu m'as veu	351
Ni l'olivier sacré	339
Non ce n'est pas le mot.	356
Nous ne sommes esprits.	347
Nous sommes amoureux.	340
Nul homme n'est heureux.	328
Ny couplet amoureux.	311
Ny du Roy, ny de vous.	317
On dit qu'avec les loups.	343
Perles, rubis	311
Pour celebrer.	325
Prelat, bien que nostre âge.	327
Prince bien né.	310
Prince, quand tout mon sang.	312
Prince royal	324
Quand entre les Cesars	302
Quand je te promettrois.	367
Quand la congnée.	307
Quand on ne peut sur le chef	333
Quand tu nasquis.	341
Que Gastine	318
Quelle nouvelle fleur	334
Quel son masle et hardy	354
Que je serois marry	365

	Pages.
Respon-moy, meschant Loir	359
Rien du haut ciel	316
Roy de vertu	319
Roy qui les autres Roys	301
Saincte société	363
Seray-je seul vivant	330
Si desormais le peuple	329
Si Dieu, madame	314
Si du nom d'Ulyssés	350
Si tu m'aimois de bouche	367
Si vous n'aviez	308
Tout ainsi que la lune	331
Trois temps, Jamin	355
Tu ne devois Jodelle	352
Un plus jeune escrivain	313
Va, livre, va	368
Voicy ce bon luteur	352
Voicy le jour	308
Vous estes déja vieille	365
Vous presenter du fruict	322
Vous qui avez	314

FIN DE LA TABLE ALPHABÉTIQUE DES SONNETS.

www.ingramcontent.com/pod-product-compliance
Lightning Source LLC
Chambersburg PA
CBHW070448170426
43201CB00010B/1256